古典文獻研究輯刊

二四編

潘美月・杜潔祥 主編

第 23 冊

近古文學叢考

趙 韡 著

國家圖書館出版品預行編目資料

近古文學叢考／趙韡 著 -- 初版 -- 新北市：花木蘭文化出版
社，2017〔民106〕
序 6+ 目 4+240 面；19×26 公分
（古典文獻研究輯刊 二四編；第 23 冊）
ISBN 978-986-485-013-6（精裝）
1. 中國文學史
011.08   106001920

古典文獻研究輯刊
二四編　第二三冊　　　　　　ISBN：978-986-485-013-6

近古文學叢考

作　　　者　趙韡
主　　　編　潘美月　杜潔祥
總　編　輯　杜潔祥
副總編輯　楊嘉樂
編　　　輯　許郁翎、王筑　美術編輯　陳逸婷
企劃出版　北京大學文化資源研究中心
出　　　版　花木蘭文化出版社
社　　　長　高小娟
聯絡地址　235 新北市中和區中安街七二號十三樓
　　　　　　電話：02-2923-1455／傳真：02-2923-1452
網　　　址　http://www.huamulan.tw 信箱 hml810518@gmail.com
印　　　刷　普羅文化出版廣告事業
初　　　版　2017 年 3 月
全書字數　270 千字
定　　　價　二四編 32 冊（精裝）新台幣 62,000 元

近古文學叢考

趙韡 著

作者簡介

趙韡，1981 年生，江蘇徐州人。大學二年級開始發表論文，迄今已有 80 餘篇，散見於《文獻》、《民族文學研究》、《戲曲研究》、《南大戲劇論叢》、《讀書》、《晉陽學刊》、《藝術百家》、《東南大學學報》、《中國礦業大學學報》、《中華詩詞》、《博覽群書》、《古典文學知識》、《社會科學論壇》、《中華藝術論叢》、《尋根》、《長城》、《作品與爭鳴》、《語文月刊》、《中國社會科學報》、《中國文化報》、《中國勞動保障報》、《歷史月刊》（臺灣）、《書目季刊》（臺灣）、《國文天地》（臺灣）、《戲曲研究通訊》（臺灣「中央」大學）、《澳門文獻信息學刊》（澳門）等兩岸三地刊物。已出版的學術著作有《趙翼研究資料彙編》（上、下冊）、《清代散見戲曲史料彙編（詩詞卷・初編）》（全三冊）、《清代散見戲曲史料彙編（詩詞卷・二編）》（上、下冊）、《清代散見戲曲史料彙編（方志卷・初編）》（全三冊）、《元曲三百首》等 6 種，另參編（撰）《元曲鑒賞辭典》、《徐州文化博覽》等 7 種。代表作獲江蘇省高校第九屆哲學社會科學研究優秀成果二等獎。合作主持 2016 年國家社科基金後期資助項目《錢南揚學術年譜》（項目批准號：16FZW038）。

提　　要

本書精選作者考證論文十餘篇，分上、中、下三輯。上輯「曲學叢考」，收文 9 篇。對較少為人述及的明代散曲家李丙、周瑞、沐石岡、史立模，晚明戲曲家王恒、沈季彪的生卒、生平、家世、交遊等進行了細緻考辨，時有新見，多所創獲；對徐州朱蔚榮珍藏的明代「鳳江爐」之爐身圖案進行考釋，認為兩幅圖像分別表現的，殆即汪廷訥所撰《獅吼記》第九齣《奇妒》、第十六齣《頂燈》之相關場景；對趙景深等編纂的《方志著錄元明清曲家傳略》所載吳震生史料進行辨正，認為是書將《（康熙）常州府志》所載武進人吳震生與戲曲家吳震生混為一人，存在著誤錄、錯記、漏收諸種情況；利用大量明清文獻，對王利器《元明清三代禁燬小說戲曲史料》所載禁燬戲曲史料進行輯補。中輯「詩文叢考」，收文 7 篇。對《元好問全集（增訂本）》增補的元遺山闕題殘詩「花啼杜宇歸來血，樹掛蒼龍蛻後鱗」提出異議，並認為是書新補遺山詞【鷓鴣天】（二首）、【望江南】（一首）亦係誤收，前者乃李治撰，後者為韓琦作，均應從元好問作品中剔除；據大量民國詩話，對孔凡禮所編《元好問資料彙編》進行輯補；經過版本及作品內容的細緻考辨，認為歸有光《震川先生集》所收《周秋汀八十壽序》實乃明代方鳳的作品，亦見於《改亭存稿》；對王英志《袁枚書法作品中的集外詩詞九首考釋》一文進行辨誤，認為是文至少有三首詩著作權誤判，《扇面絕句三首》俱應為清初「毗陵六逸之冠」惲格的作品；據《（乾隆）曲阜縣志》、《（道光）濟南府志》以及清人孔繼汾的《闕里文獻考》等史料，考定清代詩人孔貞瑄卒年為康熙五十五年（1716）；對張相《詩詞曲語辭彙釋》的若干條目提出商榷意見。下輯「域外文獻考」，收文 1 篇。對日本東京大學藏本《西遊記骨目》的作者和主要觀點進行了詳盡介紹。附錄收文 5 篇，1 篇論姜夔詞，4 篇談古代戲曲。無關考證，然寓治學應考論結合之意。

序

吳新雷 〔註1〕

　　目下，有志於學的「讀書種子」已不多見，有天分、肯努力且能在學術平臺上施展拳腳的則相對更少。以學位和職稱爲目的，獲取頭銜後即棄書不讀者在學界並不乏見，遑論「圈外」？無功利的讀書、寫作，除了是發自內心由衷的熱愛，似乎沒有什麼更好的解釋。

　　因爲各種原因，趙韡大學本科畢業後，沒有進行碩、博士的深造，但這並不影響他取得豐碩的學術成果，並爲許多學界朋友所知曉。我已步入暮年，卻與他這位小青年有著絲絲縷縷的聯繫：一是他的父親是江蘇師範大學文學院的趙興勤教授，趙先生是南戲研究權威、著名學者錢南揚教授的高足，也與我相交多年。二是趙興勤教授的《明清小說論稿》（南京出版社1995年版）、《中國古典戲曲小說考論》（吉林教育出版社2004年版），都曾邀我爲序；《中國早期戲曲生成史論》（北京大學出版社 2015 年版）、《莊一拂〈古典戲曲存目彙考〉補正》（人民文學出版社即出），評審時也是我寫的推薦意見。三是本書中的若干篇幅，是他們父子倆共同的汗水結晶。二人合力編撰的「錢南揚先生逸文輯錄及學譜簡編」（《中華藝術論叢》第15輯「錢南揚先生逸文專輯」），半年以來時時置於我之案頭，翻檢不倦，逢人稱道。是書考訂南揚先生學術生平之細緻、蒐集佚文之全面，均超出我的想象。很多漫漶不清、已如雲煙的往事，忽又歷歷在目，湧上心頭，讀之令人動情。四是身邊年長年

〔註1〕吳新雷（1933～），南京大學文學院教授、博士生導師。2009年被文化部授予「崑曲優秀理論研究人員」榮譽獎，2013年獲「第八屆全國戲劇文化獎‧戲曲教學與研究終身成就獎」。

少的朋友，經常向我談起趙韡這位年輕人，說他學術直覺如何敏銳、學術成果如何突出、爲人如何謙遜樸厚，完全不亞於專門從事文史研究的青年學者。

翻看趙韡最新的學術履歷，我亦驚歎他僅僅三十來歲的年紀，已公開發表 80 餘篇學術論文（其中核心及海外期刊約占 50%）、出版 6 種（12 冊）學術著作，成果字數逾 300 萬字，還獲得過江蘇省高校第九屆哲學社會科學研究優秀成果二等獎。這名年輕人目前在徐州市醫療保險基金管理中心供職，任辦公室主任，他究竟是如何在冗繁的工作之餘撰寫出數量如此之巨的作品的？且不說這其中很多論文發表在《文獻》、《民族文學研究》、《戲曲研究》、《讀書》、《中華詩詞》、《中國社會科學報》這些具有權威性的大牌刊物上。可以說，如今名牌大學古代文學專業的博士研究生，能取得這樣成績的也已鳳毛麟角。而今，趙韡的大著《近古文學叢考》付梓之際，請我作序。先哲有言：「不可令讀書種子斷絕。有才氣者，出便當名世矣」（宋·黃庭堅《山谷別集》卷六《戒讀書》），且有感我倆的緣分，自當勉力爲之。

綜觀全書，大致體現出作者的如下治學特點：

一是視野開闊，文法謹嚴。和學院派出身的博士們不同，趙韡沒有走專而精的「窄」路子，而選擇多頭並進，百箭齊發。他的學術視野相當廣闊，學術興趣異常廣泛。據說，他公開發表第一篇學術論文時正在讀大學二年級，而獲得江蘇省優秀本科畢業論文二等獎的作品的研究對象則是當代文學。在很多同齡人尚處於學術懵懂階段的時候，他已在自己的道路上策馬揚鞭、任意馳騁。從當代文學回溯到古代文學，從宋金文學順流而下至明清文學，從詩詞研究蔓延到以戲曲小說爲代表的俗文學研究，從精於闡釋過渡至密於考證，從文學個案的剖解到學術史經驗的歸納與總結，趙韡一步一個腳印，一點點實現著他學術成長過程中的蛻變與進化，已遠遠超出他這個年齡段普通人所能達到的水平。僅從本書選目來看，他的論題有散曲家、戲曲家的生平考證，有對戲曲文物的研究，有與學術名家的觀點商榷，有對標署爲元好問、歸有光、袁枚作品之歸屬權的質疑，還有對域外珍稀文獻的解讀，林林總總，不一而足。著作取名爲《近古文學叢考》，或許也是因爲論題過於寬廣，想一言以概括之，洵屬不易。是書所收文章思路清晰、觀點明確、論證充分，且恪守學術規範，即便一字一句，亦注明出處來歷，以示不掠美之意。書後所附「主要參考文獻」，列示書目數百種，可見其用力之勤。

二是善疑能辨，文心如絲。宋代惠洪嘗言：「善疑者必思。」（《林間錄》

卷上）明人方孝孺又謂：「學匪疑不明，而疑惡乎鑿。疑而能辨，斯爲善學。」
（《遜志齋集》卷一《辨疑》）趙韡秉承家學，對學術權威只有尊重，然從不
迷信。他有著非同一般的學術嗅覺，且心細如髮，近年踵武諸大家治學的蹤
跡，且拾遺補闕，醉心考訂，以發現爲樂。如《王利器〈元明清三代禁燬小
說戲曲史料〉輯補》、《孔凡禮〈元好問資料彙編〉輯補》等，對學術前輩的
代表作進行了很好的補訂，曾引起學界關注。

如果說這幾篇文章還僅是資料上的補輯，那麼《趙景深等〈方志著錄元
明清曲家傳略〉所載吳震生史料辨正》、《歸有光〈周秋汀八十壽序〉著作權
考辨》、《王英志〈袁枚書法作品中的集外詩詞九首考釋〉辨誤》等文章，其
文心之綿密、文脈之清晰、證據之確鑿，則令人不得不信服。《方志著錄元明
清曲家傳略》，堪稱治曲者案頭必備之書。編者之一的趙景深先生，當年與我
多有來往，且時常信簡往來。賴趙韡告知，新近由趙老哲嗣趙易林先生整理
出版的《趙景深日記》（新星出版社 2014 年版），收錄了景深老 1976 至 1978
這三年間的日記，其中多次提及我。趙韡的文章對《方志著錄元明清曲家傳
略》所載清代戲曲家吳震生之史料，所存在的誤錄、錯記、漏收諸種情況逐
一甄別，認爲是書將《（康熙）常州府志》所載武進人吳震生與戲曲家吳震生
混爲一人。這一發現，也引起洪惟助教授等學者的關注，文章將發表於臺灣
「中央」大學《戲曲研究通訊》第十期。由周本淳校點、上海古籍出版社出
版的《震川先生集》，是目前歸有光著作的權威點校本。趙韡對是書所收《周
秋汀八十壽序》一文的著作權歸屬提出質疑，並通過「版本外證」和「作品
內證」兩個層面，驗證出這篇文章眞正的作者其實是明代文人方鳳。這一重
要發現，獲得《文獻》雜誌審稿專家的高度肯定。蘇州大學王英志教授以袁
枚研究馳譽海內外，他曾從袁枚書法作品中鈎稽出袁氏集外詩詞九首，並加
以考釋，發表在《文學遺產》2008 年第 6 期。面對大牌期刊上發表的「不刊
之論」，趙韡依然「我行我素」，只信證據，不信名氣。他細緻耙梳出各種有
力證據，指出王氏輯佚工作中的疏失。這 9 首佚詩中至少有 3 首詩著作權誤
判。《扇面絕句三首》前一首見《甌香館集》卷八，題作《題畫贈李先生》；
後兩首見《甌香館集》卷二，題爲《觀潮》。俱爲清初「毗陵六逸之冠」惲格
的作品。

可以說，若沒有紮實的文獻功底和細緻考辨的功力，以上的文章是不可
能寫出來的。還有像明代散曲家李丙的生平補考、沐石岡的生平考略、周瑞

的生平探索、史立模的卒年及家世考、晚明戲曲家王恒的生年及其交遊考，都是先從「字縫」裏看出端倪，進而敷衍成文，成功解決了文學史上遺留的一些問題。

值得稱道的還有《朱蔚榮所藏「鳳江爐」爐身圖像考釋》一篇，作者細緻考察其友人珍藏的「鳳江爐」爐身兩面圖像，認爲其所表現的，殆即明人汪廷訥所撰《獅吼記》第九齣《奇妒》（崑班演出本俗名《梳妝》）、第十六齣《頂燈》之相關場景。這一重要的學術發現，對明代戲曲演出形態、劇目之傳播與接受等研究均大有助益。書中還特意提示：「於傳統的文本文獻研究和常見的戲曲專屬文物（如古戲臺等）研究之外，還應關注業已融入古代日常生活的某些戲曲元素（如剪紙、年畫、刺繡、瓷器、銅器、傢具、門窗、瓦當等），此或爲古代戲曲研究拓展出一條新的路徑。」這就使論文從一般的考訂延伸至方法論層面。

三是考論結合，文采斐然。趙韡寫得一手好文章，然而第一次結集自己的作品卻以枯燥的「叢考」爲題，這無疑體現出他的治學取向。從其微信名「我注六經」，似乎也可以窺知一點端倪。老輩學者所推崇的漢學精神對他的影響，似乎比其他年輕人要更多一些。然而其並非食古不化的「兩腳書櫥」，終日沉湎於漢儀、長袍、繁體字等各種形式上的東西，而更注重「以書卷自養」，以文養氣，以文涵情。本書於上、中、下三輯之外，特意增設「附錄」部分，選取數篇「論」的文章，考論結合之意寓焉。趙韡「論」的成果中亦不乏文采俊逸、新見迭出的佳構，本書選取的大部分是戲曲研究的篇章，這也體現了他近年治學重心的轉移。例如：「戲曲與倫理，就像兩個相交的圓環，既不適宜完全疊合，也決不可能判然隔離。伴隨著這一不斷糾葛牽連過程的，恰是戲曲傳播歷時形態中內蘊的演進、審美的消長以及話語權利的偏移」（《倫理精神的強化與明前期戲曲傳播的特點》）、「封建時代的女性，本是被侮辱與被損害的典型，而在《望江亭》一劇中，卻成爲難得一見的大寫的主角。這樣一種『異端』的風采，燭照了三綱五常籠罩下的漫漫黑夜。作家筆下的譚記兒，不是暗夜裏的偶發覺醒，不是沉痾裏的靈光乍現，而是自始至終都以自由融通的生命爲人生的理想追求。這位『佳人領袖』、『美女班頭』，在散溢女性特有的細膩、縝密與柔情的同時，也散射出按照性別屬性，當時本不應具備的英雄肝膽。」（《關漢卿〈望江亭〉雜劇品探》）在闡析入理的同時亦體現出語言的美感。

　　搞戲曲研究的學者都知道，其實戲曲的根在民間，不在金色大禮堂，更不在博物館。即使現在看起來高雅時尚的崑曲，如果沒有平頭老百姓的參與和喜愛，也不可能擁有長久的未來。學術亦然。學術的活力在民間，學術的未來在青年。宋人方逢辰曰：「變氣質於有生之初，絕物欲於有知之後，必資師友之講明、方冊之誦習，然後能開其心術，見於躬行。」（《蛟峰集》文集卷七《講義》）趙韡近年追隨興勤教授辛苦治學，已成長爲其最得力的學術助手。提別是父子倆聯手貢獻的《清代散見戲曲史料彙編》（已出三編八冊）、《民國時期戲曲研究學譜》（已發表 20 餘篇專題論文）、《錢南揚學術年譜》等，引起很大的社會反響，爲學界所推重。方逢辰又謂：「爲學之道，若陟遐必自邇，若升高必自卑，故當自強不息，勉勉循循。」（《蛟峰集》文集卷七《講義》）謹以此贈趙韡，願其百尺竿頭，更上層樓！

　　是爲序。

2016年8月序于南師大文學院

目

次

序　吳新雷

上輯：曲學叢考

明代散曲家李丙生平補考 3
　　一、李丙生卒年考略 4
　　二、李丙之爲人與交遊 7

明代散曲家周瑞生平考略 9
　　一、周瑞生平事迹稽考 10
　　二、周瑞交遊考述 12
　　三、周瑞生卒年考辨 16

明代散曲家沐石岡生平考略 21
　　一、從交遊考察沐石岡之生平梗概 22
　　二、出土文獻與沐石岡之生平考證 25

明代散曲家史立模卒年及家世考略 33
　　一、史立模卒年考 33
　　二、史立模的家世與交遊 37

朱蔚榮所藏「鳳江爐」爐身圖像考釋 41
　　一、朱藏「鳳江爐」及王鳳江生活年代略考 42
　　二、朱藏「鳳江爐」爐身圖像與汪廷訥《獅吼記》
　　　　之關係 50
　　三、關於拓展戲曲研究路徑的思考 57

晚明戲曲家王恒生年及其交遊考略 ……… 61

一、方志及各家著述中的王恒 ……… 61

二、從交遊考察戲曲家的生平 ……… 63

晚明曲家沈季彪臆考 ……… 69

一、各家著述中的晚明曲家沈季彪 ……… 69

二、沈朝燁事迹考略 ……… 71

三、沈季彪與沈朝燁 ……… 72

趙景深等《方志著錄元明清曲家傳略》所載吳震生

史料辨正 ……… 77

一、誤錄 ……… 78

二、錯記 ……… 83

三、漏收 ……… 83

王利器《元明清三代禁燬小說戲曲史料》輯補 ……… 87

一、中央法令 ……… 88

二、地方法令 ……… 92

三、社會輿論 ……… 92

中輯：詩文叢考

元遺山闕題殘詩考釋 ……… 97

元遺山詞輯補辨誤三則 ……… 105

孔凡禮《元好問資料彙編》輯補 ……… 111

歸有光《周秋汀八十壽序》著作權考辨 ……… 129

一、外證：從版本層面進行的考察 ……… 130

二、內證：從作品層面進行的考察 ……… 133

王英志《袁枚書法作品中的集外詩詞九首考釋》

辨誤 ……… 137

清代詩人孔貞瑄卒年考辨 ……… 147

讀張相《詩詞曲語辭彙釋》札記 ……… 151

下輯：域外文獻考

日本東京大學藏本《西遊記骨目》瑣談 ……… 159

一、《西遊記骨目》與棘樹散人 ……… 160

二、《西遊記骨目》的主要觀點 ……… 162

附　錄 ……… 169

寄慨遙深　天成圓融——姜夔【揚州慢】解讀 ·· 171

關漢卿《緋衣夢》雜劇之情節蛻變 ·············· 177

關漢卿《望江亭》雜劇品探 ·················· 183

元雜劇團圓心理的文化省察 ·················· 191

　　囈語：夢尋中的心靈祭奠 ················ 192

　　演繹：悲劇情節的三度解構與建構 ·········· 194

　　破立：正統文學的僭越與復歸 ············· 199

　　魔咒：悲喜的文化讖語 ················· 201

　　結　語 ························· 203

倫理精神的強化與明前期戲曲傳播的特點 ·········· 205

　　一、倫理的揳入與戲曲的道德化 ············ 205

　　二、倫理精神與戲曲審美的消長 ············ 209

　　三、作爲支點的倫理與明前期戲曲傳播的

　　　　特點 ······················· 213

主要參考文獻 ·························· 219

後　記 ···························· 231

上輯：曲學叢考

明代散曲家李丙生平補考〔註1〕

內容摘要

　　明代散曲家李丙之生平，學界多語焉不詳。作者根據查訪資料所得，對李丙生平進行了補考，並勾稽其人生平梗概如下：李丙（1481～1556以後），又名徐丙，字子南，號半溪，長興（今屬浙江）人。明正德二年（1507）舉人，曾官醴陵教諭、六合教諭，以薦擢國子丞，調松江教授，升永新知縣。性格狷介，寡於逢迎，與劉麟、顧應祥等友善。晚年入峴山逸老社。

　　明代散曲家李丙之生平，學界多語焉不詳。謝伯陽所編《全明散曲》輯錄其小令四首，並介紹作者曰：「李丙，號半谿。生平不詳。」〔註2〕齊森華等主編的《中國曲學大辭典》亦同此，並認為他的作品「抒寫離世厭俗，豁達曠放的胸宇。筆風清俊爽麗，頗可吟誦」〔註3〕。劉水雲《〈全明散曲〉曲家考補》一文，結合方志資料等，對李丙生平有所考述，謂：「李丙，又稱徐丙，號半谿，長興（今屬浙江）人，明正德二年（1507）舉人，歷任六合縣教諭、國子監丞、永新知縣等職。」〔註4〕然未提及李氏生卒情況，對其生平敘述亦較簡。筆者根據查訪資料所得，對李丙生平補考如下：

〔註1〕本文載澳門《澳門文獻信息學刊》2015年第2期（總第十四期），2015年8月。
〔註2〕謝伯陽編：《全明散曲》第二冊，齊魯書社，1994年，第1779頁。
〔註3〕齊森華等主編：《中國曲學大辭典》，浙江教育出版社，1997年，第114頁。
〔註4〕劉水雲：《〈全明散曲〉曲家考補》，《文獻》2005年第1期，第133頁。

一、李丙生卒年考略

明代顧應祥與李丙多有交往，並寫有《次韻答李半溪夜宿壺宮》〔註 5〕、《李半溪大尹用岳武穆韻作滿江紅詞爲劉坦翁司空壽，戲次其韻一闋，用呈坦翁》〔註 6〕、《苦熱四疊韻答徐半溪》〔註 7〕、《六疊韻答徐半溪》〔註 8〕、《九疊韻答徐半溪》〔註 9〕、《秋熱頓涼答半溪》〔註 10〕等詩，《次韻答李半溪夜宿壺宮》謂：「炎歊秋未退，十日不鷹門。忽枉中阿駕，來過下若村。薇花叢映戶，荷葉亂翻盆。聊把棋枰對，幽懷得細論。」〔註 11〕由詩中描寫來看，二人關係比較密切，可以互訴「幽懷」。顧氏另有《峴山十五老圖記》一文，略云：

> 右《峴山十五老圖》，圖峴山社會之十五人也。十五人者，以齒爲敘，太子少保、工部尚書石庵蔣公年八十，山東即墨縣知縣我齋吳公年七十七，山東平度州知州南村施公年七十六，工部尚書南坦劉公年七十五，福建延平府同知夷軒蔡公、前國子監丞半溪李公俱年六十八。……余以都察院右副都御史罷官家居，年六十六。……初，唐一庵倡議，以吾湖士夫休官林下者，擬春秋二社日於郡城近地一會，倣古鄉約之制，以盡規勸之道。……歲以爲常，而社人增減不一。至嘉靖丁未秋社，湖州府通判楚東湯君世賢始改建逸老堂、朋壽臺，較浮碧差勝。南坦翁與余作主，始爲逸老堂之會，詳見南坦翁《逸老堂記》中。是歲八月，適石庵八十壽誕。南坦翁作文，諸公各爲詩歌，繪爲一圖。社畢，即赴石翁家稱觴慶賀。……時予蒙恩起廢，復撫雲南，乃命工繪圖，持以入滇，戒行促迫，略得形

〔註 5〕曹學佺編：《石倉歷代詩選》卷四八五「明詩次集一百十九」，清文淵閣四庫全書補配清文津閣四庫全書本。

〔註 6〕董斯張輯：《吳興藝文補》卷六三，明崇禎六年刻本。

〔註 7〕曹學佺編：《石倉歷代詩選》卷四八五「明詩次集一百十九」，清文淵閣四庫全書補配清文津閣四庫全書本。

〔註 8〕曹學佺編：《石倉歷代詩選》卷四八五「明詩次集一百十九」，清文淵閣四庫全書補配清文津閣四庫全書本。

〔註 9〕曹學佺編：《石倉歷代詩選》卷四八五「明詩次集一百十九」，清文淵閣四庫全書補配清文津閣四庫全書本。

〔註 10〕曹學佺編：《石倉歷代詩選》卷四八五「明詩次集一百十九」，清文淵閣四庫全書補配清文津閣四庫全書本。

〔註 11〕曹學佺編：《石倉歷代詩選》卷四八五「明詩次集一百十九」，清文淵閣四庫全書補配清文津閣四庫全書本。

似而已。滇士有土生應文者，工於繪事，乃爲作《峴山圖》。時楊升菴殿元謫戍於滇，爲渴聿篆「峴山十五老圖」六字。及余轉刑部尚書，改調留都，石川、銀臺以《湖社懷賢圖》見寄，乃蘇人黃生□（彪）所畫者。余既宦遊於外，而吳我齋已下世，所繪惟有十三人。今春余得旨致仕家居，遂命徽州汪生即黃生所繪加入余貌，仍爲十五老圖，惟我齋則思索而得之，故不相類。石庵翁名瑤，字粹卿；吳我齋名廉，字介夫；施南村名祐，字翊之；孫郭南名濟，字以道；朱雙橋名懷幹，字守正；唐一庵名樞，字子鎮，俱歸安人。南坦翁名麟，字子振，自建業徙居長興。李半溪名丙，字子南；韋南苕名商臣，字希尹，與余俱長興人。……余既爲是圖，而又敘其顛末及爵里名氏於首簡，俾有所考云。嘉靖三十三年，歲在甲寅冬十二月既望，資善大夫南京刑部尚書致仕箬溪顧應祥惟賢書，時年七十二。〔註12〕

上引材料透露若干李丙之信息：一是字號，「李半溪名丙，字子南」〔註13〕；二是籍貫，應爲「長興人」；三是官職，曾任「國子監丞」；四是生年，明嘉靖三十三年（1554），顧應祥七十二歲，那麼其生年應爲明成化十九年（1483）。李丙長顧氏兩歲，生年則爲明成化十七年（1481）；五是大致卒年，顧文寫於明嘉靖三十三年，提及十五老，僅言「吳我齋已下世」，那麼，李丙本年應仍在世，如果這一推論無誤的話，李氏享年至少在七十四歲以上。

又，清代湯貽汾《題峴山十五老圖》詩前小序曰：

圖爲郡人陳豐所藏，嘉靖三十一年壬子崑山黃彪寫。十五老者，太子太保、工部尚書歸安蔣瑤石庵，年八十八；平度州知州歸安施祐南村，年八十四；工部尚書建業劉麟南坦，年八十三；永新縣知縣長興李丙半溪，年七十六；延平府同知德清蔡玘夷軒，年七十五；貴州布政司參政安吉陳良謨練塘，年七十五；兩京刑部尚書長興顧應祥箬溪，年七十四；南京太僕寺主簿歸安吳龍西園，年七十四；江西按察司僉事歸安孫濟郭南，年七十三；通政司右參議崑山張寰石川，年七十一；山東按察司副使孝豐吳麟苕溪，年六十九；揚州

〔註12〕董斯張輯：《吳興藝文補》卷三二，明崇禎六年刻本。

〔註13〕案：清人葛萬里《別號錄》（《文淵閣四庫全書》本）卷三謂：「李丙，子南，知縣。」

府知府歸安朱懷幹雙橋，年六十四；川布政司參議長興韋商臣南苕，年六十七；福建布政司左參政孝豐吳龍石岐，年六十；刑部主政歸安唐樞一庵，年六十。皆致政林下，會於峴山。山有逸老堂，別駕湯世賢爲諸老所築，今存斷垣而已。〔註14〕

序中所提「十五老」，與顧應祥《峴山十五老圖記》所載略有不同，見下表：

人物	蔣瑤石庵	●吳廉我齋①	●吳龍西園②	施祐南村	劉麟南坦	▲蔡玘夷軒	李丙半溪	陳良謨練塘	顧應祥箬溪	孫濟郭南	▲吳麟苕溪	張寰石川	韋商臣南苕	▲朱懷幹雙橋	吳龍石岐	唐樞一庵
顧文所載	年八十	①年七十七		年七十六	年七十五	年六十八	年六十八	年六十七	年六十六	年六十五	年六十四	年六十三	年五十九	年五十八	年五十二	年五十二
湯文所載	年八十八		②年七十四	年八十四	年八十三	年七十五	年七十六	年七十五	年七十四	年七十三	年六十九	年七十一	年六十七	年六十四	年六十	年六十

由上表可知，兩篇文獻所載「十五老」中有十四人可以對應，唯有一人不同（見表中「●」標記）。顧文所載乃山東即墨縣知縣吳廉（我齋），時年七十七歲；湯文所載則爲南京太僕寺主簿吳龍（西園），歸安籍，時年七十四歲。十四人中除蔡玘、吳麟、朱懷幹三人外（見表中「▲」標記），湯文所載眾人年齒均較顧文長出八歲。可見，如果湯貽汾沒有誤記的話，《峴山十五老圖》黃彪（或稍後對原畫作增補之畫工）當在不同時段內寫有多幅，以致所畫人物並不完全一致，眾人年齡也前後不一。就容易查考的幾人來說，蔣瑤（1469～1557），享年八十九歲；劉麟（1474～1561），享年八十八歲；顧應祥（1483～1565），享年八十三歲。由此可知，湯文所列出的年齡，不應指卒年。如果湯氏所載李丙之信息無誤，那麼此人至少明嘉靖三十五年（1556）仍在世。

〔註14〕湯貽汾：《琴隱園詩集》卷一六，清同治十三年曹士虎刻本。

二、李丙之爲人與交遊

關於李丙之姓氏問題，劉水雲《〈全明散曲〉曲家考補》云：「李丙生前即有『徐』、『李』二姓，個中原因，有俟詳考。」〔註15〕明栗祁《〈萬曆〉湖州府志》謂：「徐丙，復姓李，長興人，任國子監丞。」〔註16〕或是爲徐姓收養之故，初姓徐，後復姓爲李。

除劉水雲《〈全明散曲〉曲家考補》引用的幾種資料外，尚有其他方志亦收有李丙小傳。如《〈嘉靖〉六合縣志》卷四曰：「徐丙，字子南，浙江長興人。由舉人正德八年任。有藻思，教人勤而嚴，設科條以待士，士咸敬畏之。歲時饋遺常禮，絕弗受，藻別士類賢不肖。……秩滿棄官歸養，以薦擢國子丞，調松江教授，升永新知縣，入峴山逸老社。」〔註17〕《〈嘉慶〉長興縣志》卷二○謂：「徐丙，字子南，長興人。正德二年舉人，自醴陵教諭補任六令。有詩才，自期遠大，弗受常饋。旌別進退，凡所申請學使者，一一允行。士畏其威，凜不可犯。贊萬侯修建學校，王陽明作記稱之。在任九年，問學日富，以薦擢國子監丞，官至永新知縣。晚寓六合，卒。」〔註18〕

李丙性格狷介，慎交遊。人稱：「半溪李先生狷介士，所交合甚寡，而與周子密交，且極贊其所操。」〔註19〕這位周姓朋友，「其人謙厚有儀，不踰尺度，郁然文士也。」〔註20〕半溪之爲人，由此亦可見一斑。從現存資料來看，峴山逸老社中諸老，除前文提及的顧應祥外，似與劉麟與李丙唱和爲多。劉麟（1475～1561），字元瑞，績學能文，與顧璘、徐禎卿稱「江東三才子」〔註21〕。弘治九年進士，官至工部尚書。麟「清修直節，當官不撓。居工部，爲朝廷惜財謹費，僅踰年而罷」〔註22〕。年八十七卒，贈太子少保，謚清惠。《明史》卷一九四載有「本傳」，有《清惠集》傳世。集內收有大量寫給李丙的唱和詩。如卷一《與李半溪》（2 首）、《和李半溪社韻》、《與李半溪》（1 首）、《與李半溪二首》，卷二《同李半溪春社》、《答李半溪》，卷三《三月十日飲半溪家》。《和

〔註15〕劉水雲：《〈全明散曲〉曲家考補》，《文獻》2005 年第 1 期，第 134 頁。

〔註16〕栗祁：《〈萬曆〉湖州府志》卷六，明萬曆刻本。

〔註17〕董邦政修、黃紹文纂：《〈嘉靖〉六合縣志》，明嘉靖刻本。

〔註18〕錢大昕等纂：《〈嘉慶〉長興縣志》，清嘉慶十年刊本。

〔註19〕徐獻忠：《書節孝集後》，董斯張輯：《吳興藝文補》卷三四，明崇禎六年刻本。

〔註20〕徐獻忠：《書節孝集後》，董斯張輯：《吳興藝文補》卷三四，明崇禎六年刻本。

〔註21〕張廷玉等：《明史》第十七冊，中華書局，1974 年，第 5151 頁。

〔註22〕張廷玉等：《明史》第十七冊，中華書局，1974 年，第 5152 頁。

李半溪社韻》詩曰：「寄言同社諸人賢，莫訝嵇康習性偏。眼前樂事取便得，身後浮名何足傳。千峰好拾金光草，片石今生玉井蓮。有酒不醉本凡士，著書取勝非高玄。張騫曠遊最奇絕，中夜揮毫白日眠。」〔註23〕「寄言同社諸人賢，莫訝嵇康習性偏」一句，道出李丙性格，恰與前引徐獻忠《書節孝集後》中的「半溪李先生狷介士」這一表述相吻合。此外，李丙與楊慎、程文德等人也有過交往。楊慎詞中曾提及李丙，程文德《送李半溪》詩云：「未踏主人半溪雲，先識半溪主人面。何年鼓枻下雲間，溪風溪月還遊遍。」〔註24〕

綜上，勾稽李丙生平梗概如下：李丙（1481～1556以後），又名徐丙，字子南，號半溪，長興（今屬浙江）人。明正德二年（1507）舉人，曾官醴陵教諭、六合教諭，以薦擢國子丞，調松江教授，升永新知縣。性格狷介，寡於逢迎，與劉麟、顧應祥等友善。晚年入峴山逸老社。

〔註23〕劉麟：《清惠集》卷一，清文淵閣四庫全書補配清文津閣四庫全書本。又見董斯張輯：《吳興藝文補》卷五七，明崇禎六年刻本。
〔註24〕程文德：《程文恭公遺稿》卷三一，明萬曆十二年程光裕刻本。

明代散曲家周瑞生平考略〔註1〕

內容摘要

　　明代散曲家周瑞，學界對其生平多語焉不詳。作者細讀與周瑞有交往的明代文人的別集，並查閱相關史料，對周瑞生平事跡進行了勾稽，考察了他與方鳳、顧潛、周倫等明代詩人的交往，考辨其生年爲明正統十二年（1447）或十三年（1448），卒年爲明嘉靖十九年（1540）或二十年（1541），春秋九十有四。

　　明代散曲家周瑞，學界對其生平多語焉不詳。如謝伯陽所編《全明散曲》曰：「周瑞，字秋汀，南直隸（今江蘇）崑山人。工散曲。《曲品》云：『周家郎顧誤名高。』生卒年不詳，約嘉靖中前後在世。」〔註2〕齊森華等主編的《中國曲學大辭典》謂：「周瑞（1490？～？），字秋汀。南直隸崑山（今屬江蘇）人。工散曲，《全明散曲》輯錄其套數二套，又復出小令一首，套數一套，均爲情詞，曲文婉麗穠豔。」〔註3〕筆者細讀與之有交往的明代文人的別集，並查閱相關史料，對周瑞生平及交遊情況略作考訂。

〔註1〕本文載澳門《澳門文獻信息學刊》2016 年第 2 期（總第十七期），2016 年 8 月。

〔註2〕謝伯陽編：《全明散曲》第二冊，齊魯書社，1994 年，第 1505 頁。

〔註3〕齊森華等主編：《中國曲學大辭典》，浙江教育出版社，1997 年，第 112 頁。

一、周瑞生平事迹稽考

吳書蔭先生曾指出，周瑞的事跡見諸方志。〔註4〕《（道光）昆新兩縣志》卷二三謂：「周瑞，字應祥，先世自元季岳州同知文彬從太倉徙崑山，瑞其五世孫也。博學工詩文，試輒高等。將受饟，而亞瑞者，其師也。白御史請讓，許之。宏（弘）治中貢成均，廷試第一，授江西德興教諭，檄攝縣事。會桃源洞寇亂，縣小苦供餉，瑞調劑以時，卒平巨寇。謝官歸，以詩酒自娛。年九十四卒。子京，字君大，以歲薦官雲南臨安府通判京（筆者案：「京」字疑爲衍文）。曾孫汝礪，字若金，性木訥，善屬文，隆慶丁卯鄉試第一，萬曆丁丑成進士，官南京禮部主事。」〔註5〕周氏生平事跡於此略見一斑。然而此方志之記載，或另有所本。明代張大復撰有《周瑞玄孫汝礪》一文，曰：

> 周瑞，字應祥，細瘦通眉，清髭瀟灑。小時病瘵，醫者難之，輒謝去人間事。即縈念，必預策其所將然，而遊戲承之。有童子甚不慧，爲公煮藥，公預策此童子必敗，曰：「敗其分也，若者不名知人耶？」已進藥，果敗。公大笑，置不問，瘵亦旋瘳。就御史試，御史賞公，獨無上。將受饟，而亞公者師某。公白御史，弟子故不賢於師，請明讓，御史許之。或爲公計，他日貢禮部，當遲十年。公笑曰：「爲師長遲我十年青氈，不亦可乎？」然公名甚噪。所課義特高，人知非青氈物也。竟不第。就廣文，選授江右之德興。時蔡虛齋、邵二泉先後提學江右，試公卷皆歎曰：「吾固知崑山多才，然不賢於瑞州、德興矣！」時黃丹岩雲適訓瑞州，故云德興令缺，即檄公視事。會桃源洞寇亂，縣小苦供餉，公調劑以時，卒平巨寇。而人始嘖嘖，信公非青氈物矣。公飲性中下，然好彌留畫夜。雜翻新聲，令人歌而和之，其音若絲，毋許小誤。人謂：「公豈師曠耶？」公笑曰：「家公瑾故爾。」卒年九十四。先是有饋公筇竹者，公規杖而坐，弄之。所著《銀峰》、《玉峰》諸稿，迥出塵外，如其爲人。子京，亦熙薦仕雲南臨安府通判，號竹東居士。〔註6〕

《（道光）昆新兩縣志》所述或即據此。

〔註4〕呂天成著、吳書蔭校注：《曲品校注》，中華書局，1990 年，第 146～147 頁。

〔註5〕張鴻、來汝緣修，王學浩等纂：《（道光）昆新兩縣志》，江蘇古籍出版社，1991 年，第 358 頁。

〔註6〕張大復：《崑山人物傳》卷五《皇明崑山人物傳》，明刻清雍正二年汪中鵬重修本。

此外，明代方鳳《二老傳》一文，亦涉及周瑞之生平。謂：

> 壽爲五福之先，七十稱古稀，八十者愈稀，若九十則千百之一二耳。吾昆壽者數數而見，人以爲壽星臨吳地，然惟吾昆獨出他郡邑，八十者歲有之，若七十則不足異矣，至於九十而又贏者得二老焉：曰周秋汀，諱瑞，字應祥。風流標致，自少言動，衣冠俊逸整潔，與諸生迥異。且善音律。屢試不偶。六十外始以歲貢爲儒學訓導。未幾，謝政歸。年九十有四。曰高歸田，諱以政，字養民。性氣淳厚，在諸生中以德行稱，不喜與人忤，莫不敬而信之。以貢士爲縣尹，與秋汀先後懸車，年九十有三。二老性稟不相似，而相合優游林下者幾三十年。陸行則並輿，水行則同舟。公私宴集必同赴，赴則居首席。名山勝水，花朝月夕，必攜壺歌舞。其於飲也，量不足而興有餘，人以二仙目之。予一日問秋汀曰：「公之壽有所養乎？」答曰：「吾平生於貧富窮達不甚注意，處不足常若有餘，吾心不至戚戚，吾之壽或者在此乎？」問歸田，則曰：「吾性不喜尚氣，人有犯者，受而不較，只求自己寬泰，吾之壽或者在此乎？」予聞而歎曰：昔人謂量之寬弘者壽，言之簡默者壽，性之沉靜者壽，二公皆有之，其齊壽也固宜。今有踰八望九者，動以二公爲言，而心地險傾，且求且忮，韓子所謂「原壤之流，壽猶不壽」也。作二老傳以別之。〔註7〕

結合以上徵引材料，我們可以得出關於周瑞的如下信息：一是品行，周氏謙恭禮讓，品行高潔。他本來將被御史錄取，可以入學讀書而得到餼廩之類物資援助，但他卻將這一機會，讓給了排名僅次於自己的老師，「爲師長遲我十年青氈」，品德可嘉，爲鄉里推許。「餼」，即餼廩，乃糧食之類生活物資。「明初給生員月廩人六斗，後又增廣名額，於是額內者爲廩膳生員，增額者爲增廣生員」。後世，「歲發廩餼銀四兩，在本府、州、縣儒學署領」。〔註8〕二是生卒，周瑞得享春秋九十有四，他的高壽，與性情豁達有很大關係。三是形容，周氏風流標致，自少言動，衣冠俊逸整潔。四是愛好，周瑞善音律，且追求完美，毋許小誤。五是仕宦，他曾於弘治間任江西「德興教

〔註7〕方鳳：《改亭續稿》卷一「記書」，明崇禎十七年方士驪刻本。

〔註8〕商衍鎏：《清代科舉考試述錄及有關著作》，百花文藝出版社，2004年，第31頁。

諭」〔註9〕，此時已六十開外，且不久即辭官歸里，以詩酒自娛。六是著述，周氏主要有《銀峰》、《玉峰》諸稿，這與《（同治）蘇州府志》所敘也非常吻合。七是子嗣，他的兒子名周京，字君大，號竹東居士，官雲南臨安府通判。

二、周瑞交遊考述

周瑞交遊較爲廣闊，今撮其要以敘之：

（一）「珠玉時時寄改亭」——周瑞與方鳳

方鳳，字時鳴，號改亭，崑山人。明正德戊辰（1508）進士，官至廣東提學僉事。《本朝分省人物考》載有其「小傳」，謂：「方鳳號改亭，鵬介弟也。少以經術、藝文與兄齊名，正德戊辰又同舉進士，天下豔稱之曰『二方』。授行人，選南御史。時寧濠反，形未具即疏言：『胡世寧之逮，其惑誤者欲以安社稷，請無罪之。王守仁可大用，皆豫爲逆濠計者。』以母喪歸，服除，改北，出按眞定。當武廟時，政在中官、武弁，論劾不避。武宗南狩，疏論七事，中謂：『不宜索婦女納之行宮。』又極言災情屢見，宜修德祇、崇天戒。危言數進，聞者齰舌。以事見忤，乃請南。尋移疾歸。嘉靖中，復補南，而所陳皆天下大計。會張、桂大禮之議起，力言其非是。既二人者驟貴，又力斜之，尋出視廣西學政，引疾不起。時其兄鵬以太常得請，先後臥林下，杜門著書，放意詩酒，蹤跡俱不及城府。其議禮，時有所不合，天子亦知之，然能各信所是，以行其志。天下所稱『二方』者，名俱不挫，一子一孫，皆薦鄉書，以是晚途益暢適。年八十餘卒。久之，而少子範成進士。」〔註10〕

周瑞與方鳳交往頗多，並曾爲其姊寫過壽詩。〔註11〕在方氏的《改亭存稿》中，屢屢可以看到秋汀的身影。如《壽周秋汀八十序》謂：

〔註9〕馮桂芬：《（同治）蘇州府志》卷六二，清光緒九年刊本。

〔註10〕過庭訓：《本朝分省人物考》卷二二，明天啓刻本。

〔註11〕明人張大復《梅花草堂筆談》「張環蟠桃圖」條謂：「先大王母方以嘉靖改元周甲子，有繪《蟠桃圖》爲壽者，曰：『張環筆力遒細，有宋元人風概，而世不多傳，其品故在妙能間。』上有序，侍御改亭先生作，大王母弟也。詩於左者，曰德興訓導周秋汀（瑞），餘干令闞時望（雲），瑞安訓導鄭子充（近仁），右上杭令高歸田（以政），樊府教讀王眞愚；下則僉憲周鶴村、孝廉吳純甫（中英），皆當時知名士。圖藏先九德家，萬曆癸丑，光甫弟歸。予自先君歿，不幸廢視，家藏殆盡，得此如還珠返璧，悲喜不勝，亟付裝潢家表而新之。久雨初晴，將命桐曝書畫，復紀其事，屈指春秋，蓋九十四年於茲矣。萬曆甲寅四月初五日。」（李保民、胡建強、龍聿生主編：《明清娛情小品擷珍》，學林出版社，1999年，第271頁。）

吾昆秋汀周先生，今年壽八十，鄉大夫士多爲歌詩文章祝之。先生之子通判君，設廣席大會賓客。予輩九人者，辱交先生父子間，得坐下坐。目瞻盛舉，心竊慕之。客有洗爵壽先生者，問曰：「先生之壽有道乎？」先生曰：「有。《老子》曰：『逸則壽。』又曰：『知足之足常足。』蓋造化鈞甽萬物，小大厚薄，各有品限。故安其分則心泰，心泰則百疢不作，故壽。愚者弗察，覬覦生焉，得失觸焉，心擾而害隨之，惡乎壽。故吾見人之富，不多其財，而薄田散廬，足於陶朱。見人之貴，不侈其爵，而青氈絳帳，榮於金紫。見人之有時名，不高其聞，而陶情詩酒，放懷歌舞。老焉益壯，若將終身。吾不知有餘在人，不足在我。嬉嬉然若與得意者等。吾之壽或者在此乎？」客未對。予笑曰：「達哉，先生之論也！其有得於莊子《逍遙》之旨乎哉！其曰：大鵬萬里，鷦鷯一枝。各適其適，不相企慕。則羨欲之累可以絕，累絕則悲去，悲去則性命安，是故壽於人則爲彭祖，壽於物則爲大椿。然惟達者能得之，則先生其人也。今而後呼先生爲逍遙公可乎？」先生聞之喜，卒爵而歌，頹然就醉。予因拾問答之辭，合而爲序。〔註12〕

方鳳集還收有與周瑞的唱和詩 10 首，足見二人交往之密切。今據《改亭存稿》引錄如下：

1.《題老松壽秋汀九十，和貞庵韻》：「周公躋上壽，滿壁懸新詩。尚書獨超逸，揮灑橫高辭。人生有遐筭，百歲爲常期。公特望十年，過此尤足奇。輕身委藜杖，短髮垂花枝。沉檀爇金鼎，石髓浮瓊巵。翩翩下鸞馭，青鳥來西池。日斜醉顏酡，咲看烏帽欹。嗟予沾盛席，羨此貞松姿。濡墨圖老幹，不假丹青施。挺然歲寒秀，非公將謂誰。從公遊赤松，捨此吾何之。」〔註13〕

2.《秋汀以詩見寄和韻》：「林下高年健，推公第一人。黃花娛碧眼，白髮弄青春。杖屨時吟眺，雲山自主賓。秋汀書屋近，相過莫嫌頻。」〔註14〕

3.《秋汀歲朝見寄用韻》：「身膺上壽眞完福，天爲高人特破慳。三徑博將

〔註12〕方鳳：《改亭存稿》卷一「序書」，明崇禎十七年方士驤刻本。案：明人歸有光《震川集》卷一三所收《周秋汀八十壽序》一文，文字與此同，係誤收，筆者已撰專文予以考辨。可參看趙興勤、趙韡：《〈周秋汀八十壽序〉著作者考辨》，《文獻》2015 年第 3 期，第 113～116 頁。

〔註13〕方鳳：《改亭存稿》卷七「詩」，明崇禎十七年方士驤刻本。

〔註14〕方鳳：《改亭存稿》卷八「詩」，明崇禎十七年方士驤刻本。

雙足健，一官贏得廿年閒。春衣藉草花前酒，曉屐侵苔雨後山。幾度詩成都倚和，個中樂意自相關。」〔註15〕

4.《壽秋汀再用韻》：「百歲優游不解忙，一官儒雅足傳芳。健拋鳩杖眼初碧，閒構雞窠髮半黃。好水佳山供玩弄，古松蒼竹傲風霜。從今壽籌應難數，直看滄溟幾變桑。」〔註16〕

5.《和韻答秋汀》：「一鄉推重達尊三，世味嘗來蔗境甘。詩酒百年人事足，衣冠兩世聖恩沾。延山入座頻開牖，放燕營巢盡捲簾。從此逍遙無管束，咲將天地作虛龕。」〔註17〕

6.《秋汀見寄用韻二首》：「蓬門花徑老潛夫，月下清歌酒一壺。若使宦途滋味好，當時張翰不思鱸。」（之一）「十載儒官收晚福，數椽書屋枕秋汀。興來偶得驚人句，珠玉時時寄改亭。」（之二）〔註18〕

7.《贈秋汀三首》：「一春不見謫僊人，孤負平生待我眞。聞說近來調攝好，芝眉玉骨倍精神。」（之一）「四月相將五月過，無緣尊酒共高歌。東禪寺閣凌雲起，盡日能消暑氣多。」（之二）「廿載林泉結好緣，知君元是地行仙。秋山雨後看雲屐，春水橋邊載酒船。」（之三）〔註19〕

另外，方鳳在《漸齋記》一文中，也曾提及周瑞。〔註20〕

（二）「安閒更助吟哦興」──周瑞與顧潛、周倫

周瑞優游林下幾三十年，安閒的生活使他吟興大發。與友人詩酒往還，過得十分愜意。明代詩人顧潛、周倫，都曾與他有過一定程度交往。

顧潛（1471～1534），字孔昭，號桴齋，晚號西岩，崑山人，顧鼎臣長兄之子。明弘治九年（1496）進士，選庶吉士，授監察御史。官至直隸提學副使。著有《靜觀堂集》、《稽古治要》、《林下紀聞》等。顧氏曾在《周東婁壽詩序》〔註21〕一文中提及周瑞，二人之唱和亦較爲頻繁，《靜觀堂集》中有 8 首詩涉及二人交往情狀，茲引如下：

1.《北莊、秋汀、天方見和，復疊前韻四首》：「霜節當年駐學宮，文章衡

〔註15〕方鳳：《改亭存稿》卷九「詩」，明崇禎十七年方士驥刻本。

〔註16〕方鳳：《改亭存稿》卷九「詩」，明崇禎十七年方士驥刻本。

〔註17〕方鳳：《改亭存稿》卷九「詩」，明崇禎十七年方士驥刻本。

〔註18〕方鳳：《改亭存稿》卷一〇「詩雜體」，明崇禎十七年方士驥刻本。

〔註19〕方鳳：《改亭存稿》卷一〇「詩雜體」，明崇禎十七年方士驥刻本。

〔註20〕方鳳：《改亭存稿》卷三「記」，明崇禎十七年方士驥刻本。

〔註21〕顧潛：《靜觀堂集》卷一一，清玉峰雍里顧氏六世詩文集本。

鑒頗稱公。營菟今向溪南老，相馬曾教冀北空。迂叟記成還載石，故人詩到自開筒。閒居更有憂時念，杼軸深嗟大小東。」（之一）「憶昨沖星入漢宮，於今溪塹付愚公。身閒未覺千鍾貴，客滿常憂百榼空。桂子天風金作粟，竹竿新水翠為筒。須君雅興同吟賞，百步何辭過縣東。」（之二）「地僻林深隱者宮，手栽叢桂自先公。衣冠漸擬蘭亭盛，猿鳴無愁蕙帳空。舊毀堪驚真貝錦，濁醪能醉即郫筒。長安回首輸年少，車馬紅塵西復東。」（之三）「拂衣辭卻帝王宮，臧否鄉評或自公。持憲十年非草草，逃禪一念已空空。鷗盟老去常隨艇，龍勒於今尚貯筒。詩律未妨相結社，桂堂新闢古婁東。」（之四）〔註22〕

2.《承真愚、秋汀、歸田次韻以慰，又成二首》：「多男何事靳吾儕，欲問蒼天不可階。埋玉忍將藤束木，（自注：韓昌黎《葬女詩》：數條藤束木皮棺。）招魂欲剪紙為牌。提攜力盡餘衰淚，慰藉詩頻見好懷。曠達從今知自遣，林泉樂事尚無涯。」（之一）「病眼常思照夜犀，模糊今與淚俱迷。塵埋百玩人冥漠，月入孤幃夜慘淒。他日竟難徵異夢，有人曾誤許英嗁。若教稍長知吟詠，應解無山與華齊。」（之二）〔註23〕

3.《次周秋汀韻》：「共看仁壽耄期時，造物茫茫豈有知。對食怕談羊棗事，臨文多廢蓼莪詩。祭虞不返三何益，身贖如能百亦宜。寒雁驚心花濺淚，水邊籬下總成悲。」

4.《又用韻答秋汀》：「飽暖新恩及肅霜，詔書前日到遐方。翻匙最喜香秔味，挾纊猶疑雪繭光。錦遣杜陵曾讓美，田餘彭澤未憂荒。安閒更助吟哦興，二老詩成妙逼唐。」

周倫（1463～1542），字伯明，號真庵，晚號貞翁，弘治己未（1499）進士〔註24〕。也是崑山人。據明過庭訓《本朝分省人物考》：「（倫）初授新安知縣，選為監察御史。以建言忤逆瑾，罰米二百石，輸邊。瑾誅，復原職。歷升副都御史、南京工部右侍郎、南京刑部尚書，召入為刑部尚書，尋復改南京刑部致仕。嘉靖二十一年卒於家。賜祭葬如例贈太子少保，諡康僖。」〔註25〕又據《明清江蘇文人年表》，弘治十八年（1505），「周倫服官北京，以宮中

〔註22〕顧潛：《靜觀堂集》卷四，清玉峰雍里顧氏六世詩文集本。
〔註23〕顧潛：《靜觀堂集》卷五，清玉峰雍里顧氏六世詩文集本。
〔註24〕案：明人過庭訓《本朝分省人物考》卷二二謂「弘治癸未進士」，誤。
〔註25〕過庭訓：《本朝分省人物考》卷二二，明天啟刻本。

齋醮煩興，僧徒雜沓，疏請制止」〔註26〕。正德十一年（1516），「在南大理寺寺丞任，作《虹月樓圖記》」〔註27〕。嘉靖十一年（1532），「自南京解職還」〔註28〕。其著有《貞翁淨稿》二十卷等。〔註29〕此可補過庭訓所述之不足。周倫與周瑞、周京父子皆有交往。其《答周秋汀》謂：「老去詩篇字字工，蒼頭長日送詩筒。夜來我亦驚詩夢，聲落秋山寺裏鐘。」〔註30〕為周京則寫過《送周君大赴臨安節判》一詩。〔註31〕

三、周瑞生卒年考辨

周瑞的生卒年問題，以筆者目力所及，似無一家著述予以完整解決。對於其生年，觀點主要有兩種：一是《中國曲學大辭典》提出的約1490年〔註32〕；二是沈新林《歸有光師弟考》一文提出的1470年〔註33〕，然均未注明依據。其卒年，則未見有著述提及。

筆者讀書發現，明代顧潛的《送周通府序》，是解決周瑞生卒年問題的一篇重要文獻。《序》謂：

> 今年春，吾友周君君大謁選於吏部，部群試之如制。尚書陸公奇其文，以示侍郎毛公、王公，相與言曰：「此科目之遺材也。」而陸與毛皆鄉先達，益喜得君，則又相與言曰：「此鄉邦之美材也！」於是其氏名獨在高等，奏授雲南臨安府通判。鄉人咸曰：「昔君之行也，一儒生耳。不半載間遂階六品、佐一郡，錦服銀鑿，照映桑梓。行將蒞止其地，其堂皉之，崇祿饋之，豐驥從之，都可以想見，而凡其郡之學校、土田、禮樂、兵刑之政，皆得以贊理而匡輔。噫！亦榮且重哉！」或又以為當道諸公既奇君之文、知君之材矣，其官

〔註26〕張慧劍：《明清江蘇文人年表》，人民文學出版社，2008年，第140頁。
〔註27〕張慧劍：《明清江蘇文人年表》，人民文學出版社，2008年，第161頁。
〔註28〕張慧劍：《明清江蘇文人年表》，人民文學出版社，2008年，第190頁。
〔註29〕張慧劍：《明清江蘇文人年表》，人民文學出版社，2008年，第214頁。案：《千頃堂書目》卷二一「別集類」作「《貞翁稿》十二卷」（黃虞稷：《千頃堂書目》，上海古籍出版社，2001年，第537頁）。
〔註30〕曹學佺：《石倉歷代詩選》卷四六四「明詩次集九十八」，清文淵閣四庫全書補配清文津閣四庫全書本。
〔註31〕曹學佺：《石倉歷代詩選》卷四六四「明詩次集九十八」，清文淵閣四庫全書補配清文津閣四庫全書本。
〔註32〕齊森華等主編：《中國曲學大辭典》，浙江教育出版社，1997年，第112頁。
〔註33〕沈新林：《歸有光師弟考》，《淮陰師範學院學報》2009年第2期，第255頁。

之也，曷不置諸臺省之列乎？即使佐郡，曷不於畿甸之內，若齊、魯、楚、越之間乎？今雲南去京師萬里，君將攜挈妻孥，跋涉水陸，必三越月而後能至，所謂奇其文與材其人者固若是邪？余聞之曰：「不然。天之生材與國家之用材，凡以爲民耳！天下之民，均之赤子也。故統御之道，每患於忘遠；而懷綏之責，無惜乎勞賢。君之行也，將大展才猷，確勵志操，俾上官嘉其勤能，同僚孚其忠實，吏胥服其廉介，而黎庶德其寬仁，則其聲價日增，雖南金大貝，不足以爲重；譽望日起，雖碧雞金馬，不足以爲高，豈不益副諸公之知而孰不與君之果爲材也哉？君便道過蘇，適其尊甫秋汀先生七十壽旦，稱觴既畢，而後治裝。大方伯安齋管公革合餞於婁江之滸，而謂余兼有姻好，當以言贈予。固知君雅志於功業之大而無介乎道途之遠也，遂書之以壯其行。〔註34〕

此處「周通府」，指的是周瑞的兒子周京。文章雖然對周瑞僅略略提及，卻無意間透露了幾個關鍵信息：一是周京參加吏部謁選時，尚書和侍郎分別姓陸、毛、王；二是陸尚書和毛侍郎「皆鄉先達」，都是崑山人；三是由「不半載間遂階六品」一句來看，謁選當年周京便被授予了官職；四是周京去雲南赴任，「便道過蘇」，恰值父親周瑞「七十壽旦」；五是「安齋管公」要麼時任布政使，要麼是曾任布政使、當時賦閒在家的崑山籍官員。這些歷史細節對考訂周瑞生年意義重大。

據《（道光）昆新兩縣志》和《（同治）蘇州府志》，周京於正德間任「臨安通判」〔註35〕，查閱《明代職官年表》「部院大臣年表（京師）」，正德年間陸姓吏部尚書只有陸完一人。陸完（1458～1526），字全卿，號水村，正爲崑山籍。他的任職時間起訖爲正德十年（1515）閏四月至正德十五年（1520）十一月。〔註36〕再結合上引顧文所述，查閱「部院侍郎年表（京師）」，時間範圍進一步縮小。爲方便敘述，特列表如下〔註37〕：

〔註34〕 顧潛：《靜觀堂集》卷九，清玉峰雍里顧氏六世詩文集本。
〔註35〕 馮桂芬：《（同治）蘇州府志》卷六二，清光緒九年刊本。
〔註36〕 張德信編著：《明代職官年表》第一冊，黃山書社，2009年，第550～555頁。
〔註37〕 張德信編著：《明代職官年表》第一冊，黃山書社，2009年，第835～840頁。

職務		正德十年	正德十一年	正德十二年	正德十三年	正德十四年	正德十五年
吏部尚書		陸完	陸完	陸完	陸完	陸完	陸完
吏部侍郎	左	王璟、毛玘、毛澄	毛澄	毛澄、王鴻儒	王鴻儒	王鴻儒、廖紀	廖紀
	右	毛澄、王鴻儒	王鴻儒	王鴻儒、廖紀	廖紀	廖紀、羅欽順	羅欽順

由上表可知，同時滿足陸、毛、王姓氏條件的只有正德十年（1515）、正德十一年（1516）和正德十二年（1517）這三年，餘下的均可以排除。以下對此三年的可能性逐一進行剖析：

先說正德十年。本年五月之前，左、右侍郎分別爲王璟、毛澄。其中毛澄（1461～1523），字憲清，號三江，直隸崑山人，符合籍貫條件，但顧文中稱呼順序爲「侍郎毛公、王公」，明代以左爲尊，左侍郎地位高於右侍郎，封建時代等級森嚴，作者不太可能隨意安排在職官員的排名順序。且陸完閏四月才上任，陸、王、毛在任重疊的時間只有短短一個月左右，基本不具備「謁選」的條件。接下來，毛玘五月任左侍郎，八月離任，此間右侍郎爲毛澄，同姓毛，顯然也不符合。八月以後，毛澄遷左侍郎，王鴻儒任右侍郎，滿足了身份、籍貫等條件，但顧文中已點明周京參加吏部謁選的時間是「今年春」，所以，正德十年的可能性可以排除。〔註38〕

再看正德十一年，顯然符合條件。至於正德十二年，毛澄本年六月遷禮部尚書，王鴻儒隨即遷左侍郎，〔註39〕都是在春天以後。從時間上推斷，也符合要求。

那麼，究竟是正德十一年還是十二年呢？筆者試圖從其他信息上作進一步辨別。《送周通府序》中提到的「安齋管公」到底是誰？他的身份信息或許會爲周瑞的生卒年考證提供更多線索。然從字號上考察其人，非常困難。筆者一方面檢索《明代職官年表》中的「承宣布政使年表」，一方面細讀顧潛著述，發現正德九年（1514）正月自湖廣左布政使致仕的管琪可能性很大。〔註40〕這一點，《靜觀堂集》中的相關記載也可以佐證。是集收有《壽安齋先

〔註38〕以上官員的任職時間，參看張德信編著：《明代職官年表》第一冊，黃山書社，2009年，第835頁。

〔註39〕張德信編著：《明代職官年表》第一冊，黃山書社，2009年，第837頁。

〔註40〕張德信編著：《明代職官年表》第四冊，黃山書社，2009年，第3348頁。

生七十序》一文，略曰：「若今湖廣左布政使致仕安齋管先生其人也。先生今年壽登七十，正月五日爲其生辰。」〔註41〕此管琪正爲崑山人。明廖道南《楚紀》謂：「管琪，字儒珍，崑山人。成化戊戌進士，授中書舍人，遷刑部員外、禮部郎中，擢廣東參議、廣西參政，轉湖廣左布政。」〔註42〕《（同治）蘇州府志》亦載有管琪「小傳」，曰：「管琪，字儒珍，器宇寬厚，律身清謹。成化戊戌進士，授中書舍人。歷官湖廣左布政使，羨餘一無所取。會入觀，不事干謁，眾頗不悅。有勸其少通關節者，琪以夤緣求用爲恥，作書卻之，竟以年老致仕。」〔註43〕由此可見，周京去雲南赴任途中「便道過蘇」時，管琪已致仕歸里，但具體是哪一年，仍無從判斷。

前文已提及，周倫與周京也有交往。周倫《送周君大赴臨安節判》詩曰：「臨安天萬里，十月使君舠。峽氣停礒浪，霜風卷瘴毛。過江鄉路隔，望斗驛樓高。白下音書僻，臨分罄濁醪。」〔註44〕周倫是崑山人，此處言「白下音書僻」，應寫於其在南京爲官之時。查《明武宗實錄》，正德十一年五月，「升江西道監察御史周倫爲南京大理寺右寺丞」〔註45〕。由此可知，周倫爲周京送行詩，當作於其在南京大理寺丞任上。詩中所稱「十月使君舠」，在時間節點上恰好與《送周通府序》中提及的「今年春」、「不半載間」銜接。但究竟是正德十一年還是十二年，仍不能遽下斷語，姑存疑。

若上述推論成立，周瑞明正德十一年（1516）或十二年（1517）已年滿七十，那麼，其生年當爲明正統十二年（1447）或十三年（1448）。方志既稱其「年九十四卒」，其卒年當爲明嘉靖十九年（1540）或二十年（1541）。

〔註41〕顧潛：《靜觀堂集》卷一〇，清玉峰雍里顧氏六世詩文集本。
〔註42〕廖道南：《楚紀》卷五〇「登績內紀後篇」，明嘉靖二十五年何城李桂刻本。
〔註43〕馮桂芬：《（同治）蘇州府志》卷九二，清光緒九年刊本。
〔註44〕曹學佺：《石倉歷代詩選》卷四六四「明詩次集九十八」，清文淵閣四庫全書補配清文津閣四庫全書本。
〔註45〕《明武宗實錄》卷一三七，「中央」研究院歷史語言研究所，1964年，第2705頁。

明代散曲家沐石岡生平考略〔註1〕

內容摘要

　　明代散曲家沐石岡，生平失考。從與沐氏有交往的同時期文人的別集及相關出土文獻中，可以考知沐石岡即沐崧（1491～1537）。其字希甫，別號石崗，乃黔寧王沐英六世孫，沐詳子。正德元年（1506）襲父職，任參將，鎮守金齒、騰沖。正德十二年（1517）加陞都督僉事。嘉靖元年、二年間因劾落職，遂優游林下。嗜吟詠，嫻翰箚，珍繪事，耽典籍。與著名文人楊慎交厚，稱莫逆。

　　明代散曲家沐石岡，學界對其所知甚少。如謝伯陽所編《全明散曲》曰：「沐石岡，字希甫，生平不詳。」〔註2〕齊森華等主編的《中國曲學大辭典》謂：「沐石岡，字希甫，生平不詳。散曲存小令一首，乃次楊慎《粉席送別》『陽關曲易終』一曲而作，寫思婦離恨，婉麗幽豔。」〔註3〕由此來看，似乎其生卒、生平事跡無一可考。其實，從與沐氏有交往的同時期文人的別集及相關出土文獻中，還是可以管窺端倪的。

〔註1〕 本文與趙興勤教授合撰，載臺灣《書目季刊》第四十九卷第三期，2015 年 12 月 16 日。署趙韡、趙興勤。

〔註2〕 謝伯陽編：《全明散曲》第二冊，齊魯書社，1994 年，第 1489 頁。

〔註3〕 齊森華等主編：《中國曲學大辭典》，浙江教育出版社，1997 年，第 111 頁。

一、從交遊考察沐石岡之生平梗概

　　楊愼（1488～1559），字用修，號升菴，四川新都人。明正德六年（1511）辛未科狀元。《明史》「本傳」稱「明世記誦之博，著作之富，推愼爲第一。詩文外，雜著至一百餘種，並行於世」〔註4〕。嘉靖三年（1524）因「議大禮」，兩遭廷杖，謫戍「雲南永昌衛」〔註5〕，終生不得還。楊氏與沐石岡交往較多，在其《升菴集》中約有五處記載，分別是卷九（1次）、卷一四（1次）、卷三○（1次）、卷三一（2次），計詩4首、文1篇：

　　《次沐希甫山茶花韻》詩謂：「山茶競開如火然，山城淑氣銷寒煙。幾經南國芳華遠，忽憶上林花信前。賞心避地日多阻，抱病閉門春可憐。黃鬚紫萼莫相惱，青鏡綠樽非壯年。」〔註6〕由此可知，沐石岡曾寫有《山茶花》詩。

　　《沐希甫、葉道亨約會於太華寺，雨中用杜少陵韻一首》詩曰：「野竹幽花夾道迎，紺園金刹望中明。海天風色雲籠樹，山國春寒雨滿城。最覺龍鱗圖畫潤，生憎鳥羽毳衣輕。迷源復作留連住，尋壑猶能窈窱行」〔註7〕，則可證沐石岡與葉道亨亦有交往。葉道亨，據楊愼《兩湖葉道亨泰招飲，過湖晚歸》〔註8〕一詩，應爲葉泰。其字兩湖，道亨或爲其號，昆明人。「性好學，中正德庚辰進士。任禮部主事，以祖母及母老，乞歸養，里居十四年。娛親講學，不入公庭。起刑部主事，擢光祿丞，以忤戚畹，左遷廬州推官，轉襄陽同知。世宗幸承天，百事綜備，民不知擾，升工部郎中，與御史陳豪辨，奏乞致不出，鄉里高之」〔註9〕。

　　以上兩首交遊詩，交代沐石岡生平信息之處尚不多。楊愼還寫有樂府詩《贈沐錦衣》，從詩歌所述內容推斷，沐錦衣或即沐希甫。詩謂：「仙山名五華，迢迢上煙霞。道逢兩仙童，駐鶴問仙家。仙家住仙村，木門蒼琅根。英英眾公子，楚楚諸王孫。舍後有碧梧，鳳凰將九雛。鳴聲何喈喈，聞我蓬萊壺。兄弟八九人，中子執金吾。木公酌醴泉，金母斟雲腴。塤箎吟何曲，歷歷種白榆。大婦七襄女，中婦重輪姝。小婦無名字，彷彿秦羅敷。丈人且安

〔註4〕張廷玉等：《明史》第十七冊，中華書局，1974年，第5083頁。
〔註5〕張廷玉等：《明史》第十七冊，中華書局，1974年，第5082頁。
〔註6〕楊愼：《升菴集》卷三○，清文淵閣四庫全書補配清文津閣四庫全書本。
〔註7〕楊愼：《升菴集》卷三一，清文淵閣四庫全書補配清文津閣四庫全書本。
〔註8〕楊愼：《升菴集》卷三一，清文淵閣四庫全書補配清文津閣四庫全書本。
〔註9〕謝儼：《（康熙）雲南府志》卷一二，清康熙刊本。

坐，日出東南隅。」〔註 10〕若此處之沐錦衣確爲沐希甫，楊愼對沐石岡的家庭情況當十分瞭解。他來訪，沐家眾女眷亦不迴避，可見關係非同一般。

沐氏死後，楊愼還寫有兩篇悼念文字，透露了一些關鍵信息。《石岡沐公希甫挽詩》謂：「幾醉錦筵金叵羅，忽騎天駟上天河。霸陵猶記將軍獵，沛邑能忘猛士歌？春寒澤畔經過少，日暮山陽涕淚多。露薤霜蒿悲自古，蹊桃營柳奈君何。」〔註 11〕《祭參戎石岡沐公文》則曰：

> 我識公面，自於徂滇。解龜卸鵲，狎鷗戾鳶。欣然交臂，夙契若先。班荊華屋，傾蓋榮椽。一水詎隔，六郵奚延。不鄙謂我，同聲相宣。清風朗月，寒旭涼煙。興言命駕，嗒爾遺筌。形既蕭放，心罔懸愆。頹山酌羽，流水鳴弦。非梗胡泛，無膏曷煎。有懷者音，輒走中涓。有間者闋，遙騰鶿賤。公嗜吟詠，選頃成篇。露華濯錦，璧月涵淵。公閒翰筈，摹素臨顛。金生玉潤，芝苗蘭鮮。公珍繪事，充棟盈枅。購求罔恡，賞鑒無前。公耽典籍，業若門專。當劇假逸，在痾忘痟。公有池臺，山椒峰巔。謝舟阮屐，松席蘿筵。公有子姓，瓜瓞嬋媛。九荀爽競，八士名駢。可以忘老，可以長年。邁齡五龍，弄丸雙玄。坐致蓬丈，相期偓佺。天胡弗弔，承凶忽焉。我公是依，公忍我捐。川有逝水，壑無藏船。昔來謁公，鼓音闐闐。今來訊公，銘旌翩翩。英魂莫招，哀淚徒法。矢辭一誄，冀公享旃。〔註 12〕

楊愼既然爲沐石岡撰寫碑文，說明二人之交情匪淺。詩既言「我識公面，自於徂滇」，「於徂」，乃從到之意，是說二人相識於愼來雲南之後。然兩人究竟何時相識，卻值得思考。明代杜應芳《補續全蜀藝文志》卷三六收有新喻簡紹芳編次的《贈光祿卿前翰林修撰升菴楊愼年譜》，中謂：嘉靖三年（1524）甲申，七月，謫戍雲南永昌衛，由瀘河乘舟而南。五年（1526）丙戌，「十一月，尋甸府土舍安銓變起，十二月，武定土舍鳳朝文亦起，攻掠城堡，爲患孔棘。公歎曰：此吾效國之日也。乃戎服率旅僮及步騎百餘，往援木密所守禦，入城與副使張峩謀固守。明日賊來攻城，寧州土舍陸紹先率兵戰城下，公促城中兵鼓譟開門出戰，以助外兵。賊散去，公復歸會城。戊子（筆者案：嘉靖七年）春，疫殍大作，乃徙居珥海城。疫息，仍居雲峰。尚書伍公文定、

〔註 10〕楊愼：《升菴集》卷一四，清文淵閣四庫全書補配清文津閣四庫全書本。
〔註 11〕楊愼：《升菴集》卷三一，清文淵閣四庫全書補配清文津閣四庫全書本。
〔註 12〕楊愼：《升菴集》卷九，清文淵閣四庫全書補配清文津閣四庫全書本。

黔國沐公紹勳、鎮守太監杜唐同來問疾」〔註13〕。譜中所謂沐紹勳，乃嗣黔國公沐崑之子。據《明史·沐英傳附》所載：「尋甸土舍安銓叛，都御史傅習討之，敗績。武定土舍鳳朝文亦叛，與銓連兵攻雲南，大擾。世宗遣尚書伍文定將大軍征之。未至，而紹勳督所部先進，告土官子弟當襲者，先予冠帶，破賊後當爲請。眾多奮戰，賊大敗。朝文絕普渡河走，追斬之東川。銓還尋甸，列砦數十，官軍攻破之，擒銓於芒部。先後擒賊黨千餘人，俘斬無算。時嘉靖七年也。」〔註14〕尋甸、武定土司之亂，起於嘉靖五年，七年始平定。楊慎欲戴罪立功，「率旅僮及步騎百餘」往援，而紹勳亦率部征討。楊慎與沐氏結緣，當在此時。楊慎病足，寄身於安寧之雲峰，沐紹勳偕同尚書伍文定、鎮守太監杜唐「同來問疾」，縲絏之身，竟然爲身居高位者所記掛，自然使他感激涕零。日後之回訪鳴謝，或亦有之，說明在此之前，他已結識沐氏家族之人。就古人取名習慣而論，崑、崧當爲兄弟行，而嗣國公爵位的紹勳，與沐崧之子紹勤，亦爲同一班行。由此而論，楊、沐之交往，不會遲於嘉靖七年（1528）。

楊慎與沐石岡，志趣相投，一見如故，所以才「欣然交臂，夙契若先」。後來，兩人住地「一水詎隔」，相距不遠，時常來往。這位沐石岡雖是武將，卻篤好風雅之事，「嗜吟詠」、「閒（嫺）翰箚」、「珎繪事」、「耽典籍」。詩、書、畫這些風雅之事，沐氏似乎無一不精。從「公有池臺，山椒峰巔」、「公有子姓，瓜瓞嬋媽」數句來看，沐石岡饒有家資，家中人丁興旺。

《升菴遺集》中，也有一些楊氏與沐氏交往的記載，如卷七所收《元夕前一日滇城西莊夕寄沐石岡、周木涇》〔註15〕，卷一二所收《參戎沐希甫壽席作》〔註16〕、《沐希甫載酒過太華寺，以疾不赴》〔註17〕等。由此可知，二人交誼甚篤。

除楊慎、葉泰外，沐石岡和謝承舉亦有交往。謝承舉（1461～1524），初名璿，字文卿，一字子象，上元（今南京）人。少有文名，詩才綺麗，與同

〔註13〕杜應芳：《補續全蜀藝文志》卷三六「譜類」，明萬曆刻本。
〔註14〕張廷玉等：《明史》第十二冊，中華書局，1974 年，第 3763～3764 頁。
〔註15〕王文才、萬光治主編：《楊升菴叢書》第三冊，天地出版社，2002 年，第 809 頁。
〔註16〕王文才、萬光治主編：《楊升菴叢書》第三冊，天地出版社，2002 年，第 900 頁。
〔註17〕王文才、萬光治主編：《楊升菴叢書》第三冊，天地出版社，2002 年，第 903 頁。

好結檀園、秣陵等詩社，然累舉不第，遂布衣終生。以筆者目力所及，謝氏有與沐石岡交遊詩兩首，一爲《寄沐希甫參戎》，云：「華鎮移金齒，清標想玉顏。何期白雁信，又過碧雞山。赤日酬明主，春風舞爨蠻。功期班定遠，早勒玉門關。」〔註18〕詩中之碧雞山，在昆明縣西南三十里。由詩中「何期白雁信，又過碧雞山」來看，沐崧初居昆明，當無疑問。後移鎮金齒，出任參戎。此又可與上文所論互爲印證。一爲《送沐參戎希甫出鎮金齒》〔註19〕，謂：「萬里天書下五雲，捧持猶拂御爐薰。一門棨戟龍章剖，三鎮旌旗雁字分。令譬爨酋通異俗，檄傳夷島盡同文。平生壯志追前烈，試看新功匹舊勳。」〔註20〕謝氏乃上元人，與沐崧之交往，是因崧往外家魏國公府探親之機緣，還是其曾遊幕雲南，則不得而知。詩中「金齒」乃地名。據史料記載，金齒，即永昌衛，乃今之雲南保山。《明史·地理志》「永昌軍民府」：洪武「十八年二月兼置金齒衛，屬都司。二十三年十二月省府，升衛爲金齒軍民指揮司。嘉靖元年十月罷軍民司，止爲衛，復置永昌軍民府。」〔註21〕又，保山，「本金齒千戶所，洪武中置。永樂元年九月又置永昌府守禦千戶所，俱屬金齒軍民司」〔註22〕。沐氏駐守雲南，往往官位世襲。此處既言沐希甫出鎮金齒，當爲沐瓚之後。據史料記載，沐誠、沐詳，同爲瓚之子。崑爲誠之子，崧乃詳之子，是爲次支。自成化三年（1467）以沐瓚爲副總兵，移鎮金齒，至沐崧出鎮金齒，已歷三代。沐家「世守茲土，上下相承」〔註23〕，而楊慎謫戍之地又爲永昌，恰在其管轄範圍之內，且兩家又爲世交，得沐氏照拂，則是很自然的事。

二、出土文獻與沐石岡之生平考證

沐石岡的生平考證，紙本材料似已無法提供更有力的證據，然而出土文獻，卻能帶給我們更多的信息。1956年，雲南呈貢王家營龍山東側相繼發現了沐詳及其二妻合葬墓；1963年，又發現了沐崧及其妻徐氏合葬墓、沐紹勤

〔註18〕曹學佺：《石倉歷代詩選》卷四九五「明詩次集一百二十九」，清文淵閣四庫全書補配清文津閣四庫全書本。
〔註19〕此處原作「金幽」，當即「金齒」之誤刊。
〔註20〕曹學佺：《石倉歷代詩選》卷四九五「明詩次集一百二十九」，清文淵閣四庫全書補配清文津閣四庫全書本。
〔註21〕張廷玉等：《明史》第四冊，中華書局，1974年，第1188頁。
〔註22〕張廷玉等：《明史》第四冊，中華書局，1974年，第1188頁。
〔註23〕張廷玉等：《明史》第十二冊，中華書局，1974年，第3764頁。

夫婦合葬墓。三座墓中共計出土墓誌銘七塊，其中包括楊慎所撰《明驃騎將軍、右軍都督府都督僉事石崗沐公墓銘》（以下簡稱《沐崧墓誌銘》）、《明故明威將軍九華沐公墓誌銘》（以下簡稱《沐紹勤墓誌銘》）等，具有重要的文獻價值。雲南省文物工作隊曾整理《雲南呈貢王家營明清墓清理報告》，發表在《文物》雜誌 1965 年第 4 期上，並附有多篇墓誌銘的拓片照片。可惜照片經紙張印刷後清晰度受到影響，辨認起來比較費力。《清理報告》也沒有完整整理拓片中文字，給後來學者之利用帶來一定困難。

經筆者辨識，《沐崧墓誌銘》起首即稱：「公姓沐氏，諱崧，字曰希甫，別號石崗，黔寧昭靖王六世孫也。」〔註24〕此處之沐崧，似即本文所要考證的散曲家沐石岡。石岡乃其號，並非本名，各家著述有誤。又言：「至丙申十二月廿八日以疾終正寢，原其生弘治辛亥二月八日，春秋蓋四十有八。」則明確交代沐崧之生卒年月。其生年弘治辛亥，乃弘治四年（1491）；丙申，係嘉靖十五年（1536），是年十二月廿八日卒。據此，其享年應爲四十六歲。「春秋蓋四十有八」，「六」與「八」字形相近，或辨認有誤。文中又稱沐崧十六歲時繼承父職，至「嘉靖元、二間，乃上印辭鎮，懸車閉門」，歷十數年，其間多有惠政。據此推算，沐崧任金、騰參將的時間應爲正德元年（1506）前後，此或可補其生平載述之不足。楊慎謫戍雲南是在嘉靖三年（1524），正值沐石岡「懸車閉門」之時，二人有時間相往還。《沐崧墓誌銘》還稱：「慎自謫來，始識公面」，與楊慎《祭參戎石岡沐公文》中的「我識公面，自於徂滇」互爲印證。《沐崧墓誌銘》還載，沐崧「配夫人徐氏，繼梁氏，側室有出者曰姚氏、向氏、賀氏」，此則詳細交代了其家庭情況。

沐紹勤，字世修，號九華，乃沐崧次子。《沐紹勤墓誌銘》略謂：

> 公之祖諱詳，以功爲金、騰參將。考諱崧，號石岡，亦傳閥閱，襲金紫，加陟都督僉事。母徐淑人，魏國公女也。公兄弟八人，公在冢胄，生於正德庚午六月二十日。自幼好學，無紈綺之習，及長選爲學官弟子。迺嘉靖丙申，朝於京師，兵部選爲雲南左衛指揮僉事，食祿而不親戎事，蓋憂之也。丁酉遭父喪，哀毀如禮。……嘉靖辛亥九月十九日，以疾終於家，得年四十有二。……余自甲申之

〔註24〕據《雲南呈貢王家營明清墓清理報告》所附拓片照片辨識，下引《明驃騎將軍、右軍都督府都督僉事石崗沐公墓銘》出處均同此，不再出注。參看張增祺執筆：《雲南呈貢王家營明清墓清理報告》，《文物》1965 年第 4 期，第 189 頁。

歲，恩譴來滇，石岡公意氣相投，文藻倡和，殆無虛旬。太華、華亭、寶珠、羅漢，遊必接軫，宿亦連榻，醒有發興，夢亦同趣。嚴武之於杜陵，王說之於坡公，不是過也。〔註25〕

這篇文字，蘊含著很多重要信息。一是由「母徐淑人，魏國公女也」之載述，可知沐崧妻徐氏乃徐達後人。二是明言沐紹勤「丁酉遭父喪」，此處丁酉，只能是嘉靖十六年（1537），與《沐崧墓誌銘》之交代正相吻合。三是「余自甲申之歲，恩譴來滇」數句，與《沐崧墓誌銘》所云「公疾卒時顧諸子言曰：『吾海內所交，名士極多，惟升菴久且衷，汝輩為我謀傳後，無若茲也！』」可以對讀，足見楊、沐關係非同尋常，又再次證明二人相識於楊慎初至雲南之時。

本文所述的雲南沐氏一族，絕非等閒之輩。明朝建立以後，雲南仍一度處於元梁王的統治之下，對新生政權構成威脅。朱元璋的養子沐英（1345～1392），英勇善戰，幾經努力，終於消滅了盤踞雲南的殘元勢力，並奉命留守。沐氏深得明皇室倚重，統治雲南 200 多年，歷十二代。沐石岡，就是沐英的後人。

除與沐石岡交好外，楊慎與沐崧的兒子們，也有著比較密切的往來。如與沐紹勤（號九華）交往，並寫有《憶沐九華兄弟》一詩，謂：「難忘易識是君家，為愛君家好棣華。玄圃春遊花繫馬，白門宵醉柳藏鴉。停雲遠樹交嵐翠，落月空梁印海沙。關塞各天勞敏夢，萍逢何處定鴛槎。」〔註26〕他還曾在《祭沐九華文》中深情回憶：

我之與君，兩世通家。君家先人，昭勳建牙。君家兄弟，奮藻聯葩。顧我於逆旅，慰我於天涯。步王孫之綠草，折放臣之疏麻。命駕於滇社之館，載酒於昆池之槎。或會宿於仙村，或倡和於太華。投分綢繆，情文交加。〔註27〕

「顧我於逆旅，慰我於天涯」云云，再次申述對沐氏百般照拂的感念之情。而「兩世通家」的深厚情誼，又決非泛泛之交可以比倫。

楊慎與沐崧的另一個兒子沐五華感情也非同一般。他的《沐五華送雞樅》

〔註25〕據《雲南呈貢王家營明清墓清理報告》所附拓片照片辨識，下引《明故明威將軍九華沐公墓誌銘》出處均同此，不再出注。參看張增祺執筆：《雲南呈貢王家營明清墓清理報告》，《文物》1965 年第 4 期，第 190 頁。

〔註26〕楊慎：《升菴集》卷二七，清文淵閣四庫全書補配清文津閣四庫全書本。

〔註27〕楊慎：《升菴集》卷九，清文淵閣四庫全書補配清文津閣四庫全書本。

詩曰：「海上天風吹玉芝，樵童睡熟不曾知。仙翁住近華陽洞，分得瓊英一兩枝。」〔註28〕雞㙇，李時珍《本草綱目》謂：「雞㙇出雲南，生沙地間，丁蕈也」，「點茶、烹肉皆宜。氣味皆似香蕈」，「此數種其價並珍。」〔註29〕詩中以「瓊英」稱「雞㙇」，以此物相贈，足見關係之親密。此外，《升菴遺集》卷三還收有《贈沐五公子》〔註30〕一首，也是與五華的唱和之作。

至於沐崧的其他孩子，楊慎為沐太華寫過【南商調·黃鶯兒】〈與沐太華遊蓮池〉〔註31〕，為沐玉華、沐南華、沐少華寫過《魚池即席贈玉華、南華、少華三公子》。詩曰：「翩翩清世佳公子，秩秩初筵集上才。宿昔八龍何蠖略，於今三鳳喜氍毹。通家會面嗟何晚，良會知音訝許猜。有約高嶢同過我，不論晴雨有花開。」〔註32〕「三鳳」，據《舊唐書·薛收傳》，唐薛元敏與薛收及收之族兄德音俱以才名，時人謂之「河東三鳳」。「八龍」，典出《後漢書·荀淑傳》。東漢荀淑有八子：儉、昆、靖、燾、汪、爽、肅、敷，均以才鳴世，世人稱為「八龍」。以「三鳳」、「八龍」稱譽沐氏子弟，足見推許之情切。由此可見，「為愛君家好棣華」，殆非虛語。另外，沐石岡與沐太華，學者或以為一人，如鄭振鐸云：「升菴在滇中時，與他相應和者有西畧簡紹芳，月塢張愈光，海月王宗正及沐石岡（即沐太華）等。」〔註33〕顯誤。

結合《沐崧墓誌銘》和《沐紹勤墓誌銘》，我們對沐石岡的生平有了一定的瞭解。然而，諸如墓誌銘文字之內容，則難免有溢美之處。沐崧自金齒、騰沖參將卸任之原因，就有待進一步考索。據載，沐崧在任期間，的確有過一些惠政，如修建騰越州學宮，重修瀾滄江上的霽虹橋等。屠述濂《（乾隆）騰越州志》謂：學宮，「正德六年，監丞朱奉、參將沐崧重修之，學使李希顏聞而趨騰贊其役。」〔註34〕張志淳《重修霽虹橋記》曰：「橋又傾，鎮守太監朱奉及參將沐崧命所司葺之，以圖久遠。始事於正德六年（公元1511年）十一月八日，落成以次年四月二十一日。上覆以屋，下承以巨索而繫之巖上，

〔註28〕楊慎：《升菴集》卷三六，清文淵閣四庫全書補配清文津閣四庫全書本。

〔註29〕李時珍：《本草綱目》卷二八，北方文藝出版社，2007年，第668頁。

〔註30〕王文才、萬光治主編：《楊升菴叢書》第三冊，天地出版社，2002年，第717頁。

〔註31〕謝伯陽編：《全明散曲》第二冊，齊魯書社，1994年，第1422頁。

〔註32〕楊慎：《升菴集》卷三○，清文淵閣四庫全書補配清文津閣四庫全書本。

〔註33〕鄭振鐸：《插圖本中國文學史》（二），《鄭振鐸全集》第9冊，花山文藝出版社，1998年，第466頁。

〔註34〕屠述濂：《（乾隆）騰越州志》卷六「學校」，清光緒二十三年重刊本。

大率制皆仍了然之舊，而眞固皆福之矣。」〔註35〕但是他的去職，卻並非楊愼輕描淡寫的「上印辭鎮」，而是因被彈劾而遭到罷免。

前文已考知，沐崧任金齒、騰沖參將的時間應爲正德元年（1506）前後。據史載，正德二年（1507），「升鎮守金齒、騰沖地方右參將、雲南左衛指揮僉事沐崧爲署都指揮僉事」〔註36〕。正德三年（1508），「賜金齒、騰沖等處參將署都指揮僉事沐崧織金飛魚文綺一襲」〔註37〕，「金齒右參將署都指揮僉事沐崧於錦衣衛帶俸」。〔註38〕由此可知，這一時間段，沐崧頗蒙聖眷，多有賞擢。前文提到的楊愼《贈沐錦衣》一詩，應該就是寫給沐崧的，詩中所述內容與沐家的情況也十分吻合。至於爲什麼後來卻陡轉直下，沐崧被罷免。這裡，既有深刻的社會因素，也有沐氏主觀上的一些原因。

據楊廷和《新建永昌府治記》：「鎮守內臣及武臣也，景泰中始有之。朝廷悠遠，文教疏闊，上下交徵，日朘月削，盡民之所入及地之所產，不足以供谿壑之欲。而民日益困，戶口衰耗，盜賊繁興，君子小人咸相嗟怨，往往言於所司，欲復府治。」〔註39〕且官吏來滇，亦乘機勒索。都御使劉渠就曾公然向嗣黔國公沐朝輔索賄。沐擔心其在朝廷前進讒言，也只得滿足其欲望。〔註40〕沐氏一族爲了鞏固自己的政治地位，維持奢華享樂的物質生活，不斷向百姓婪取。如沐晟聚斂錢財，除己用外，主要用於賄賂京師大僚。「善事朝貴，賂遺不絕」〔註41〕。沐崐則因「通賂權近，所請無不得」〔註42〕。可見，明代的吏治腐敗，宦官干政，典制紛更，荼毒地方，爲害匪細。加之金齒、騰沖地遠人偏，內臣及武臣相互勾結，橫征暴斂，以致「盡民之所入及地之所產，不足以供谿壑之欲」，社會矛盾到達極點。正德八年（1513）沐崧就被彈劾過，只不過當時的明武宗皇帝不以爲意，沒有對他採取措施。史載：「巡按雲南御史張璞奏：金齒、騰沖，蕞爾一隅，既添參將，又遣內官鎮守，供費不貲。乞將太監崔和、指揮沐崧裁革，專責兵備官管理，以蘇邊民之困。

〔註35〕 方國瑜主編：《雲南史料叢刊》第七卷，雲南大學出版社，2001年，第267頁。
〔註36〕 《明武宗實錄》卷二九，「中央」研究院歷史語言研究所，1964年，第744頁。
〔註37〕 《明武宗實錄》卷四三，「中央」研究院歷史語言研究所，1964年，第991頁。
〔註38〕 《明武宗實錄》卷四三，「中央」研究院歷史語言研究所，1964年，第996頁。
〔註39〕 鄂爾泰：《（雍正）雲南通志》卷二九，《文淵閣四庫全書》本。
〔註40〕 張廷玉等：《明史》第十二冊，中華書局，1974年，第3764頁。
〔註41〕 張廷玉等：《明史》第十二冊，中華書局，1974年，第3762頁。
〔註42〕 張廷玉等：《明史》第十二冊，中華書局，1974年，第3763頁。

詔不許，惟令和、崧用心撫恤軍民，不得貪縱擾害。」〔註43〕正德十二年（1517），朱厚照又給沐崧升了官，「升署都指揮僉事沐崧爲署都督僉事，仍充右參將，鎮守金齒、騰沖等處地方。」〔註44〕

到了嘉靖初，事情則發生了變化。時任雲南巡按的陳察再次上疏彈劾沐崧，引起皇帝的重視。《明史》卷二〇三《陳察傳》謂：

> 陳察，字元習，常熟人。弘治十五年進士。授南昌推官。正德初，擢南京御史。尋改北。……俄巡按雲南。助巡撫何孟春討定彌勒州，以功增秩。世宗即位，疏言金齒、騰沖地極邊徼，既統以巡撫總兵，又有監司守備分轄，無事鎮守中官。因劾太監劉玉、都督沐崧罪。詔並罷還。〔註45〕

清屠述濂《（乾隆）騰越州志》對沐詳、沐崧（沐嵩）父親任職、落職情況記載更詳：

> 成化三年，以黔國沐璘弟瓚爲副總兵，移鎮騰沖。卒，以璘子誠繼。誠字擇善。芒市蠻爲邊患，率兵平之。年二十六卒。以瓚從子詳（筆者案：應爲瓚子）鎮騰沖。時孟密思樸侵木邦，詳親至撫諭，思樸返其侵地。成化二十一年，蒲酋阿林莽作亂，詳討擒之。二十二年，干崖叛，討平之。尋以他事被議，罷職歸省，尋卒。有盧和者，恃義子錢寧爲太監，力奪沐氏爲參將，勘死平民四人，又強奪民妻，爲巡按唐龍所劾。錢寧爲之奏辨，龍執法，卒伏辜，仍以黔國公庶子沐嵩襲鎮。嵩貪殘尤甚，巡按陳察劾之，並劾太監劉玉，革去。〔註46〕

可見，沐崧還有「貪殘」的一面。至於沐氏的嫻翰箚、「珍繪事」，方志中還有一佐證。據載：「王佐精四家字體，又善作山水羽毛，遠近多尙之。參將沐崧欲收之幕府，不就。」〔註47〕欲將書畫家收入幕府，爲己所用，說明其對書畫比較愛好。

〔註43〕《明武宗實錄》卷一〇〇，「中央」研究院歷史語言研究所，1964 年，第 2076 頁。
〔註44〕《明武宗實錄》卷一四八，「中央」研究院歷史語言研究所，1964 年，第 2887 頁。
〔註45〕張廷玉等：《明史》第十八冊，中華書局，1974 年，第 5372 頁。
〔註46〕屠述濂：《（乾隆）騰越州志》卷七「職官」，清光緒二十三年重刊本。
〔註47〕屠述濂：《（乾隆）騰越州志》卷九「列傳下」，清光緒二十三年重刊本。

綜上，可以對沐氏生平作一勾勒：沐崧，字希甫，別號石崗，黔寧昭靖王沐英六世孫，沐詳子。弘治辛亥二月八日（1491）生，嘉靖丙申十二月廿八日（1537）以疾卒，年四十有六。元配徐氏，魏國公徐達後人。繼梁氏，側室有出者曰姚氏、向氏、賀氏。子八人。正德元年（1506）襲父職，任參將，鎮守金齒、騰沖。二年（1507）署都指揮僉事。三年（1508）御賜織金飛魚文綺一襲，錦衣衛帶俸。十二年（1517）署都督僉事，仍充右參將。嘉靖元年、二年間，因劾落職，遂優游林下。在任十六年，毀譽參半。嗜吟詠，嫻翰劄，珍繪事，耽典籍，與著名文人楊慎交厚，稱莫逆。

明代散曲家史立模卒年及家世考略〔註1〕

內容摘要

　　明代散曲家史立模，字季宏，號雁峰，浙江餘姚人。其卒年及家世，似未見有學者論及。作者查閱大量資料，辨析了曾擔任太僕寺少卿的史雁峰乃史際，與史立模並非同一人。結合方志所述，考證出史立模當卒於嘉靖十七年（1538）。家世方面，史立模乃漢溧陽侯後裔，與史際乃同宗。其哲嗣史自上，字體德，別號繼峰，與明代戲曲家張鳳翼友善。

一、史立模卒年考

　　明代散曲家史立模，謝伯陽所編《全明散曲》輯錄其套數一套，並謂：「史立模，字季弘〔註2〕，號雁峰，浙江餘姚人。正德十六年（1521）進士，授兵科給事中，以言事謫蘇州府通判，升同知，終惠州知府。喜詠吟，所至登眺賦詩，感慨蹈厲。」〔註3〕然未敘及其生卒年。《浙江古今人物大辭典》〔註4〕、

〔註1〕本文與趙興勤教授合撰，載《藝術百家》2017 年第 1 期。
〔註2〕此處謂「史立模，字季弘」，未詳何據。《(同治)蘇州府志》卷七〇謂：「史立模，字季宏，餘姚人。」
〔註3〕謝伯陽編：《全明散曲》第二冊，齊魯書社，1994 年，第 1777 頁。
〔註4〕單錦珩總主編：《浙江古今人物大辭典》上冊，江西人民出版社，1998 年，第 70 頁。

《明清進士錄》〔註5〕等亦如是。齊森華等主編的《中國曲學大辭典》則曰：「史立模（1498？～？），字季弘，號雁峰。浙江餘姚人。」〔註6〕生年存疑，亦未提及其卒年。其實，史立模之卒年，尚有跡可循。

王世貞寫有《祭史雁峰太僕陳太恭人文》一文，略謂：

> 始嘉靖之癸亥，故致仕太僕寺少卿雁峰史翁卒於家。三年，而少子錦衣君元秉以公破島寇勳入環衛，積勞至大帥。蓋距公沒之二十餘年，而爲萬曆之壬午，錦衣之母陳太恭人卒。……而其姻生大理卿王世貞寓香帛牢醴而告史翁及陳太恭人曰：「嗚呼！當嘉靖間，翁以學行受張桓之簡，膺王裴之寄，其用雖不竟，究而天下，信以爲名大夫士，一屈而歸臥玉女之涘，百里趣德，千里趣聲，以乳我、舍我。其貲力雖日削，而天下信以爲士富而附仁義。及其毀家而紓國難，結客而勤王事，不知者以爲非山林之軌，而知者以爲世家巨室與布衣異。符卿之一遷與同牧之再命、蔭錫之三被，狹者以爲上恩之過渥，而達者以爲尚不足酬其一二。……翁以一上士歸，而屢遷從九列之後。祭以大夫，葬以大夫，不可謂不厚矣。」〔註7〕

嘉靖癸亥，乃嘉靖四十二年（1563）。據王氏所云，史雁峰或卒於本年。此史雁峰與史立模生活年代相近，號相同，又都曾爲官。但是否爲同一人，仍需細緻考察。

從以上引文提供的信息來看，史雁峰擔任過太僕寺少卿一職，有過抗擊倭寇的戰績，他的小兒子史元秉以軍功「積勞至大帥」。史元秉，名繼書，號雲津，溧陽人。元秉乃其字。明代孫繼皋撰有《懷遠將軍錦衣衛指揮同知管衛事雲津史公墓誌銘》〔註8〕，敘其家世甚詳，可參看。《萬曆野獲編》卷二一「史金吾」條謂：「溧陽史雲津繼書，故冏卿雁峰際庶子，以鄉紳禦倭，蔭錦衣千戶，官至都指揮管衛事。故江陵相客，與王弇州兄弟相善，亦時時稱許。江陵敗，罷任奉朝請。其生平豪貴，自奉如王公。即拒倭，紀綱之卒且數千人。居恒用軍法，治其部卒甚嚴，都下亦頗優容之。」〔註9〕由此可知，

〔註5〕潘榮勝主編：《明清進士錄》，中華書局，2006年，第341頁。

〔註6〕齊森華等主編：《中國曲學大辭典》，浙江教育出版社，1997年，第113～114頁。

〔註7〕王世貞：《弇州山人四部續稿》卷一五四「文部」，《文淵閣四庫全書》本。

〔註8〕孫繼皋：《宗伯集》卷九，《文淵閣四庫全書》本。

〔註9〕沈德符：《萬曆野獲編》中冊，中華書局，1959年，第537頁。

與王世貞有交往的史雁峰實乃史際，並非本文所要考訂的史立模。李春芳《太僕寺少卿史公際墓誌銘》云：「溧陽之有史氏，其來遠矣。蓋自漢溧陽侯崇以溧陽爲食邑始，大江以南稱舊族者莫先焉。玉陽公爲侯四十六世孫，名際，字恭甫，初號燕峰，晚更號玉陽，人遂稱玉陽公。」〔註10〕亦可證明兩個史雁峰非同一人。然李春芳所撰墓誌銘又謂：「公之譽聞，蓋籍籍朝野矣。晚年閉關習靜，頗究心攝生之學。以隆慶辛未三月四日卒，距生弘治乙卯八月二日，得年七十有七。」〔註11〕隆慶辛未，乃隆慶五年（1571）；弘治乙卯，係弘治八年（1495）。照此處記載，史際之生卒應爲公元 1495～1571 年。李氏言之鑿鑿，似非無據之論。然王世貞（弇州山人）與史際的兒子史繼書友善，且「時時稱許」〔註12〕，所言亦或有據。因史際之生卒非本文主旨，眞實情況如何姑且存疑。

明張元忭《（萬曆）紹興府志》收有史立模妾馮氏小傳，其間述及立模事。茲引如下：

> 史立模妾，京都馮氏女。初，立模娶於蘇，生子自強。既娶，天，乃置馮。是時方爲行人也。久之無子。既而立模以給事中讁通州判官，擢蘇州府通判，則又增置維楊李。李生子，復殤。而李自是病瘵，立模不復御矣。一日，立模受檄之他郡，馮前請曰：「主君日驅馳王事，奈嗣息何？此行度又再經旬，盍召李？」立模搖手曰：「否！否！彼已廢無已，寧汝可耳。」則紿曰：「諾。」候立模既寢，乃抱持李置衾中去。李遂孕，踰年生子自上。生之日，馮親爲噬臍，愛護甚至。後五年，立模自惠州知府考績歸，卒。先是，李已卒，其後二年，蘇亦卒。自上甫八歲耳。諸宗彊睅睨物產，時攘臂起，馮以死力爭之。又課婢僕有法，家事不廢。及自上從群兒嬉遊，則召撻之曰：「吾爲汝千辛萬苦始得，汝今家運微，史氏祀不絕如線而若此耶？」泣與杖俱下。是時，邵主事德容方重於鄉，因爲自上聘其女，家業倚主事益堅。自上後領嘉靖四十三年鄉薦，今仕爲平陽府同知。有五子。次子元熙，萬曆二年進士，江西僉事。七孫。〔註13〕

〔註10〕 焦竑：《國朝獻徵錄》卷七二，明萬曆四十四年徐象橒曼山館刻本。
〔註11〕 焦竑：《國朝獻徵錄》卷七二，明萬曆四十四年徐象橒曼山館刻本。
〔註12〕 沈德符：《萬曆野獲編》中冊，中華書局，1959 年，第 537 頁。
〔註13〕 張元忭：《（萬曆）紹興府志》卷四七「人物志十三」，明萬曆刻本。

由上引資料，我們可以得出如下線索：一是立模的妻室，有蘇氏、馮氏、李氏；二是立模子名自上，領嘉靖四十三年鄉薦，曾任平陽府同知；三是史自上六歲時，「立模自惠州知府考績歸，卒」。

據此，若知史自上之生年或史立模卸任惠州知府之時間，則立模之卒年立可辨矣。然自上之生年，史籍無載，較難考訂。至於立模在惠州之履跡，或可查考。《（嘉靖）惠州府志》並未交代史立模何年蒞任，但卻記載了一些立模在惠州的活動。如卷九曰：「崇道祠，在府城西豐湖上，祀宋周元公敦頤。舊無祠，正德間，知府方良節謂：考《宋史》，公嘗為廣東轉運判官提點刑獄，雖荒崖絕島皆至，則惠為過化地。乃祀於會英祠。嘉靖壬午，毀東嶽廟，即其宇為元公書院，徙祠焉。歲以春、秋二仲望日祭。丙申，知府史立模復移宋豫章羅先生從彥祔祀，改今名。」又謂：「表忠祠在崇道祠後，舊曰孤忠祀，國朝監察御史王度、嘉靖丙戌知府顧遂建。……嘉靖丙申，知府史立模以國朝諒、江州判官劉簡合祀，改曰表忠。歲以春、秋二仲望日祭。」〔註14〕嘉靖丙申，乃嘉靖十五年（1536），知此時立模已在惠州任上。同書卷六載：「惠州府署，國朝洪武元年，知府萬迪始建署於桉木山之阜，本隋州治也。正統九年，知府鄭安、通判滕康、推官侯敬重建。……正德中，知府方良節、陳祥，嘉靖中，知府蔣淦、史立模先後修之。丁酉，知府史立模始立。」〔註15〕卷八則言：「戊戌，提學吳鵬檄知府史立模。」〔註16〕嘉靖丁酉，乃嘉靖十六年（1537）；而嘉靖戊戌，則為嘉靖十七年（1538）。可見，至嘉靖十七年，史立模仍在任上。

再查《（康熙）惠州府志》，該書卷五「郡事」謂：「十三年，以史立模知惠州府。」〔註17〕由前引《（萬曆）紹興府志》，知史立模在惠州任職五年。而自其嘉靖十三年（1534）履職，至嘉靖十七年（1538），恰首尾五年。上引張元忭所撰府志，既言「立模自惠州知府考績歸，卒」，那麼，再結合其他府志所載內容，大致可以推定，史立模當卒於嘉靖十七年（1538）。

又，《（同治）蘇州府志》載：「史立模，字季宏，餘姚人。進士，嘉靖九年以兵科給事中外謫。升蘇州通判。政尚威嚴，以法繩豪武，使不得逞。所

〔註14〕楊宗甫：《（嘉靖）惠州府志》，明嘉靖刻本。
〔註15〕楊宗甫：《（嘉靖）惠州府志》，明嘉靖刻本。
〔註16〕楊宗甫：《（嘉靖）惠州府志》，明嘉靖刻本。
〔註17〕廣東省地方史志辦公室輯：《廣東歷代方志集成·惠州府部（三）》，嶺南美術出版社，2009年，第72頁。

至登眺，多作詩歌。甫一載，遷袁州同知，歷惠州知府。」〔註18〕查《國榷》，嘉靖八年八月，「兵科給事中史立模謫通州判官」〔註19〕，方志所云「嘉靖九年以兵科給事中外謫」云云，記載或有誤。

二、史立模的家世與交遊

　　史立模之家世，似未見有學者論及。筆者近日讀到明代戲曲家張鳳翼的《奉政大夫山西平陽府同知史公墓誌銘》，知此「史公」，即立模哲嗣自上也。這篇文章，記述立模家世甚詳，茲錄如下：

> 始予與季弟同赴公車，馳驅齊魯，風塵間車殆馬煩，暮投酒家，大夫攜其仲子繼至，傾蓋相勞苦如故。既入京，舍館定，則不時相過談洽，不知暑之移也。已而發榜，則仲子獨得，而大夫與予兄弟俱報罷。此後予不復出。而大夫與仲子俱在仕路，每過吳門，必相過。至先慈誕辰，則寄賀；季弟物故，則寄弔，不以遐遺也。迨大夫懸車，不相聞者數年於茲矣。一日，其家督手一編造予，乃大夫行狀，以志爲請也。時予衰病不能構思，已燒筆研，辭之不獲，然亦有不忍辭者，稍爲序而銘之。按狀：大夫諱自上，字體德，別號繼峰。其先在漢爲溧陽侯之後，二十傳而有諱維則者徙居四明，遂爲鄞人。又五傳而爲越國忠定王浩。二王三相，奕奕稱相門矣。又六傳而爲壽祖，贅餘姚之米霖鄉，遂世居焉。是生必通，必通生仕衡，以年近百歲，詔賜冠帶，賓鄉飲。仕衡生本端，有隱德。本端生中憲，中憲諱立模，由進士授兵科給事中，以抗疏謫，歷升知府，多惠政。祀名宦者一，專祠者二。娶蘇氏，封恭人。恭人固自有子，而大夫則貳室李氏出。大夫既生，而李病痿，不能乳子。慈母馮氏子之，無何，而中憲恭人及生母李先後相繼沒。大夫呱呱，馮煢煢然，鞍鞿之者，且耽耽也。大夫稍長，已露頭角，即奮志向學。十六而補博士弟子員，試輒高等。辛酉，爲督學范公所賞識，期以取解。及下第，曰：「需之三年耳。」至甲子，果入彀。時范以廉憲監試，自喜昔言之符，一時羨大夫之受知，而范亦以知人名於兩浙。迨大夫赴公車，而馮母病殁於家。大夫聞訃哀慟，趣裝東歸，茹茶

〔註18〕馮桂芬：《（同治）蘇州府志》卷七〇，清光緒九年刊本。
〔註19〕談遷：《國榷》卷五四，清鈔本。

衙蓼，不足爲喻。或勸之從眾母服，大夫曰：「吾非母，無以至今日，而服可從降哉？」一若李懇之服王夫人。然觀喪葬者不覺其非馮母出也。大司馬翁公爲之立傳，以表慈孝，里中傳誦之。已而屢試春官，中值避嫌，不成進士，則歎曰：「吾負才績學，乃竟踳一第。然士必一第始自見乎？」就選銓曹，出守沔陽。沔陽濱江，號繁劇，昔饒今瘠。大夫下車，於賦課則寬，於獄訟則嚴，而尤以文學餙吏治。在州六載，治績多載口碑。屢薦考，最得推恩。行且當晉臺郎、履清要，而以太宰引同鄉嫌，僅隨牒同知平陽府。平陽故雄郡，所蒞凡六州、三十五縣，州、縣數闕長吏，大夫每代視厥篆，所在著威惠。郡多同姓諸侯，而世祿之給，羨餘歸所司，大夫無所染。曰：「吾以代庖，非以利之也。」時礦賊突發，負嶋中條山。督撫檄大夫冒暑治兵。星馳露宿，竟以弭盜。雖蒙臺獎，行且薦擢，而風露侵膝理，則既病矣。大吏惜之。假以互市差，以便醫藥。時適相繼有仲、季嬴博之戚，痛不能起，一意乞休。大夫性坦豁，貌和平，行如玉山，坐生春風，望而可知其人也。至若繩柣黠之操戈，可以觀勇；理宗家之莒鄆，可以觀義；杜場屋之請寄，可以觀智，則又非和而同者。然而秩不踰再命，壽不登古稀，惜哉云云。〔註20〕

可見，史立模乃後漢杜陵人史崇（字伯勤，封溧陽縣侯）之後裔，與前文提到的史際爲同宗。他的兒子史自上字體德，別號繼峰。且此處之記載，與本文前引《（萬曆）紹興府志》多有吻合，且一些細節爲方志所無。如史立模妾馮氏病歿，史自上東歸奔喪。因馮氏非自上生母，有人「勸之從眾母服」。自上曰：「吾非母，無以至今日，而服可從降哉？」堅持以生母之禮下葬。母子之間深厚的感情，亦於此可見。

在交遊方面，史立模與明代詩人嚴怡、倪宗正等相友善。嚴怡，字士和，一字石溪，如皋人。以貢爲博平訓導，有《石溪集》。嚴氏有《送史雁峰先生改判蘇州》一詩，謂：「二年海上駐星槎，遷轉新恩喜及瓜。此去諫書還振幕，向來詩句已名家。相思合引吳門興，四海誰排楚客嗟。卻噫酬知天路遠，空因北斗望京華。」〔註21〕

史立模與倪宗正係同鄉。明過庭訓《本朝分省人物考》倪宗正小傳曰：「倪

〔註20〕 張鳳翼：《處實堂集》後集卷六，明萬曆刻本。
〔註21〕 嚴怡：《嚴石溪詩稿》卷一，明萬曆五年劉效祖刻本。

宗正，字本端，餘姚人也。有夙慧，精於易學。弘治乙丑進士，選庶吉士，以逆瑾，目爲劉、謝黨，出知太倉州。時水災，條上封事，報可，所全活甚多。隨入副武選郎。武宗欲南巡，抗疏遮留，幾斃於杖，猶以詩諫。上尋悔，賜獸錦，已出知南雄府。會世宗追錄言者，加三品俸。宗正性曠灑，不耐世網，竟賦歸，日惟酒楛碁枰，寄傲花石間。詩文攬筆立就，有川雲嶺月之致，而書法亦遒。居常委蛇，不矜衫履。即對客，亦不屏姬侍，得晉人標韻。其居官則非沉浮無當者，故足術也。所著有《易說》、《小野集》。」〔註22〕

　　立模赴惠州任，宗正曾爲之送行，並以詩紀之。其《送雁峰史太守》謂：「君往惠州去，過我南雄府。陋邦遺敝政，入疆動悽楚。嶺頭文獻祠，我詩掛其柱。立馬青松下，慷慨同弔古。玩傲故態存，或說小野圃。書院記西清，聊可託樽俎。乞爲長官告，因不廢堂宇。惠州播流風，於此已可覩。山城臨蒞初，共遵顧公矩。補漏復舉偏，善政緝舊緒。君是補衮才，經畫何其巨。翱翔州郡開，所施苦霖雨。相此嶺外邦，民□多雜處。人情體恤周，赤子尤善撫。高明多整暇，文章有韓杜。我昔慕羅浮，越境遠且阻。勝地不可到，荒涼昔時庾。君能剪秀句，百詠已塵腐。春風拂姚城，坐憶梅花午。」〔註23〕又，《贈史大行雁峰》曰：「辛苦抱經術，平生非縱橫。風雲騰思遠，山嶽比神清。眷注當推轂，遭逢合秉衡。咨詢得民隱，流涕奏書成。」〔註24〕

〔註22〕過庭訓：《本朝分省人物考》卷五一，明天啓刻本。
〔註23〕倪宗正：《倪小野先生全集》卷三，清康熙四十九年倪繼宗清暉樓刻本。
〔註24〕倪宗正：《倪小野先生全集》卷五，清康熙四十九年倪繼宗清暉樓刻本。

朱蔚榮所藏「鳳江爐」爐身圖像考釋 〔註1〕

內容摘要

　　徐州朱蔚榮先生珍藏的明代手爐，銅質勻淨，爐蓋嚴密，歷久而不失光澤，更兼刀工技法純熟，線條舒展，紋飾精美。從款識、用料及雕工來看，當爲著名匠人王鳳江的作品。王鳳江生活於明代中後葉，萬曆間已成名，或是嘉靖年間生人。朱藏「鳳江爐」，爐身兩面皆有人物圖案，且神態各異，栩栩如生。經細緻考察，這兩幅圖像分別表現的，殆即汪廷訥所撰《獅吼記》第九齣《奇妒》、第十六齣《頂燈》之相關場景。這一重要發現，對明代戲曲演出形態、劇目之傳播與接受等研究，均很有幫助，可補目前學者論述之未逮，並啓示研究者，於傳統的文本文獻研究和常見的戲曲專屬文物（如古戲臺等）研究之外，還應關注業已融入古代日常生活的某些戲曲元素（如剪紙、年畫、刺繡、瓷器、銅器、傢具、門窗、瓦當等），此或爲古代戲曲研究拓展出一條新的路徑。

　　2015 年 5 月中旬，文化學者朱蔚榮、徐景洲兩位先生專程來筆者家中拜訪。他們此行的主要目的，是想請家父趙興勤教授幫助鑒定蔚榮先生珍藏的明代手爐爐身圖像。我們父子倆仔細察看了實物，又查閱了大量資料，初步認定，爐身圖像表現的乃是明代劇作家汪廷訥所撰《獅吼記》的相關場景。

───────────

〔註 1〕本文與趙興勤教授合撰，載《藝術百家》2015 年第 5 期。

手爐作爲一個實用的家居對象，或作取暖、或作熏香之用，於爐身鐫刻當時演出的戲曲故事，則實屬罕見，此於史料價值之外，也平添了更多的審美價值。〔註2〕因此，筆者特撰文以作介紹，並求正於方家。

一、朱藏「鳳江爐」及王鳳江生活年代略考

朱蔚榮先生收藏的明代手爐（以下簡稱「朱藏」），長 12.1cm，寬 8.3cm，高 9.9cm，重 758 克。開光畫面長 9.0cm，寬 3.4cm。銅質勻淨，爐蓋嚴密，歷久而不失光澤。蓋上鏤成網狀，網眼較大，中間刻一花卉圖案，枝葉舒展，花紋工細，婆娑生姿，百看不厭。爐身底部有篆書「鳳江」二字。從款識、用料及雕工來看，當爲明代王鳳江的作品。

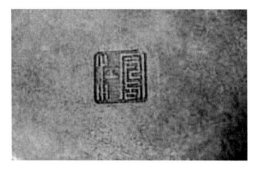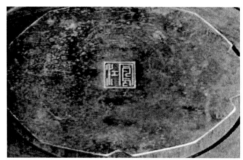

圖 1：朱藏「鳳江爐」與其他傳世「鳳江爐」款識之比較

上欄左、右圖及下欄左圖爲他人所藏「鳳江爐」之款識、下欄右朱藏「鳳江爐」之款識

〔註2〕趙興勤《中國早期戲曲生成史論》（北京大學出版社 2015 年版）一書，曾強調在古代戲曲研究中引入圖像，圖文互證，可參看。

圖 2：朱藏「鳳江爐」爐蓋紋飾

　　由於古代社會對各色匠人的偏見，加之王鳳江的知名度略遜一籌，其生平，極少見諸古代文獻記載。各家辭書雖將其收作條目，然介紹文字非常簡略，如由中國文物學會專家委員會編纂的權威工具書《中國文物大辭典》，謂：

> 王鳳江，生卒年不詳。明代嘉興（今屬浙江）人。工藝家、銅器名匠。善製銅爐，名亞於張鳴岐，而技殊不遜。所製銅爐喜遍身鏤花卉，可稱精絕。曾製一長方式爐，僅 2 寸餘，底刻「鳳江」2篆字，逼真漢印。另製一小者，款識刻鏤似出鳴岐上，其形上舒下削，底有四足，頗異常制。〔註3〕

其他如《中國民間美術藝人志》（1987）〔註4〕、《工藝美術手冊》（1988）〔註5〕、《中國工藝美術史》（2004）〔註6〕、《丁孟談銅器》（2006）〔註7〕、《中國傳

〔註3〕中國文物學會專家委員會編：《中國文物大辭典》下冊，中央編譯出版社，2008年，第 1352 頁。
〔註4〕錢定一編著：《中國民間美術藝人志》，人民美術出版社，1987 年，第 266 頁。
〔註5〕張金庚主編：《工藝美術手冊》，山東科學技術出版社，1988 年，第 670 頁。
〔註6〕姜松榮主編：《中國工藝美術史》，湖南美術出版社，2004 年，第 156 頁。
〔註7〕丁孟：《丁孟談銅器》，山東美術出版社，2006 年，第 145 頁。

統工藝全集・金屬工藝》（2007）〔註8〕、《中國美術家大辭典》（2007）〔註9〕、
《中國古代手工藝術家志》（2008）〔註10〕、《中國傳統工藝全集・歷代工藝
名家》（2008）〔註11〕等，或於標舉明、清兩代著名匠人時一筆帶過，或對其
作品約略提及，然均沒能提供超出以上引文的新的信息，也無一家論著準確
記載王鳳江生活的具體時代。可見，數十年來，文物及工藝史界對王氏的研
究，由於資料匱乏，基本上沒有獲得什麼進展。

　　而且，以上各家所述，多據近人李放所編《中國藝術家徵略》之記載敷
衍成文。是書有1911年鉛印本，「是一部記述古代手工藝人的文獻彙編。以明
清兩代資料爲多。全書分上下兩冊，共五卷」〔註12〕。其內容，後來還曾在
《春明畫報》連載過。李放（？～1926），乃清末藏書家、文學家李葆恂之子，
字無放，號小石、詞堪，別號浪翁，官度支部員外郎。著有《八旗書畫錄》、
《皇清書史》等。《中國藝術家徵略》卷一謂：「鳳江爐，家君曾得一小者，
款識刻鏤似出鳴岐，其形上舒下削，底有四足，頗異常制。」〔註13〕《中國
文物大辭典》等所載文字與是書之承繼關係，一望便知。這裡還透露了一個
重要信息，那就是李葆恂曾藏有一隻「鳳江爐」。

　　李放《中國藝術家徵略》對王鳳江的介紹，還曾援引《夢窗小牘》一書
之記載。《夢窗小牘》曰：

　　　　王鳳江，嘉興人，善製銅爐，名亞於張鳴岐，而技殊不遜，曩
　　　　於骨董家見一具長方式，僅二寸餘，底刻「鳳江」二篆字，逼眞漢
　　　　印。又聞京師某醫家藏一具，遍身鏤花卉，精絕，並有湘蘭，上款
　　　　惜未之見。〔註14〕

〔註8〕譚德睿、孫淑雲主編：《中國傳統工藝全集・金屬工藝》，大象出版社，2007
　　　年，第27頁。
〔註9〕趙祿祥主編：《中國美術家大辭典》上卷，北京出版社，2007年，第97頁。
〔註10〕周南泉、馮乃恩編著：《中國古代手工藝術家志》，紫禁城出版社，2008年，
　　　第511頁。
〔註11〕田自秉、華覺明主編：《中國傳統工藝全集・歷代工藝名家》，大象出版社，
　　　2008年，第115頁。
〔註12〕首都博物館編：《文物養護工作手冊》，文物出版社，2008年，第280頁。
〔註13〕轉引自周南泉、馮乃恩編著：《中國古代手工藝術家志》，紫禁城出版社，2008
　　　年，第511頁。
〔註14〕轉引自周南泉、馮乃恩編著：《中國古代手工藝術家志》，紫禁城出版社，2008
　　　年，第511頁。

是書曾爲著名文獻學家張舜徽的《愛晚廬隨筆》〔註15〕等著作徵引，然爲何人、何時所作，卻不甚了了。從所述內容來看，還曾提及天津「泥人張」〔註16〕，自當出自晚清人手筆。筆者認爲，《夢窗小牘》這段文字中最值得關注而從未引起足夠注意的，乃是最後一句（見引文中加著重號文字）。而且，論者在引用時斷句似有錯誤。「款」者，「志」也。《漢書‧郊祀志》：「鼎細小，又有款識。」顏師古注曰：「款，刻也；識，記也。」《博古圖》謂：「款在外，識在內。夏器有款無識，商器無款有識。」還有人稱，「款」是陰字，是凹入者；「識」是陽字，指挺出者。後世泛稱書畫之題名爲款識。此處既稱「又聞京師」云云，當然是下文所述爐具、圖案、題識皆「未之見」。而按照上引之斷句「上款惜未之見」，似乎僅僅是款識「未之見」，豈非前後矛盾？故此句應斷爲「並有『湘蘭上』款，惜未之見」。

圖 3：朱藏「鳳江爐」側影

〔註15〕 參看張舜徽：《愛晚廬隨筆》，華中師範大學出版社，2005 年，第 458 頁。中謂：「宋代有廓州田氏，清代有天津張氏，均以善塑泥人得名，分見《老學庵筆記》及《夢窗小牘》，皆塑造工藝之精細作也。」

〔註16〕 張長林（1826～1906），字明山，河北深州人，後定居天津，精捏塑，作品形神兼備，觀者歎絕，人稱「泥人張」。

那麼，「湘蘭」又爲何意？筆者認爲，此當指位列「秦淮八豔」之首的明代名妓馬湘蘭。這一提法，並非憑空臆測，實有據可查。

近代著名藏書家、書畫家、學者葉恭綽（1881～1968），曾作有《紀書畫絕句》組詩，其中一首謂：「熏爐墨硯伴書帷，想見含香下筆時。天壤王郎終不忝，絮飛誰識出塵姿。」詩後注曰：「明馬湘蘭畫蘭卷紙本。湘蘭畫，余見不下數十，此卷含毫邈然，清秀獨絕，上有顧雲美、文啓美題詩，信爲眞跡。湘蘭有爲王伯谷畫刻小硯及王鳳江所製熏爐，均在余所。」〔註17〕據此，知馬湘蘭曾經有一硯一爐，「熏爐墨硯伴書帷」，正此謂也。而詩中所言「熏爐」，指的正是有馬湘蘭畫並題款的「鳳江爐」。她曾爲意中人吳門詩壇領袖王穉登（字百穀，一作伯谷，1535～1612）小硯作畫並題款，至於作畫之手爐是送人還是自用，下文再作考述。

而王穉登，也曾託朋友何震爲馬湘蘭篆刻「聽鸝深處」花乳石白文印一枚，石方徑一寸弱，高一寸七分強，邊款署：「王百穀兄索篆，贈湘蘭仙史，何震。」此印後來爲西泠印社收藏。〔註18〕據況周頤《眉廬叢話》，另有一星星硯，亦百穀贈湘蘭之物。「硯背有雙眼，並王百穀小篆『星星』二字。湘蘭自銘云：『百穀之品，天生妙質。伊以惠我，長居蘭室。』」〔註19〕此事，清代詞人項廷紀（1798～1835），曾作【高陽臺】一闋詠之。況周頤後來又曾感慨：「古美人香奩中物，流傳至今，以馬湘蘭爲獨多。《眉廬叢話》所述，猶有未盡。歙縣程春海侍郎（恩澤）家藏馬湘蘭小硯一方，背鑴湘蘭小像，一時名流題詠甚夥。」〔註20〕此硯或即馬湘蘭「爲王伯谷畫刻小硯」，亦未可知。

無獨有偶，鄧之誠《骨董瑣記全編》中也有關於「馬湘蘭熏爐」的記載。該書據《藕香簃別鈔》稱：「馬湘蘭熏爐邊，熏透鴛衾，香窨龍餅，一點春犀，管領馬湘蘭製，二十二字篆書，底刻『鳳江』二字。」〔註21〕況周頤謂此熏爐爲貴池劉蔥石所藏，銘文「迴環刻於蓋側」〔註22〕，並曾作【綠意】一闋

〔註17〕 葉恭綽：《矩園餘墨》，遼寧教育出版社，1997年，第208頁。
〔註18〕 參看王崇人主編：《中國書畫藝術辭典·篆刻卷》，陝西人民美術出版社，2002年，第15頁。
〔註19〕 況周頤：《眉廬叢話》，山西古籍出版社，1995年，第383頁。
〔註20〕 況周頤撰、屈興國輯注：《蕙風詞話輯注》，江西人民出版社，2000年，第440頁。
〔註21〕 鄧之誠：《骨董瑣記全編》上冊，中華書局，2008年，第258頁。案：北京出版社1996年出版的鄧之誠《骨董瑣記全編》無此條。
〔註22〕 況周頤：《眉廬叢話》，山西古籍出版社，1995年，第382頁。

詠之。不過，其所記銘文與鄧文之記載略有差異，「龍餅」作「鳳餅」。然而，況、鄧二先生並未對「鳳江」二字作進一步說明。由此可見，此爐當是馬湘蘭委託王鳳江代爲製作，準備送給王伯谷的定情之物。湘蘭喜愛手爐，並非僅此一例。據說，南京博物院藏品中，還有件馬湘蘭所藏張鳴岐手製銅爐，上面鐫刻有一些當時鼎鼎大名的文人墨客的名字。胡小石先生曾開玩笑說：「袞袞諸公，都聚集在馬的裙帶之下。」〔註23〕鄭逸梅也曾記述：

> 潘景鄭有馬湘蘭薰爐，銅質，雕花甚精，爐底刻廣生庵字樣，
> 紅木檀蓋，有羅振玉題字，爲群碧樓收藏。抗戰時，群碧主人下世，
> 散出於市，景鄭購得之。建國後，南京博物院院長曾昭遹來滬相訪，
> 欲征南京文物，景鄭以馬湘蘭爲秦淮八豔之一，即以是爐捐獻南京
> 博物院。〔註24〕

大概那時候，能有件薰爐，特別是張鳴岐、王鳳江這樣的名家所製手爐，是件挺風雅、時尚的事情，所以樂此不疲者大有人在。

　　由上述來看，王鳳江、馬湘蘭二人，應是生活於同一時代。那麼，王鳳江的生活年代，也便有跡可探了。馬湘蘭（1548～1604），名守眞，字玄兒，又字月嬌，號湘蘭。因在姊妹中排行第四，又稱「馬四娘」。她生於明世宗嘉靖二十七年，卒於明神宗萬曆三十二年。生平酷愛蘭花，所居小樓顏曰「幽蘭館」，內遍植此物。更擅畫蘭，堪稱一代作手。孔尚任曾於《馬湘蘭墨蘭》一文中記述道：「金陵伎女馬湘蘭，寫墨蘭一幅，蘭葉雙鈎，筆秀而勁，襯以竹石，皆楚楚有致。」〔註25〕曹寅、沈德潛、畢沅、潘奕雋、郭麐、程頌萬等，對湘蘭之畫作更爲欣賞。曹寅《楝亭詩文鈔》詩鈔卷七，收有《題馬湘蘭畫蘭長卷》一詩；沈德潛《歸愚詩鈔餘集》卷九，收有《馬湘蘭寫蘭》詩；畢沅《靈巖山人詩集》卷五三，收有《馬湘蘭畫梅花便面歌》；潘奕雋《三松堂集》詩集卷一四，收有《題馬湘蘭畫蘭冊》詩；郭麐《蘅夢詞》卷二，收有【浣溪沙】〈馬湘蘭蘭竹便面〉詞；程頌萬《石巢詩集》卷一，收有《題中實所藏蘭蘭柳柳畫扇二首》、《題馬湘蘭疏竹幽蘭圖二首》。甚至連國學大師王國維都寫有《將理歸裝得馬湘蘭畫幅喜而賦此二首》，其二謂：「小石叢蘭別

〔註23〕梁白泉：《憶胡小石先生》，南京博物院編：《梁白泉文集・博物館卷》，文物出版社，2013 年，第 197 頁。

〔註24〕鄭逸梅：《藝林散葉續編》，《鄭逸梅選集》第三卷，黑龍江人民出版社，1991年，第 412 頁。

〔註25〕孔尚任撰、汪蔚林編：《孔尚任詩文集》，中華書局，1962 年，第 603 頁。

樣清，朱絲細字亦精神。君家宰相成何事，羞殺千秋馮玉英。」〔註26〕馬氏的畫名一度蜚聲海外，《（乾隆）江寧新志》謂：「舊院妓馬湘蘭工畫蘭，名聞海外。暹羅使者亦購其畫扇藏之。」〔註27〕《（道光）上元縣志》亦曰：「舊院妓馬湘蘭工畫蘭，清逸有致，名聞海外。」〔註28〕

此外，馬湘蘭還是詩人、戲曲家，撰有《湘蘭子集》及傳奇《三生傳》（一名《三生記》，《群音類選》收有散齣）。她的故事，還成為鄭之文（字應尼）與吳兆（字非熊）合撰傳奇《白練裙》的藍本。湘蘭知音識曲，能歌善舞，曾教小鬟度曲，演出過全本《北西廂》，還出資為梁辰魚刊印《紅線女》雜劇。她風情色藝，傾動才流，連徐渭都禁不住感慨：「南國才人不下千百，能詩文者九人而已，才難不其然乎？」〔註29〕

馬氏「以豪俠得名」〔註30〕，「嘗為墨祠郎所窘，王先生伯谷脫其阨，欲委身於王，王不可」〔註31〕。後終生苦戀王穉登無果，「寸腸綢繆固結不解」〔註32〕，在詩中屢屢抒發苦情，如「自君之出矣，怕聽侍兒歌。歌入離人耳，青衫淚點多」〔註33〕、「病骨淹長晝，王生曾見憐」〔註34〕、「永日看鸚鵡，金籠寄此生」〔註35〕等，皆見其意，連王伯谷在詩歌中也不禁感慨其「遺墨都疑淚染成」〔註36〕。明・陸應陽《廣輿記》載曰：

> （馬湘蘭）性輕俠，揮金如土，翠袖中朱家季布也。善王百穀，
> 欲委身焉，王不可。嘗自金陵至吳門，為百穀壽，燕飲累日，歌舞

〔註26〕王國維撰、陳永正校注：《王國維詩詞全編校注》，中山大學出版社，2000年，第81頁。

〔註27〕袁枚：《（乾隆）江寧新志》卷二三，清乾隆十三年刻本。

〔註28〕武念祖：《（道光）上元縣志》卷末，清道光四年刻本。

〔註29〕徐渭：《書馬湘蘭畫扇》，《徐文長逸稿》卷二四，明天啓三年張維城刻本。

〔註30〕馮夢龍編著：《古今譚概》，中華書局，2007年，第333頁。

〔註31〕錢謙益撰集：《列朝詩集》第十二冊，中華書局，2007年，第6636～6637頁。

〔註32〕馮夢龍評輯：《情史》卷七《老妓》，《馮夢龍全集》第七冊，江蘇古籍出版社，1993年，第220頁。

〔註33〕馬湘蘭：《賦得自君之出矣二首》之一，錢謙益撰集：《列朝詩集》第十二冊，中華書局，2007年，第6637頁。

〔註34〕馬湘蘭：《愴別》，錢謙益撰集：《列朝詩集》第十二冊，中華書局，2007年，第6638頁。

〔註35〕馬湘蘭：《鸚鵡》，錢謙益撰集：《列朝詩集》第十二冊，中華書局，2007年，第6638頁。

〔註36〕王穉登：《馬湘蘭輓歌詞十二首》之十二，錢謙益撰集：《列朝詩集》第十二冊，中華書局，2007年，第6640頁。

達旦，為金閶盛事。時湘蘭已夜燈朝磬奉齋七年矣。歸未幾，沐浴
更衣，端坐而逝。〔註37〕

湘蘭為所愛之人傾盡所有。據王穉登自述，「值余七十初度，姬買樓船，載嬋
娟十五五，客余飛絮園，置酒為壽。絕纓投轄，履舄繽紛，四座填滿，歌
舞達旦，殘脂剩粉，香溢錦帆涇水，彌月煙爐，自夫差以來所未有。吳兒嘖
嘖誇盛事，傾動一時。」〔註38〕這極大滿足了王伯谷的虛榮心，卻耗盡了一
個為之付出終生的真情女子最後的精力。馬氏雖身陷風塵之中，卻有衣冠丈
夫所不能及者。她的故事，後世小說亦有不同程度提及，如清陳森《怡情佚
史》（第三十回）等。

馬、王二人自年輕時即開始交往，王穉登言：「姬與余有吳門煙月之期，
幾三十載未償」〔註39〕，可知他們之間維持了近三十年的戀愛關係。據學者
考證，「王穉登認識馬湘蘭時，湘蘭二十四歲，穉登三十七。」〔註40〕而湘蘭
贈穉登「鳳江爐」，自然不會早於兩人相識之時，亦即應於明穆宗隆慶五年
（1571）之後。明萬曆甲辰（三十二年，1604）秋，王百穀七十大壽，馬湘
蘭自金陵來賀，盤桓累月始歸。歸不久即病逝。王穉登《馬湘蘭輓歌詞十二
首》（之九）謂：「佛燈禪榻與軍持，七載空房只自知。試向金籠鸚鵡問，不
曾私畜賣珠兒。」「七載空房只自知」句下小注曰：「姬未逝之前，夜燈朝磬，
奉齋七年。」〔註41〕這七年，當是馬湘蘭情感最為糾結之時。徐娘已老，意
中人遠去，欲結鸞儔而不可得，欲通一語亦是難事，贈物以寄相思則是可能
之事。若這一推測距事實不遠，那麼，其贈爐的時間，當在明萬曆二十五六
年（1597、1598）之後、三十二年（1604）之前。而馬氏所藏「鳳江爐」，當
製作於這一時段，屬於明萬曆中後期的產物。按照常理推論，此時王鳳江應
已在製銅領域享有較大名氣，年齡當在四五十歲，否則，像馬湘蘭這樣「凡
遊閒子，沓拖少年，走馬章臺街者，以不識馬姬為辱」〔註42〕的名人，是不

〔註37〕陸應陽：《廣輿記》卷二，清康熙刻本。

〔註38〕馮夢龍評輯：《情史》卷七《老妓》，《馮夢龍全集》第七冊，江蘇古籍出版社，
1993年，第221頁。

〔註39〕馮夢龍評輯：《情史》卷七《老妓》，《馮夢龍全集》第七冊，江蘇古籍出版社，
1993年，第221頁。

〔註40〕羅宗強：《明代後期士人心態研究》，南開大學出版社，2006年，第412頁。

〔註41〕錢謙益撰集：《列朝詩集》第十二冊，中華書局，2007年，第6640頁。

〔註42〕馮夢龍評輯：《情史》卷七《老妓》，《馮夢龍全集》第七冊，江蘇古籍出版社，
1993年，第220頁。

可能找其訂做香爐的。

綜上，王鳳江的生年或在明嘉靖四十年（1561）前後，至明萬曆中後葉尚在世。這一推論，當與事實相去不遠。朱蔚榮先生所藏「鳳江爐」，刀工技法純熟，線條舒展，應是王鳳江技藝成熟期的作品，故推斷其製作於明萬曆三十年（1602）前後。

二、朱藏「鳳江爐」爐身圖像與汪廷訥《獅吼記》之關係

A 面 　　　　　　　　　　 B 面

圖 4：朱藏「鳳江爐」爐身兩面圖像

朱藏「鳳江爐」，爐身兩面皆有人物圖案，且神態各異，栩栩如生。而這些圖像表現的具體內容若何，由於畫面所提供的信息十分有限，很難斷定。筆者逐一翻閱自家所藏皖、杭、寧、蘇各地及日本藏木刻戲曲版畫之相關書籍，沒有發現能與之相對應（或類似）者。所以，只能回過頭來專注於爐身圖像本身，希望能從中發現些線索。

通過對比分析 A、B 兩面圖像，大致可以獲取如下信息：一是兩幅圖中人物數量相等，且均為一男、一女、一老者，女性居於構圖之中心。二是圖中年輕男、女面部輪廓相似（且女子髮式基本一致），衣飾不同（A 面圖像中男子似著官服，B 面圖像男子著便裝）。三是所處場景均為室內，兩側撩起的帷幔及人物身後之臥具皆清晰可見。A 面展示的應是臥室，方桌、茶具等，均赫然在列；B 面展示的則為書房，有書攤於桌上。四是從圖中女子的坐姿、動作

及衣袖裸露程度來看，與傳統閨範要求極不相符。尤其是 A 面圖像中女子，要麼是風塵中人，要麼是一悍婦。謹守閨禮之女性，絕不可能如此。

　　循著以上思路，筆者嘗試對爐身兩面圖像分別釋讀。首先解讀爐身 A 面圖像（見圖 5）：

圖 5：朱藏「鳳江爐」爐身 A 面圖像

明代插圖　　　　　　　　　　　　清代插圖

圖 6：《金瓶梅詞話》第六十三回插圖

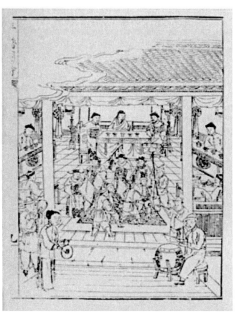

　　明崇禎刊本《義犬記》所載戲曲演出插圖　　　　　清代官衙堂會演出圖

圖 7：明清戲曲演出圖

　　圖 5 表現的或爲戲曲演出場景。戲曲搬演圖像，一般應有演奏樂隊側影（或有多種樂器出現）。堂會演出，若在室內，最常見的場所是於廳堂內，中間擺上地毯，四周設座，女眷在單獨地方觀看，以簾子作隔（如《金瓶梅詞話》第六十三回插圖，見圖 6）；若在室外，則院落內、水榭、神廟等，皆有可能（見圖 7）。因手爐不大，爐身空間有限，故構圖從簡，樂隊及人員全部省略，只表現主幹故事場景。此圖或表現《獅吼記》之演出。《獅吼記》，明汪廷訥（1573～1619）撰，本事出於宋人洪邁的《容齋隨筆三筆·陳季常》。此劇寫陳慥（字季常）之妻柳氏妬甚，對其管束甚嚴，嚴拒丈夫接觸他女。蘇軾曾戲贈《寄吳德仁兼簡陳季常》詩一首，略曰：「龍丘居士（陳慥之號）亦可憐，談空說有夜不眠。忽聞河東（河東爲柳姓郡望，暗指陳妻）獅子吼，拄杖落手心茫然。」〔註43〕「獅子吼」，原出佛典，喻威嚴，陳慥好談佛，故以此謔稱。

　　下面援引《獅吼記》第九齣《奇妒》原文進行比照（重點字句加著重號以作提示）：

─────────────

〔註43〕蘇軾：《蘇東坡全集》上冊，鄧立勳編校，黃山書社，1997 年，第 283 頁。

【前腔】輕塵拂去鑑光明，（生）照得你丰采翩翩百媚生。你這影兒，好似對門張員外家媳婦。（旦怒介）你看上甚麼張媳婦，卻將我來比他？（摔鏡介）我將菱花擷碎恨難平，（生袖中出扇，搧旦介）奶奶休發怒，我與你搧搧。（旦回頭見扇，佯笑奪扇看介）這丹青便面是何人贈？莫不是擲果潘安遠寄情？（旦）我看這扇兒精緻，多應是風流年少人物。（生）有一朋友，年方弱冠，因我愛他，特遣人送來的。（旦將扇打生，扯碎擲地介）

【前腔】男兒不自重時名，甘比狂童背聖經。（生）娘子，你撚酸吃醋全不怕人聽？（旦）我家常說話，怕甚麼人？（生）《詩》中長舌宜三省。（旦）三省、三省，磨得你投河落井。（向内大叫云）小廝每你聽著：但有年幼的朋友來拜，竟自回他，休得通報。（内應）知道了。（旦）免得東君喜送迎。（末扮蘇院子上）為有看花約，因傳折柬來。陳相公在家麼？（生）外邊有人聲，我看是誰？（生欲出介，旦扯生介）你且住。我去張一張，若是年幼的朋友，不許你出去。（張介）原來是一個僕人，你出去罷。（生出見介，末）蘇爺方才失迎相公。今日天色晴明，南郊花事可玩，欲拉琴操陪相公遊賞片時，特差小人奉請。（旦大叫云）不許去！不許去！（生慌背末云）「琴操」二字，不知可曾聽得？若聽見怎了？（回身向末云）院公，你可少待，我進去便來。（入見旦云）蘇學士請我遊春，並無他客。（旦怒視介）我素知東坡是風流人豪，寄興花酒。況他欲拉琴操同遊，你如何哄我？（生）那裏是琴操，叫我是陳慥。（旦笑云）誰曾見主人請客，反呼客名？（生）原來娘子不知。我在洛中拜子瞻為兄，兄呼弟名，正是古禮。〔註44〕

劇寫陳慥一早出門欲尋蘇東坡談禪未果，回家後便侍奉於柳氏左右，恭維妻子「恍如宿醒太真，絕勝捧心西子」〔註45〕，並誇讚照鏡中柳氏之美貌：「丰采翩翩百媚生。你這影兒，好似對門張員外家媳婦。」〔註46〕話雖無心，卻為妻強烈不滿。她怒斥道：「你看上甚麼張媳婦，卻將我來比她？」〔註47〕遂

〔註44〕 汪廷訥：《汪廷訥戲曲集》，巴蜀書社，2009年，第362～363頁。
〔註45〕 汪廷訥：《汪廷訥戲曲集》，巴蜀書社，2009年，第362頁。
〔註46〕 汪廷訥：《汪廷訥戲曲集》，巴蜀書社，2009年，第362頁。
〔註47〕 汪廷訥：《汪廷訥戲曲集》，巴蜀書社，2009年，第362頁。

摔了手中鏡子。陳慥大驚，趕忙從袖中取出扇子，賠禮道：「奶奶休發怒，我與你搧搧。」〔註48〕柳氏佯笑，奪下扇子查看，心下猜度：「這丹青便面是何人贈？莫不是擲果潘安遠寄情？」〔註49〕她問：「我看這扇兒精緻，多應是風流年少人物。」〔註50〕陳慥不知是計，應聲答曰：「有一朋友，年方弱冠，因我愛他，特遣人送來的。」〔註51〕柳氏聽聞後勃然大怒，拿起扇子便打丈夫，並將扇子扯碎擲地。她不但妒忌異性，連丈夫與年輕俊美的同性之交往亦不能容忍，堪稱妒婦之最。緊接著蘇東坡派遣的「院子」（末扮）便出場，受主人之託，邀陳慥外出遊賞。柳氏竟說：「你且住。我去張一張，若是年幼的朋友，不許你出去。」〔註52〕直到親眼看到是一僕人，才允許丈夫相見。從側面也可推知，這一僕人當是老僕，由外末搬演。圖 5 之構圖，與此齣故事基本吻合。

如此，則中間之女性當爲柳氏，其右側爲丈夫陳慥，左側乃蘇軾所遣老院公是也。柳氏張牙舞爪，怒不可遏，「將扇打生」，陳慥匆忙躲閃，構圖維妙維肖。季常所著服飾，與劇稍有不合，或許是表現其剛從外面歸來，還沒有來得及更換衣服，便去伺候柳氏梳洗。

《獅吼記》有明萬曆間環翠堂刊本、明末汲古閣原刻初印本等，剛一問世，即產生很大影響。日本京都大學文學部所藏環翠堂刊本《獅吼記》，卷首《小引》，略謂：「婦人秉陰氣以生，陰猶水也，水深沉而不可測。爲男子者，以好色之心愛之，愛生寵，寵生梗，梗生妒，有由來矣。……余竊慨夫之於婦，三綱之一，倒壞至此，後將何極？乃採獅子吼故事，編爲雜劇七齣，欲使天下之強婦悍婢，盡歸順於所天。」〔註53〕則明言《獅吼記》原爲雜劇，凡七齣。《又敘》中謂：「汪無如曰：往余編《獅吼》雜劇，刻布宇內，人人喜誦而樂歌之。蓋因時之病，對症之劑也。秣陵焦太史，當今博洽君子，以爲不足盡蘇、陳事跡。余復廣搜遠羅，就丘眉山當日之事，庶無添漏矣，乃取雜劇而更編之。始以七齣，今以三十齣，閨闈之隱情，悍戾之惡態，模寫

〔註48〕汪廷訥：《汪廷訥戲曲集》，巴蜀書社，2009 年，第 362 頁。

〔註49〕汪廷訥：《汪廷訥戲曲集》，巴蜀書社，2009 年，第 362～363 頁。

〔註50〕汪廷訥：《汪廷訥戲曲集》，巴蜀書社，2009 年，第 363 頁。

〔註51〕汪廷訥：《汪廷訥戲曲集》，巴蜀書社，2009 年，第 363 頁。

〔註52〕汪廷訥：《汪廷訥戲曲集》，巴蜀書社，2009 年，第 363 頁。

〔註53〕黃仕忠：《日藏中國戲曲文獻綜錄》，廣西師範大學出版社，2010 年，第 133 頁。

殆盡。不待終場，而觀者無不撫掌也。」〔註54〕則言該傳奇是在著名文人焦
竑（字弱侯）的鼓勵下，才「廣搜遠羅」，將七齣雜劇，改編成三十齣的長篇
劇作的。此材料除黃仕忠外，似未見有人道及，彌覺珍貴。此前的同名雜劇
已「刻布字內，人人喜誦而樂歌之」〔註55〕，傳奇《獅吼記》的流播自然更
爲廣遠。工藝匠人取之入畫，則是很可能的。

爐身 B 面圖像（見圖 8）解讀如下：

圖 8：朱藏「鳳江爐」爐身 B 面圖像

圖 8 或敘述《獅吼記》第十六齣《頂燈》相關之場景。茲引原文以便對
照（重點字句加著重號以作提示）：

【水底魚兒】赤壁探奇，猥蒙蘇子攜歸。愁違限，須將言語欺。

（進見揖旦介）娘子，有偏，有偏。我與那窗友久別，他一見怎肯
放我？我顧不得他怪，竟逃席而回。（旦）你看這地下水乾也不乾？
（生看地云）還有些潮意兒。（旦）你看這佛前香盡了還未？（生看
香雲）尚有些餘煙兒。（旦大喝一聲，將杖打生，生跪云）奶奶，請
息怒。（旦丟去杖云）你起來，你起來。我也不打你，將頭髮散了，
你坐著，我與你綰起髻來。（生喜坐介，旦將生發綰爲扁髻，安燈盞
燃火於上。生）這是何爲？（旦）你若滅了燈，打二十藜杖。（生）

〔註54〕 黃仕忠：《日藏中國戲曲文獻綜錄》，廣西師範大學出版社，2010 年，第 133
頁。

〔註55〕 黃仕忠：《日藏中國戲曲文獻綜錄》，廣西師範大學出版社，2010 年，第 133
頁。

苦，苦，叫我怎生轉動？（旦）

……

【下山虎】……（旦內叫云）你知罪麼？（生）我知罪了！（旦）你再敢來遲麼？（生）我再不敢來遲了！（旦）既如此，放下燈盞。不許進房來，就在齋中睡罷。（生連應諾介）受了半夜苦，我且睡一會兒。（放燈睡介。旦持飯上）

【蠻牌令】非婦道敢淩逼，恨夫婿不遵依。他頂了燈盞一夜，定然改過。身從書舍隱，人訪蓽門稀。我情願饔飧自奉，怎教他跬步輕離？（進見，生睡）呀，現於今花陰日移，尚兀自伴莊生蝴蝶魂飛。（生驚起介）呀，睡熟了，不知已到巳牌。娘子，你爲何將茶飯攜來此處？（旦）你此後只在齋中看書，我有茶飯送來與你，你不可仍前出門。（生）敢不遵命。（旦虛下。生）

【憶多嬌】他強作威，我假意隨。欲向嬌娃那壁將笑臉偎，偷出書齋莫待遲。我吃了飯，戲耍一刻便來，娘子未必就尋我。私赴鶯期，私赴鶯期，顧不得瞞心昧己。我將門兒輕輕閉了，快去，快去。（生急走下。旦上，從門隙中窺，低唱）

【前腔】我向門隙窺，看他何所爲。呀，匣中虎兒今復弛，冷落書齋悄莫知。（恨介）他性格難移，性格難移，須索尋蹤覓跡。（大叫介）蒼頭，蒼頭！（淨應，上）小人有，大娘子何事分付？（旦）相公連日幹的事體，你盡知道，卻不對我說。叫丫頭取藜杖來。（淨慌云）大娘子何勞取藜杖？我從實說便了。（旦）你說，你說。（淨）蘇老爺將侍兒贈與相公，連日暫入書房，卻背了大娘子往新娘處去。（旦驚訝云）新婦住在何處？（淨）在隔壁店房裏住。（旦）昨日抵暮方歸，莫非也在那裏？（淨）多是如此。（旦大叫一聲，氣倒介，淨扶云）大娘子既知，如何著急？（旦）若非我哄出你言語，怎知有此情？（淨）呀，原來大娘子不知。相公，這是我害了你也。〔註56〕

劇敘陳慥被妻子禁足，難得一次外出，卻誤了約定的返回時辰，被柳氏「將生髮綰爲扁髻」〔註57〕，罰在書房中頂燈。第二天柳氏來書房送飯，說

〔註56〕汪廷訥：《汪廷訥戲曲集》，巴蜀書社，2009 年，第 383～384 頁。
〔註57〕汪廷訥：《汪廷訥戲曲集》，巴蜀書社，2009 年，第 383 頁。

道：「你此後只在齋中看書，我有茶飯送來與你，你不可仍前出門。」〔註58〕
陳慥按捺不住，早已將燈取下，暗藏一邊，欲潛出私會新納之偏房。柳氏已
有察覺，審問蒼頭，得知事情真相，大怒。圖 8 所表現的空間正是書房，若
比照《頂燈》一齣之故事情節，則居中之女性當爲柳氏，其左側伏案之男子
爲陳季常無疑。至於右側之老者，蒼頭是也。老蒼頭左手拿壺，右手挎籃，
正是隨柳氏前來送飯，此與劇中所敍柳氏親自送飯略有不同。柳氏揮手教訓
丈夫，指指點點，口若懸河，陳慥睡眼惺忪，剛從夢中醒來，他不敢反抗，
內心卻大不樂意，故身體扭向一邊，心裏或許想的是「拘管由他拘管，偷行
我自偷行」〔註59〕。此幅圖中陳季常著便服，頭上或是便帽、或是「扁髻」，
亦與劇敍場景基本吻合。

《獅吼記》是非常有影響的一部劇作，後世的不少彈詞、小說等通俗文
學，都曾受其影響。如《河東獅吼寶卷》、《醒世姻緣傳》等。劇中的「奇妒」、
「頂燈」諸齣，乃劇本之精彩所在，爲後來折子戲所常演。(《奇妒》舞臺演
出或稱《梳妝》)朱藏「鳳江爐」爐身圖像，證明當時此二齣戲已頗有影響，
故事情節爲人所熟知，所以才能進入百姓日常生活，成爲工藝美術的素材。
這一重要發現，對明代戲曲演出形態、劇目之傳播與接受等研究，均很有幫
助，可補目前學者論述之未逮。

三、關於拓展戲曲研究路徑的思考

早在 1925 年，王國維就在清華研究院的講義《古史新證》中提出了「二
重證據法」，謂：「吾輩生於今日，幸於紙上之材料外，更得地下之新材料。
由此種材料，我輩固得據以補正紙上之材料，亦得證明古書之某部分全爲實
錄，即百家不雅馴之言亦不無表示一面之事實。此二重證據法，惟在今日始
得爲之。雖古書之未得證明者，不能加以否定，而其已得證明者，不能不加
以肯定，可斷言也。」〔註60〕陳寅恪則對這一學術方法進行了更爲細緻的梳
理和歸納，謂：「一曰取地下之實物與紙上之遺文互相釋證」；「二曰取異族之
故書與吾國之舊籍互相補證」；「三曰取外來之觀念與固有之材料互相參證」。

〔註58〕汪廷訥：《汪廷訥戲曲集》，巴蜀書社，2009 年，第 384 頁。

〔註59〕汪廷訥：《獅吼記》第十七齣《變羊》，《汪廷訥戲曲集》，巴蜀書社，2009 年，
第 385 頁。

〔註60〕姚淦銘、王燕主編：《王國維文集》下部，中國文史出版社，2007 年，第 286
頁。

〔註61〕並認爲：「吾國他日文史考據之學，範圍縱廣，途徑縱多，恐亦無以遠出三類之外。」〔註62〕所言甚是。以之反思古代戲曲研究，也頗具啓發意義。

由於戲曲藝術成熟時間相對較晚，自然沒有爲簡帛之類所記載的可能。但在研究實踐中，也迫切需要「多重證據法」的介入。一是引入音樂學的研究，由單一、平面的戲劇文學史研究向綜合、立體的戲曲藝術史過渡；二是引入民俗學的研究，通過田野調查的方式，對戲曲的歷史傳承進行考察，捕捉民間仍然遺存的活態藝術因子；三是引入民族學的研究，擴大視閾，加強對少數民族戲劇的瞭解與鑽研，切實比較異同，改變中國戲劇史即爲漢族戲曲史的狹窄格局；四是引入文物學的研究，通過對各類戲曲文物「新材料」的發掘，補充、訂正既有之觀點；五是引入藝術地理學的研究，對「商路即戲路」、「水路即戲路」等說法進行科學印證；六是進一步加強文獻學的研究，蕩開思路，不光留意「孤本」、「殘本」、「抄本」以及域外豐富的戲曲文獻，更要注意搜集詩歌、方志、筆記、小說、詩話、尺牘、日記、圖像等中的散見的各類戲曲史料，以便加以綜合分析研究。嚴耕望謂：「看人人所能看得到的書，說人人所未說過的話」〔註63〕，對普通史料加以精研，進而得出較爲客觀的令人信服的結論，確是一種令人嚮往的學術境界。

在戲曲研究方法的探索上，前賢時彥已經做出了很多努力，如朱謙之開創的「音樂文學」研究道路，錢南揚、顧頡剛等以民俗學的方法對戲曲進行的觀照，馮叔鸞、齊如山、周貽白等對戲曲舞臺的熟稔和透闢瞭解，錢南揚、馮沅君、趙景深等對於文獻的倚重，山西師範大學戲曲文物研究所學人對戲曲文物的持續關注。筆者也曾略盡綿薄，由趙興勤教授主持編纂、本人協助的大型文獻史料集《清代散見戲曲史料彙編》，計劃出版「詩詞卷」、「方志卷」、「筆記卷」、「小說卷」、「詩話卷」、「尺牘卷」、「日記卷」、「文告卷」、「圖像卷」等多種，總字數應在 1000 萬字以上。目前已出版了《清代散見戲曲史料彙編（詩詞卷・初編）》（全三冊）〔註64〕、《清代散見戲曲史料彙編（詩詞卷・

〔註61〕 陳寅恪：《王靜安先生遺書序》，《金明館叢稿二編》，上海古籍出版社，1980年，第 219 頁。

〔註62〕 陳寅恪：《王靜安先生遺書序》，《金明館叢稿二編》，上海古籍出版社，1980年，第 219 頁。

〔註63〕 嚴耕望：《治史經驗談》，《治史三書》，遼寧教育出版社，1998 年，第 23 頁。

〔註64〕 趙興勤、趙韡編：《清代散見戲曲史料彙編（詩詞卷・初編）》（全三冊），臺灣花木蘭文化出版社，2014 年 3 月。

二編）》（上、下冊）〔註65〕、清代散見戲曲史料彙編（方志卷・初編）》（全三冊）〔註66〕，字數在 200 萬字以上。「筆記卷・初編」、「方志卷・二編」也已列入出版計劃，將於一、兩年內推出。餘下數卷的整理工作，也將有條不紊地開展。

值得注意的是，戲曲研究新路徑的探索，同樣要保持理性而審慎的態度。所有的方法，都應歸根結蒂於實證，都是爲最終的研究而服務的，並沒有高下之分。任何手段都取代不了文本細讀的作用。以戲曲文物研究爲例，單純記錄一件文物的空間佔有以及材質、工藝，而不對其背後的歷史語境進行還原、不對其承載的社會心理內涵進行剖解，則只有考古上的意義，而缺乏靈動的文化色彩。畢竟我們需要的，不是一具僅僅散發福爾馬林味道的標本。

本文中，筆者對朱藏「鳳江爐」的釋讀未必完全妥當，只是希望能藉此拓展一種積極的研究思路。這一論題起碼可以啓示我們，於傳統的文本文獻研究和常見的戲曲專屬文物（如古戲臺等）研究之外，還應關注業已融入古代日常生活的某些戲曲元素（如剪紙、年畫、刺繡、瓷器、銅器、傢具、門窗、瓦當等），此或爲日後之研究積纍更多的經驗。而實際上，古代文學及其他領域的研究者，已有不少學人正積極踐行這一思路，如胡可先對長沙窯瓷器所載唐詩的研究、楊棟對磁窯器物上金元詞曲的考索、王英志對書法作品中清代詩文的整理等〔註67〕，即或存在一定的疏漏，仍具啓發意義。

最後要說明的是，本文所使用的朱蔚榮先生所藏「鳳江爐」的圖片，均由朱先生親自拍攝並託文化學者徐景洲先生轉來，在此表示衷心感謝！

〔註65〕趙興勤、趙韡編：《清代散見戲曲史料彙編（詩詞卷・二編）》（上、下冊），臺灣花木蘭文化出版社，2015 年 3 月。

〔註66〕趙興勤、趙韡編：《清代散見戲曲史料彙編（方志卷・初編）》（全三冊），臺灣花木蘭文化出版社，2016 年 3 月。

〔註67〕參看趙興勤、趙韡：《〈袁枚書法作品中的集外詩詞九首考釋〉辨誤》，《河池學院學報》2011 年第 6 期。

晚明戲曲家王恒生年及其交遊考略〔註1〕

內容摘要

晚明戲曲家王恒,各家著述均未提及其生卒年,對他的生平亦語焉不詳,僅知其字伯貞,號少谷,浙江奉化人,作有傳奇《合璧記》等。細讀與之交往甚密的明代戴澳的《杜曲集》,可考知王恒生於嘉靖三十四年(1555),至崇禎二年(1629)仍在世。

晚明戲曲家王恒,各家著述均未提及其生卒年,對他的生平亦語焉不詳,僅知其字伯貞,號少谷,別署四明東方士,浙江奉化人,作有傳奇《合璧記》一種,今存殘曲,見《群音類選》、《樂府名詞》、《大明天下春》、《樂府紅珊》、《樂府玉樹英》、《樂府萬象新》、《月露音》等戲曲選本。〔註2〕

一、方志及各家著述中的王恒

王恒生平事跡,略見於方志,如《(乾隆)奉化縣志》卷一一、《(光緒)奉化縣志》卷二四等。這一點,趙景深等《方志著錄元明清曲家傳略》已指出。〔註3〕查《(光緒)奉化縣志》,王恒「小傳」謂:「孫鶚,號一山,由國

〔註1〕 本文與趙興勤教授合撰,載《中國文學研究》2013 年第 3 期。發表時署名被雜誌編輯誤刪。

〔註2〕 齊森華等主編:《中國曲學大辭典》,浙江教育出版社,1997 年,第 328、123頁。

〔註3〕 趙景深、張增元編:《方志著錄元明清曲家傳略》,中華書局,1987 年,第 140頁。

子生任溧陽主簿，張時徹極賞其詩。時以詩名者又有王恒，恒字伯貞，號少谷，棄諸生業，遊名公間，到輒留題。所著有詩集如干卷，又紀錄遺事者名《甘露卮》。」〔註4〕馬廉也曾留意方志中的王恒材料，並在日記中寫道：「王恒，字伯貞，號少谷，棄諸生業，遊名公間，以詩名，到輒留題，所著有詩集如干卷，又紀錄遺事者名《甘露滅（原作卮）》（康熙《奉化縣志》）。《甘露滅》有沈一貫序，稱曰『王山人』。《兩都遊草》有戴澳序，字有裴，邑人（萬曆四一進士，奉化志藝文），稱曰『伯揆』。按恒有《合璧記》，見《曲錄》四，作杭州人，誤也。」〔註5〕馬隅卿不光留意到沈一貫、戴澳與王恒的關係，還發現王恒的兩種新稱謂，即「王山人」（社會身份）、「王伯揆」（或以字稱），糾正了王國維《曲錄》的一處錯誤。但是，由於文獻資料的匱乏，趙景深、馬廉對於王恒的生卒年，均未涉及。

莊一拂《古典戲曲存目彙考》卷九「下編傳奇一‧明代作品上」曾簡述王恒事跡，並謂其「約明萬曆十年前後在世」〔註6〕。錢仲聯等《中國文學大辭典》沿襲了這一說法，亦謂王恒「約萬曆十年（1582）前後在世」〔註7〕。王森然《中國劇目辭典》於此亦無新見，也謂王氏「約明萬曆十年，即1582年前後在世」〔註8〕，並提出明代作有雜劇《喝綵獲名姬》（今佚）的恒居士（生卒年月不詳）可能是王恒的設想。〔註9〕齊森華等《中國曲學大辭典》，則徑稱王恒「生卒年不詳」〔註10〕。譚正璧《中國文學家大辭典》著錄其「約公元1573年前後在世」〔註11〕。此年為萬曆元年。又謂「生卒年及生平均不詳」，「杭州（一作寧波）人」，「工為曲」，〔註12〕依然距事實相去較遠。其他如北嬰《曲海總目提要補編》〔註13〕、今人所編《中國戲曲志‧浙江卷》〔註14〕、吳書蔭《明

〔註4〕李前泮、張美翊纂：《（光緒）奉化縣志》卷二四，清光緒三十四年刊本。

〔註5〕馬廉著、劉倩編：《馬隅卿小說戲曲論集》，中華書局，2006年，第310頁。

〔註6〕莊一拂編著：《古典戲曲存目彙考》中冊，上海古籍出版社，1982年，第933頁。

〔註7〕錢仲聯等總主編：《中國文學大辭典》，上海辭書出版社，1997年，第875頁。

〔註8〕王森然遺稿：《中國劇目辭典》，河北教育出版社，1997年，第1122頁。

〔註9〕王森然遺稿：《中國劇目辭典》，河北教育出版社，1997年，第1147頁。

〔註10〕齊森華等主編：《中國曲學大辭典》，浙江教育出版社，1997年，第123頁。

〔註11〕譚正璧編：《中國文學家大辭典》，上海書店，1981年，第1164頁。

〔註12〕譚正璧編：《中國文學家大辭典》，上海書店，1981年，第1164頁。

〔註13〕北嬰編著：《曲海總目提要補編》，人民文學出版社，1959年，第194頁。

〔註14〕《中國戲曲志‧浙江卷》，中國ISBN中心，2000年，第829頁。案：是書謂王恒「號小谷」，誤。

傳奇佚曲目鈎沉》〔註15〕、《曲品校注》〔註16〕、程華平《明清傳奇編年史稿》〔註17〕等，均提及王恒，但在其生卒年問題上，均付闕如。

二、從交遊考察戲曲家的生平

趙景深、馬廉均曾留意方志中的王恒事跡材料，卻未予深究。其實，細讀這些材料之後，我們可以從中發現不少有利於進一步考據的線索。《（光緒）奉化縣志》謂王恒「棄諸生業，遊名公間」〔註18〕，此與其「山人」之稱相符，所言不虛。在他的交遊圈中，既有沈一貫這樣權傾朝野的人物，也有屠隆之類的著名文士，還有富甲一方的鄉宦戴澳。

（一）王恒與沈一貫

《（光緒）奉化縣志》卷三四，載有沈一貫爲王恒寫的《〈甘露滅〉序》。此文略謂：「甘露滅者，蓋維摩詰成道之語。王山人伯貞所著書，縣露流也。……山人抱文武才，不遇於時，賢而且老，而胸中斷簡殘編，猶能發爲精華，著爲靈異，若人所稱五臟具五色者，山人有之，而山人不欲以應自居也。第曰是瀼瀼泥泥者，不久當易滅耳。山人以滅證書，猶維摩詰以滅證道也。故序之。」〔註19〕

沈一貫（1531～1615），字肩吾，號蛟門，浙江鄞縣（今浙江寧波）人。隆慶二年（1568）進士，爲館閣重臣。著有《敬事草》十九卷、《易學》十二卷、《詩經纂注》四卷、《莊子通》十卷等。在沈氏筆下，王恒「抱文武才，不遇於時」。又稱王恒爲山人，可見將其作隱士看。可惜的是，除了這篇只見諸方志的序，翻檢沈一貫的《喙鳴詩文集》〔註20〕，再沒有發現二人交往的線索。

（二）王恒與屠隆

屠隆（1543～1605），字長卿，又字緯眞，號赤水，浙江鄞縣（今浙江寧波）人。萬曆五年（1577）進士，官至禮部郎中。王恒與屠隆的關係，似乎較與沈一貫更近一步。用屠隆的話來講，即伯貞「與余善」〔註21〕。屠隆曾爲

〔註15〕李修生主編：《古本戲曲劇目提要》，文化藝術出版社，1997年，第809頁。
〔註16〕呂天成著、吳書蔭校注：《曲品校注》，中華書局，1990年，第106頁。
〔註17〕程華平：《明清傳奇編年史稿》，齊魯書社，2008年，第126～127頁。
〔註18〕李前泮、張美翊纂：《（光緒）奉化縣志》卷二四，清光緒三十四年刊本。
〔註19〕李前泮、張美翊纂：《（光緒）奉化縣志》卷三四，清光緒三十四年刊本。
〔註20〕沈一貫：《喙鳴詩文集》，明刻本。
〔註21〕屠隆：《贈王少府》，《棲眞館集》卷八「七言律詩」，明萬曆十八年刻本。

王氏所撰傳奇《合璧記》寫過序文。在文集中，也多次提及王恒。如《贈王伯貞》詩曰：「知君意在古人前，不餰蛾眉取世妍。問字每過揚子宅，懷人獨上剡溪船。名家舊業青箱在，樂府新聲白苧傳。共約披雲尋雪竇，看桃酌酒坐紅泉。」〔註22〕有學者認爲：「此『樂府新聲』，即指《合璧記》。」〔註23〕屠隆又有《贈王少府》一首，詩題下小注曰：「先生六十七始舉一孫。其子伯貞，能辭賦，與余善。」詩謂：「提戈逐虜靖江藩，黑髮歸來臥鹿門。政喜孤松留鐵幹，又看老竹長龍孫。竇雲寫溜喧青嶂，剡雪霏煙送綠尊。舊有桃花源上約，與君霞外吐真言。」〔註24〕可見，屠隆與王恒的父親也有交往。既尊稱爲「少府」，王父應該任過縣尉一類的小官。古時縣令稱明府，縣尉職級低於縣令，故稱少府。而「提戈逐虜靖江藩」一句，則說明其可能參加過抗擊倭寇之類的戰事。沈一貫說王恒「抱文武才」，所謂「武才」，看來是承繼家風了。然徐朔方《屠隆年譜》未敘及此人。

（三）王恒與戴澳

郁郁不得志的王恒與沈一貫、屠隆之類「名公」們的交往，並不是太頻繁。對考訂王恒生平最有價值的，其實還是其同鄉戴澳所作的《杜曲集》。戴澳，字有斐，萬曆癸丑（1613）進士，官順天府丞。《（光緒）奉化縣志》載有其小傳：

> 戴澳，字有斐，號斐君，城內人。自幼嗜學，不事生產，寓情觴詠，落筆千言立就。萬曆四十一年成進士，歸侍色養，經年乃出，授虞衡主事，遷副郎，晉銓部稽勳副郎。朗識精鑒，所儲夾囊，皆當世偉人。甫署選，而名卿碩抱，一時湧出。旋以稽勳郎中假歸。未幾，逆璫魏忠賢專政，舉朝若沸，殄瘁之慘，宇宙爲空，然後知其超然知幾也。家居十有二年，權璫授首，復出，轉考功郎，受事甫三月，又以直道忤烏程、陽羨二相，即拂衣出都門。大宰李長庚三疏留之，不報。旋起南銓，轉尚寶丞，再轉大理丞，遷順天府丞。星變陳言，忤時獲譴，遂脫然歸。通仕籍者三十年，在朝每不數月，屢仕屢黜。歸里年餘，憂時炎炎，遂感憤以卒，年六十七。時朝議以邊撫起之，咸惜未竟其用云。所著有《杜曲集》、《豐干集》行於

〔註22〕屠隆：《棲眞館集》卷七「七言律詩」，明萬曆十八年刻本。
〔註23〕齊森華等主編：《中國曲學大辭典》，浙江教育出版社，1997年，第328頁。
〔註24〕屠隆：《棲眞館集》卷八「七言律詩」，明萬曆十八年刻本。

世。〔註25〕

據談遷《國榷》，天啓五年十二月（1626），「南京通政使魏時應、前吏部稽勳郎中戴澳除名」〔註26〕；崇禎七年（1634）十月，「吏部文選□□戴澳降山東布政司照磨」〔註27〕；崇禎十二年（1639）六月，「張三謨、戴澳爲大理左右寺丞」〔註28〕；崇禎十二年（1639）七月，戴澳「爲順天府丞」〔註29〕；崇禎十三年（1640）五月，「順天府丞戴澳除名」〔註30〕。

戴澳家資巨富，卻爲官不仁，橫行鄉邑，最終被革職查辦。歸里之後，郁郁以終。《烈皇小識》謂：

> 澳，浙江奉化人。奉化小邑也。澳起家進士，官吏部，威行郡邑，其子尤恃勢縱惡。奉化錢糧共二萬餘，戴氏居其半。歷任知縣皆以錢糧拖欠罷官。至是，吏部特授進士胡昱泰爲奉化令。胡下車，即延耆老諭之曰：「吾知奉化錢糧所以不起者，專由戴氏。吾今先徵戴氏，而後徵民戶。」乃簽提戴氏家人追比，而恃頑如故。即提戴子親身赴比。戴子怒，急走京師。懇之澳，勒澳立刻出疏參胡。澳曰：「胡令初到，無款單，且以部民參父母官，亦覺不便。」而刲於其子，姑出一疏，略言：「天下治亂，繫於守令。守令得人則治，不得人則亂。」有旨：「奏內所陳，必有實據，著指名回奏。」澳窘極，乃以嘉興推官文德翼入告，事下撫按。既而，撫按皆爲文訟冤，給事中沈迅遂疏參澳，謂：「澳之疏，專爲胡昱泰，而所以欲參昱泰者，專爲錢糧拖欠，昱泰遵法遵比耳。」於是有旨：「戴澳革職爲民，下錦衣衛究問。」〔註31〕

《明史》卷二七八《胡夢泰傳》〔註32〕亦詳述始末，可參看。

王恒、戴澳二人的交往，應爲戴氏天啓五年十二月「以稽勳郎中假歸」前後「家居」之時。《杜曲集》記載王恒達六處之多，若以寫作時間先後爲序，則大致如下：

〔註25〕李前泮、張美翊纂：《（光緒）奉化縣志》卷二四，清光緒三十四年刊本。

〔註26〕談遷：《國榷》卷八七，清鈔本。

〔註27〕談遷：《國榷》卷九三，清鈔本。

〔註28〕談遷：《國榷》卷九七，清鈔本。

〔註29〕談遷：《國榷》卷九七，清鈔本。

〔註30〕談遷：《國榷》卷九七，清鈔本。

〔註31〕文秉：《烈皇小識》卷四，清鈔明季野史彙編前編本。

〔註32〕張廷玉等：《明史》第二十三冊，中華書局，1974年，第7123～7124頁。

1.戴澳寫於「癸亥年」（筆者案：應爲明天啓三年，1623）的《鹿源紀事》略曰：「洲之東山故名茅洞，有泉源焉，欲遂闢其榛莽，加以疏導。時友人王伯貞杖藜與俱，謂故名近俗，謀更之。再更而意不適，伯貞以事先去。」〔註33〕

2.《（光緒）奉化縣志》曾引戴澳爲王恒《兩都遊草》所撰序言〔註34〕，這篇文字亦見戴氏所著《杜曲集》，題爲《引王伯揆〈兩都遊草〉》。謂：「夫遊皆足以發人詩趣，然其與詩趣合者，多是山水之遊。今人但言五嶽三山，曁諸幽奇勝絶之地，即不必送目其際，已覺松翠、雲嵐、石林、岩瀑，悠然來與詩思會。至兩都，故是風塵之海。遊其中者，皆不得豁，武不得展，胸府不得蕭疏，安得借瓢笠之清緣、引煙霞之高賞，作吾濯腸灰水而收召吾之詩魂也哉？然而秋風渭水、落葉長安，拈句人外，致寧過此？至灞橋風雪，驢背奚囊，直與問水煙舫、攀霞蠟屐同一遠寄。此則靈曠之襟，不爲風塵所沒，而反借風塵以寫其羈孤牢落之思者也。伯揆兩都之遊，其能寄興風塵之表，殆亦類此，故其詩亦不帶風塵之色。金臺石城，故應別作領略矣。」〔註35〕寫作時間標注爲「甲子年」，應該是明天啓四年（1624）。

3.同年，戴澳又寫有《壽王伯貞七十》詩，謂：「塵表風神自瀟灑，笑負奚囊歸白下。手出新詩三十篇，春山峩峩空翠寫。壯心不知齒髮暮，遠興還輕秦蜀路。終華靈峭巫峨奇，儳收杖底雄詞賦。芳杜洲人白髮新，留君暫共鹿源春。何以爲君七十壽，床頭新熟黃柑酒。」〔註36〕

4.戴澳於「丙寅年」（筆者案：應爲明天啓六年，1626），又爲王恒的另一部著作《甘露卮》寫下序言。《〈甘露卮〉敘》謂：「王伯貞《甘露卮》，大抵類王子年《拾遺記》。其事多世人眼耳所不習，然皆的有證據，非圖鬼魅者比，殊足廣人眼耳、佐正史之所不及。滿卮甘露，任人嘗取。沾其一滴，齒牙皆香。是以通儒宿老，嗟賞同聲，不必藏副本於名山、俟知己於後世，而洛陽紙價已高矣。大凡事不異不傳，異而不核不傳，事異而摹以常手、事核而緯以蔓詞亦不傳。伯貞於書無所不窺，足跡幾遍天下，採摭極博，研核極精，而心手俱靈，時以筆墨供其遊戲。《汲冢》之古、《齊諧》之怪、《博物志》之隱、《山海經》之奇，直欲無不有之。其家子年倘得染指此中，當如陸士衡見《三都賦》，便欲輟筆耳。此《甘露卮》之所以可傳也，而不足以盡伯貞也。

〔註33〕戴澳：《杜曲集》卷八，明崇禎刻本。
〔註34〕李前泮、張美翊纂：《（光緒）奉化縣志》卷三四，清光緒三十四年刊本。
〔註35〕戴澳：《杜曲集》卷一〇，明崇禎刻本。
〔註36〕戴澳：《杜曲集》卷一，明崇禎刻本。

伯貞善貧而著書特富，尤長於騷，兼工樂府，則《甘露厄》故其巨海之一滴耳！」〔註37〕

5.《杜曲集》卷二，收有《正月十二日試燈席上同王伯貞賦》一詩，謂：「月淨千峰裏，燈新五夜前。嘗春花下酒，傲醉雪餘天。吾老農兼圃，君開佛共仙。草堂終夕話，不到利名邊。」〔註38〕此詩前一首爲《崇禎元年元日立春》，詩題下注爲「戊辰年」（1628）。據此可知，《正月十二日試燈席上同王伯貞賦》寫於本年。

6.至「己巳年」（筆者案：應爲明崇禎二年，1629），戴澳爲王恒寫下小傳，即《幪冠先生傳》。文謂：「幪冠先生者誰？吾友王伯貞也。好冠幪冠，故稱爲幪冠先生。海內名輩無不重先生，而鄉里小兒無不笑先生。李青蓮自謂可笑，人不笑不足爲先生重。腹有筍而餠無儲，口無薑而陲有珠。年垂八十，而意氣遒逸，少年所不如。先生亦直爲可笑而已。」〔註39〕

以上材料，包含信息豐富，概括來講，約有如下幾端：一是可以推知王恒的生年。據戴氏《壽王伯貞七十》詩題下小注，該詩寫於「甲子年」。結合戴澳生平，此甲子應爲明天啓四年甲子（1624），以此倒推，則王恒生年應爲公元1555年（明嘉靖三十四年）。二是可以大致劃定王恒的卒年。《幪冠先生傳》謂王恒「年垂八十」，其實，當時王恒之實際年齡，乃七十有五，已接近八十。這說明起碼至本年（明崇禎二年，1629）其仍在世。由此可見，學界一致認定的王恒「約明萬曆十年（1582）前後在世」的觀點，相當籠統，藉此可以略加補正。三是從寫作時間上來看，戴、王二人於公元1623～1629年這七年間，有著持續且密切的交往，所謂「草堂終夕話」是也。戴澳的詩文生動描繪出王恒晚年的思想追求和生活狀態，即清閒若「佛共仙」，然甚窮困，「腹有筍而餠無儲」、「年垂八十，而意氣遒逸」之類，皆是。四是可以管窺王恒的思想。王恒應該是向佛的，戴澳說他「君開佛共仙」是一證，他給自己的著作起名《甘露滅》亦是一證。「甘露滅」，是佛教用語，意思如同涅槃，寂滅。蘇軾《次韻定慧欽長老見寄八首》之四曰：「幽人白骨觀，大士甘露滅。」《維摩經》謂：「始在佛樹力降魔，得甘露滅覺道成。」〔註40〕五是可以判定

〔註37〕戴澳：《杜曲集》卷七，明崇禎刻本。
〔註38〕戴澳：《杜曲集》卷二，明崇禎刻本。
〔註39〕戴澳：《杜曲集》卷一一，明崇禎刻本。
〔註40〕蘇軾著、施元之注：《施注蘇詩》卷三六，《文淵閣四庫全書》本。

《甘露卮》的文體爲小說。戴序謂是書「大抵類王子年《拾遺記》」,《拾遺記》是東晉王嘉的志怪小說集,而《甘露卮》之內容由此可以想見。戴序又以此書比附《汲冢書》、《齊諧記》、《博物志》、《山海經》,亦可證《甘露卮》爲小說集。這部小說,在當時即已取得不俗的反響,正所謂「通儒宿老,嗟賞同聲」。可惜已佚,其小說家的身份也一直爲人所忽略。

通過對以上交遊材料的發掘,我們可以大致勾勒王恒之生平:

王恒(1555～1629 以後),字伯貞,一字伯揆,號少谷,別署四明東方士,人稱籜冠先生,浙江奉化人。抱文武才,不遇於時。遂棄諸生業,遊名公間,與沈一貫、屠隆、戴澳等有交。於書無所不窺,足跡幾遍天下。晚年貧困,然意氣遒逸,爲少年所不如。長於詩歌,不帶風塵之色,嘗以李白自居。兼工樂府,著書頗富。有詩集《兩都遊草》、小說《甘露卮》(又作《甘露滅》)及戲曲《合璧記》。

晚明曲家沈季彪臆考〔註1〕

內容摘要

沈季彪，晚明戲曲家，浙江人。作有《佛蓮記》、《皈元記》等戲曲多種。然由於文獻資料的難覓，學界對其瞭解，仍比較匱乏。作者廣泛徵引史料，排比論證，提出沈季彪或即沈朝燁的看法。由於古代戲曲、小説文體地位卑下，撰著者多不具名（或不具眞名）。這對於今人考證，帶來很大困難。作者梳理沈季彪與沈朝燁之間的關聯，旨在提供一種可能的思路。

　　沈季彪，晚明戲曲家，浙江人。作有《佛蓮記》、《皈元記》、《蓮舟記》、《齊人記》、《漪綠園》、《還珠記》、《雙喜記》、《蓮囊記》（一説陳顯祖作）等戲曲多種。然由於文獻資料的難覓，學界對其瞭解，仍比較匱乏。本文廣泛徵引史料，排比論證，提出沈季彪或即沈朝燁的看法。

一、各家著述中的晚明曲家沈季彪

　　對於晚明曲家沈季彪，目前各家著述均未能考知其確切生平。如：

　　1.清人所編《曲海總目提要》卷一二於《蓮囊記》一目謂：「明天啓時人所作，自署曰四明山環溪漁父編，未著姓氏。其序有沈季彪、蔡天植、呂圭

〔註１〕本文與肖陽合撰，載《四川戲劇》2013 年第 5 期。

三人。按其詞氣，蓋即季彪筆也。」〔註2〕

2.《傳奇彙考標目》於「別本第八十七」後注曰：「沈季彪，鄞人，自署四明山環溪漁父。所著有《玉亭新調》及《玉亭傳奇》七種。《蓮囊》、《還珠》、《漪綠園》、《皈元》、《雙喜》、《齊人》、《佛蓮》（玄奘取經事）。補：《蓮舟》二冊。見李氏《海澄樓書目》。」〔註3〕

3.譚正璧 1934 年於光明書局出版的《中國文學家大辭典》謂：「沈季彪（約公元 1627 年前後在世），名不詳，號環溪漁父，四明人。生卒年及生平均不詳，約明熹宗天啟末前後在世。著有《蓮囊記》傳奇，（《小說考證續編》）傳於世。」〔註4〕

4.蔣瑞藻《小說考證》續編卷三云：「《蓮囊記》，明天啟時人作。自署曰四明環溪漁父，未著姓名。有沈季彪、蔡天植、呂圭三序，以詞氣觀之，蓋即季彪筆也。」〔註5〕

5.傅惜華《明代傳奇全目》曰：「沈季彪，字不詳。浙江鄞縣人。生平事跡不可考。所著有《玉亭新調》及《玉亭傳奇》七種，惜未見傳於世。」〔註6〕

6.北嬰《曲海總目提要補編》一書在注釋中云：「四明山環溪漁父乃陳顯祖而非沈季彪。」〔註7〕

7.葉德均《祁氏曲品劇品補校》於「蓮囊」一目下加按語，謂：「至所謂沈季彪撰之說，乃臆測之言，不足信也。環溪漁父當即（陳）顯祖之別署，其人乃寧波人也。」〔註8〕

8.莊一拂《古典戲曲存目彙考》卷十「下編傳奇二・明代作品下」介紹其事跡，謂：「字號未詳，浙江鄞縣人。所著有《玉亭新調》、《玉亭傳奇》，俱未見傳。」〔註9〕

〔註2〕《曲海總目提要》上冊，俞為民、孫蓉蓉編：《歷代曲話彙編・清代編》，黃山書社，2009 年，第 476 頁。

〔註3〕中國戲曲研究院編：《中國古典戲曲論著集成》第七冊，中國戲劇出版社，1959 年，第 273 頁。

〔註4〕譚正璧編：《中國文學家大辭典》，上海書店，1981 年，第 1249 頁。

〔註5〕蔣瑞藻編：《小說考證》，古典文學出版社，1957 年，第 406 頁。

〔註6〕傅惜華：《明代傳奇全目》，人民文學出版社，1959 年，第 372 頁。

〔註7〕北嬰編著：《曲海總目提要補編》，人民文學出版社，1959 年，第 280 頁。

〔註8〕葉德均：《戲曲小說叢考》上冊，中華書局，1979 年，第 251 頁。

〔註9〕莊一拂編著：《古典戲曲存目彙考》中冊，上海古籍出版社，1982 年，第 1078 頁。

9.趙景深等《方志著錄元明清曲家傳略》引《民國鄞縣通志》曰：「沈季彪，天啓間人，自署四明山環溪漁父。《蓮囊記傳奇》前有沈季彪、蔡天祐、呂圭三人序。黃文晹《曲海總目提要》謂此即沈季彪撰。案環溪屬鄞邑，則作者為鄞人。又季彪當為字，其名失考。」〔註10〕

10.齊森華等主編《中國曲學大辭典》謂：「沈季彪，生卒年不詳。號四明山環溪漁父。浙江鄞縣人。」〔註11〕

由上引內容，可以得出如下結論：一是字號問題，沈季彪之「季彪」是本名還是字，不能確定；二是籍貫問題，浙江鄞縣這一結論，建立在四明山環溪漁父與沈季彪乃同一人之基礎上，即所謂「環溪屬鄞邑，則作者為鄞人」，若非，則籍貫也不能成立；三是《曲海總目提要》之前，似未見對沈季彪戲曲作家這一身份的載述，其生卒、生平一概不知。

二、沈朝燁事迹考略

沈朝燁（清代為避諱又作沈朝華），字季彪，一字季含，號存白。沈楠子，浙江仁和人。順天解元，萬曆三十二年（1604）二甲進士，萬曆三十八年（1610）任「張水工部都水司郎中」〔註12〕，萬曆四十五年（1617）由工部郎中擢四川參政〔註13〕，天啓元年（辛酉，1621）「分巡嶺北道」〔註14〕，由四川布政使司右參政擢江西按察使，兵備贛州〔註15〕。著有「《客渝吟草》二卷、《柴桑稿》一卷、《遊記》一卷」〔註16〕。

《仁和縣志》載其小傳，《（乾隆）杭州府志》卷八一曾引述，謂：「沈朝華，字季含，楠第四子。蚤孤，夙慧。甫四齡，或指燈試之，即應聲曰：『以其昭昭，使人昭昭。』萬曆癸卯領北解，明年成進士。授工部主事，進員外郎，司九門衢會。李太后合葬昭陵，濬瀆以通水道，賚白金，升郎中。治河張秋，悉弛井泉、堤柳諸屬禁。久之，中讒去。戊午起四川參政，備兵渝州，

〔註10〕趙景深、張增元編：《方志著錄元明清曲家傳略》，中華書局，1987年，第154頁。

〔註11〕齊森華等主編：《中國曲學大辭典》，浙江教育出版社，1997年，第154頁。

〔註12〕謝肇淛：《北河紀》卷五，《文淵閣四庫全書》本。

〔註13〕參看《神宗實錄》卷五六一。

〔註14〕黃德溥、崔國榜修，褚景昕纂：《（同治）贛縣志》卷二五，清同治十一年刻本。

〔註15〕參看《熹宗實錄》卷八。

〔註16〕鄭澐等：《（乾隆）杭州府志》卷五八，清乾隆四十九年刻本。

有保障功。天啓初，擢江西按察使。奢酋發難，殺文武吏七十餘人。距朝燁去任兩月，忌者不能釋中，以考功法歸。踰年，復以廣東按察使出鎮雷陽。陟秋猶瘴，抵任才五日，卒。李廷機在政府語人曰：『沈君渾金璞玉，人欽其寶，莫能名其器。』其相引重如此。」〔註17〕

沈氏書香世家，瓜瓞綿綿。明張弘道等《明三元考》卷一四謂：「順天沈朝燁，浙江仁和人。字季彪，號存白。治《詩》。年三十三，甲辰進士。見任四川參政。父楠，戊辰進士，御史。兄朝煥，壬辰進士，參政。子宗圻，同科浙江舉人。」〔註18〕

由上引《明三元考》所謂「年三十三，甲辰進士」，知其萬曆三十二年（甲辰，1604）三十三歲，則生年為明隆慶六年（1572）；又據前引《仁和縣志》和《熹宗實錄》，天啓元年「擢江西按察使」，「踰年，復以廣東按察使出鎮雷陽。……抵任才五日，卒」，知其卒於明天啓二年（1622），終年五十一歲。

沈朝燁與謝肇淛有交往，謝氏《送沈季彪水部之張秋》詩謂：「春風擁傳出京華，濟水梁山護建牙。河伯無波侵瓠子，詩人有閣對梅花。閉門過客時妨臥，行部移舟半作家。轉餉河源憂不細，豈同博望遠乘槎。」〔註19〕

明代湯賓尹（字嘉賓），則寫過《沈季彪新義序》，中謂：「吾聞季彪聲良久，齊其兄今武部伯含氏，冠十餘小試，不達，而始應選來也。人疑其久而沉削，不知其倍完。一日領解額，震都人士，亦足以明舉業之得，十善焉者之必遇，而養氣之說先也。」〔註20〕

沈朝燁又與駱日升（字臺晉）、郎兆玉（字完白）有交，見駱氏所撰《賀參藩沈存白華誕啓》〔註21〕、《謝參藩沈存白啓》〔註22〕，郎氏所擬《沈存白年丈總憲江右，由蜀過荊送別》〔註23〕。

三、沈季彪與沈朝燁

曲家沈季彪與官吏沈朝燁是否為一人，因資料有限，不好遽斷。然二者

〔註17〕鄭澐等：《（乾隆）杭州府志》，清乾隆四十九年刻本。
〔註18〕張弘道等輯：《明三元考》，明刻本。
〔註19〕謝肇淛：《小草齋集》卷二三「七言律詩六」，明萬曆刻本。
〔註20〕湯賓尹：《睡庵稿》文集卷三，明萬曆刻本。
〔註21〕駱日升：《駱臺晉先生文集》，力行印刷所，1945年，第163頁。
〔註22〕駱日升：《駱臺晉先生文集》，力行印刷所，1945年，第164頁。
〔註23〕郎兆玉：《無類生詩選》，《叢書集成續編》第170冊，臺灣新文豐出版公司，1988年，第736頁。

存在諸多可比性，試以下表進行對比：

對比項目	沈季彪	沈朝燁
名字	沈季彪（趙景深等認爲，「季彪當爲字，其名失考」〔註24〕。）	沈朝燁，字季彪
居里	或爲浙江（鄞縣）	浙江（仁和）
生活年代	或爲天啓間人	明隆慶六年（1572）至天啓二年（1622）
寫作能力	作有《佛蓮記》、《皈元記》、《蓮舟記》、《齊人記》、《游綠園》、《還珠記》、《雙喜記》、《蓮囊記》（一說陳顯祖作）等	著有《客渝吟草》二卷、《柴桑稿》一卷、《遊記》一卷等
與戲曲之關係	《曲海總目提要》等著錄爲戲曲家	目前尚未發現可以證明的直接材料，但其周圍人多與戲曲有關

由上表可知，沈季彪與沈朝燁在生平方面，相似度比較高。就其與戲曲之關係而言，雖然目前尚未發現可以直接證明的材料，但間接材料卻有不少：

（一）沈朝燁父親沈楠與湯顯祖之關係

湯顯祖《負負吟》小序謂：「予年十三，學古文詞於司諫徐公良傅，便爲學使者處州何公鐙見異。且曰：文章名世者必子也。爲諸生時，太倉張公振之期予以季札之才，婺源余公懋學、仁和沈公楠並承異識。」〔註25〕此處沈楠，即爲沈朝燁之父。顯然，沈楠對湯顯祖有賞拔知遇之恩。

明過庭訓所撰《本朝分省人物考》卷四三收有沈楠小傳，謂：

> 沈楠，字汝材，號讓亭，仁和縣人。舉嘉靖辛酉浙江鄉試，戊戌登進士，奉使三邊。歷三關、太行之險，慨然有封狼居胥意。尋授南昌郡。理南昌，簿牒叢委，獄情詭秘，防檢既周，聽察尤慎，奸欺屏息，請謁不行，以故幽隱畢達，人雪覆盆之冤，市絕橫罹之辟。其最著者，郡人范某兄弟爭產，一言感悟，和好如初。贛州周某父子並戍遣，廉其誣，立爲昭雪。花園鄉故稱盜藪，役久無功。受牒，單騎詣賊，賊皆面縛悔罪，願釋戈歸農。楠白於部，使者盡解縱之。事聞，有白金文綺之賜。楠雖法吏，以眞誠

〔註24〕趙景深、張增元編：《方志著錄元明清曲家傳略》，中華書局，1987年，第154頁。

〔註25〕徐朔方：《晚明曲家年譜》第四卷，浙江古籍出版社，1993年，第465頁。

長厚處其官，人咸德之，聲稱翔洽。召爲江西道御史，議察四門，令嚴禁豫寺人，門卒皆相戒無犯。每有論建，務持大體，同臺多自以爲弗及。巡按陝西，下車問民所疾苦，延見藩、臬諸大僚，諮以吏治失得及部中豪不法，政事所宜廢舉，與廉平墨，威暴澤枯，且詢且行，孳孳若弗逮。又閔延綏兵馬入衛之疲勞、遼薊苑馬寺芻餉之煩苦，西安、鳳翔、漢中三郡分辨花馬池鹽課之利害，方欲條上方略，請行之，而以觸署西征焦勞，即事行部諸郡邑，劬瘁骨立，未及上，而疾大作矣。削疏引告，待命耀州，竟以疾卒。士民相與悲傷之。櫬發關中，關中人白衣冠而送者如堵，皆緣道哭泣、夾車轂頓足而嗟歎焉！爲人孝友，疏節而廉於財，遠聲利如膩。……撫諸弟宗族，有恩於人。交無少長、賢不肖，咸盡其心，絕口不郵傳人過失。其篤厚如此！卒萬曆乙亥，年僅四十有二。〔註26〕

清王同《塘棲志》「人物四・耆舊上」又謂：「楠性孝友，廉於財，遠聲利。妻徐氏早夭，不再娶。有弟，終身不離析，盡以先世遺構讓弟。好獎拔士類，有知人鑒。南昌季試所拔士，如湯顯祖，萬國欽，皆以文名天下。年僅四十有二，子四人：朝煥，官參議，有能聲；朝煜，舉萬曆三十二年進士，至廣東按察使。以廉善稱，轉福建布政司參議。中讒去。」〔註27〕另外，范應期所撰《江西道監察御史讓亭沈君楠墓誌銘》〔註28〕，亦可參看。

據徐朔方《湯顯祖年譜》，《負負吟》乃寫於萬曆四十四年（1616）湯顯祖辭世前不久〔註29〕，可見沈楠對湯顯祖的重要影響。湯顯祖生年爲嘉靖二十九年（1550），長朝燁 22 歲。朝燁雖然未必與其有過直接交往，但從父親處知曉甚至向慕湯顯祖之才學，構撰戲曲，也非不可能之事。

（二）沈朝燁兄弟行沈幼宰與臧懋循之關係

湯顯祖《答沈幼宰》一文謂：「尊公名德中朝，舊於讓亭師座右習聞風淑。嗣知門下文采照麗兩都，更辱名翰天璽，奇書日出。貫穿三千年之上，翻駁二百則之中。奇矣麗矣。序言勉成以復。公有良史才，大對維期，便當荷逢

〔註26〕 過庭訓：《本朝分省人物考》，明天啓刻本。
〔註27〕 王同纂：《塘棲志》，浙江攝影出版社，2006 年，第 197 頁。
〔註28〕 焦竑輯：《國朝獻徵錄》卷六五，明萬曆四十四年徐象橒曼山館刻本。
〔註29〕 徐朔方：《晚明曲家年譜》第三卷，浙江古籍出版社，1993 年，第 465 頁。

木天。用尉跂仰。」〔註30〕同時，湯氏還作有沈氏《弋說序》。〔註31〕明代戲曲家、出版家臧懋循亦作有《弋說序》，略云：「沈幼宰為諸生時，好讀史，遇有所得，輒引筆為之。論積若干篇，命曰《弋說》，喜事者爭相傳矣。幼宰不能秘，於是以其說授梓人，而屬予言序之。」「幼宰尊公為名御史，又生長湖山勝地，即不至侈服食，擁豔冶，呼盧飛白，以從事少年之樂，必且擇師友修經生言，以希步武青雲，而幼宰獨矻矻焉古史是躭。如所著《弋說》，皆雄放沈至，能極其情以與才合而不勝法，若矢之貫心破的，有餘巧焉。」〔註32〕沈幼宰，即沈長卿。著有《沈氏弋說》十卷、《沈氏日旦》六卷。杭州人，萬曆舉人。〔註33〕據吳書蔭《〈湯顯祖全集〉箋校補正》考證，幼宰父親與沈楠「應是兄弟行」〔註34〕，那麼，沈朝燁與沈幼宰也是兄弟行。從湯顯祖「於讓亭師座右習聞風淑」這句話來看，兩家之間過從應該較密，朝燁與幼宰相互影響，恐怕也在所難免。

（三）從沈朝燁的交遊和《蓮囊記》抗倭故事看其與戲曲之關係

上文已提及，沈朝燁與謝肇淛、湯賓尹等有交往。而謝肇淛的《五雜俎》，則包含有大量戲曲史料。湯賓尹，則是湯顯祖的好友。「湯顯祖臨終彌留之際，還念叨著」〔註35〕他。

至於《蓮囊記》一劇，取材於抗倭鬥爭。「寫明萬曆間，徐嘉與文娉有婚姻之約，往來和詩，娉贈以蓮囊。嘉酒醉，得罪沈惟敬。沈惟敬勾結日本平秀吉，破壞徐嘉婚姻。嘉隨兵部尚書石星赴朝鮮征倭，大敗平秀吉，擒惟敬，斬之。嘉歸，娶文娉，證蓮囊之盟」〔註36〕。沈朝燁的長兄沈朝煥（字伯含），就曾積極建言抗倭，並提出具體方略，然不被重視。據《塘棲志》引《棲水文乘》、《仁和縣志》載：「當時海內晏嬉，非獨人不知兵，即言兵者，駭叱不祥。惟朝煥怵然隱憂。時倭事孔亟，上疏以相機遠襲對馬、近襲釜山為上策；議和

〔註30〕湯顯祖著、徐朔方箋校：《湯顯祖全集》第二冊，北京古籍出版社，1999年，第1537頁。

〔註31〕湯顯祖著、徐朔方箋校：《湯顯祖全集》第二冊，北京古籍出版社，1999年，第1646～1647頁。

〔註32〕臧懋循：《負苞堂文選》文選卷三，明天啓元年臧爾炳刻本。

〔註33〕萬斯同：《明史》卷一三五，清鈔本。

〔註34〕吳書蔭：《〈湯顯祖全集〉箋校補正》，《燕京學報》第十四期，2003年。

〔註35〕徐朔方：《湯顯祖評傳》，南京大學出版社，1993年，第213頁。

〔註36〕齊森華等主編：《中國曲學大辭典》，浙江教育出版社，1997年，第402頁。

市爲下策。而終之以練土著、墾屯田、重武科、用反間。疏入不報。」〔註37〕清嵇曾筠《（雍正）浙江通志》卷一五八亦載其事，可參看。沈朝燁以時事爲藍本，加以生發杜撰而成戲曲，也非不可能之事。

　　由於古代戲曲、小說文體地位卑下，作者多不具名（或不具眞名）。這對於今人考證，帶來很大困難。本文梳理沈季彪與沈朝燁之間的關聯，旨在提供一種可能的思路。其間謬誤或多，祈方家指正。

〔註37〕王同纂：《塘棲志》，浙江攝影出版社，2006 年，第 202 頁。

趙景深等《方志著錄元明清曲家傳略》所載吳震生史料辨正〔註1〕

內容摘要

　　趙景深等編《方志著錄元明清曲家傳略》所載清代戲曲家吳震生之史料，存在著誤錄、錯記、漏收諸種情況。一是將《（康熙）常州府志》所載武進人吳震生，與戲曲家吳震生混爲一人；二是在引用《（乾隆）杭州府志》時，將吳震生著作名稱、出處均寫錯；三是漏收《（光緒）重修安徽通志》、《（道光）歙縣志》、《（民國）歙縣志》等書關於吳震生之記載。

　　清代戲曲家吳震生（1695～1769），字長公，號可堂、舟庵、笠閣、玉勾詞客等，別署南村、祚榮、彌俄、弱翁、鰥叟等，室名吳村別業、拙娛田舍。〔註2〕原籍歙縣（今安徽歙縣），遷居仁和（今浙江杭州）。「貢生，累試不第，入貲爲刑部主事」〔註3〕。戲曲方面，作有傳奇 13 種，包括《人難賽》、《三多全》、《天降福》、《生平足》、《世外歡》、《成雙譜》、《秦州樂》、《換身榮》、

〔註 1〕本文與趙興勤教授合撰，載臺灣「中央」大學《戲曲研究通訊》第十期，2016年。

〔註 2〕參看周妙中：《清代戲曲史》，中州古籍出版社，1987 年，第 209 頁；楊廷福、楊同甫編：《清人室名別稱字號索引：增補本》下冊，上海古籍出版社，2001年，第 189 頁。

〔註 3〕郭英德編著：《明清傳奇綜錄》下冊，河北教育出版社，1997 年，第 922 頁。

《萬年希》、《鬧華州》、《樂安春》、《臨濠喜》、《地行仙》（一名《後曇花》）等。別有《詩仙會》一劇，未見傳本。此外，據鄧長風考證，《笠閣批評舊戲目》也很可能是吳氏的著作，該書共著錄 179 種明清戲曲劇目。〔註 4〕吳震生妻程瓊，字飛仙，號安定君，別號轉華夫人、無涯居士，安徽休寧率溪人。撰有傳奇《風月亭》，並曾批點湯顯祖《牡丹亭》。

趙景深、張增元合編之《方志著錄元明清曲家傳略》（以下簡稱《傳略》），收錄元代戲曲作家 20 人，明代戲曲作家 155 人，清代戲曲作家 258 人，元明清散曲家 140 人，元明清戲曲理論家及其他 85 人，共計 658 人，多所發現，被譽為「資料豐富，搜羅齊備，對研究中國文學史和中國戲曲史頗有參考價值」〔註 5〕。然其間疏漏亦存。本文以《傳略》所載吳震生史料為例，對其誤錄、錯記、漏收諸般情況，逐一略作辨正。

一、誤錄

《傳略》引《（康熙）常州府志》卷一六謂：「二十六年丁卯科吳震生府庠。」〔註 6〕周妙中《清代戲曲史》亦謂：吳震生「康熙二十六年（1687）做了府學生員」〔註 7〕，並進而推測：「震生既是康熙二十六年府學生員，所以我估計其生年應在康熙元年（1662）左右。」〔註 8〕周著雖未注明文獻依據，但多半亦據《（康熙）常州府志》所載。而筆者認為，該方志記載的並非是戲曲家吳震生，而是另一同名之人，周妙中對吳氏生年的推測，是很值得推敲的。

清代戲曲家吳震生之生平，以其好友杭世駿的《朝議大夫刑部貴州司主事吳君墓表》（以下簡稱「杭文」）和厲鶚的《舟庵記》（以下簡稱「厲文」）記載為詳。為方便下文比較，分別引用如下。其中「杭文」謂：

> 比部吳君，葬其元配程恭人於資口，復於其左築生壙，自為誌

〔註 4〕鄧長風：《〈笠閣批評舊戲目〉的文獻價值及其作者吳震生》，《明清戲曲家考略》，《明清戲曲家考略全編》上冊，上海古籍出版社，2009 年，第 430～441 頁。又，《明清戲曲家考略》第 441 頁謂：「《笠閣批評舊戲目》，極有可能是吳震生和程瓊二人合作的。」

〔註 5〕齊森華等主編：《中國曲學大辭典》，浙江教育出版社，1997 年，第 945 頁。

〔註 6〕趙景深、張增元編：《方志著錄元明清曲家傳略》，中華書局，1987 年，第 257 頁。

〔註 7〕周妙中：《清代戲曲史》，中州古籍出版社，1987 年，第 209 頁。

〔註 8〕周妙中：《清代戲曲史》，中州古籍出版社，1987 年，第 209 頁。

銘，述其生平之志與其曠遠之懷，以及姻連氏族甚悉。乾隆歲在己丑，君年七十五矣，末疾不慎，遂至不起。屬其子封英曰：「表吾墓者，宜莫如杭君！」嗚呼！余文之不異於人，人審矣。君臨沒墜言，鄭重諄諉，何哉？武林自西湖八社而後，風雅衰息幾二百年。余被放歸田，於南屏開設壇坫。金江聲觀察、丁鈍丁隱君，周辛老、屬樊榭兩徵士，牽連入社，與君為文章性命之友，皆以前歿。衰遲偃蹇，獨有餘在，肩後死之責，君不余屬而誰屬也！乃按其狀而係之曰：

君諱震生，字長公，可堂其號也。姓吳氏。吳氏望出延陵，其遷歙者以唐左臺御史少微為始祖。九傳至元公，遷於豐溪之陽，歷二十七世為君曾祖，諱茂吉，國子監生。祖諱豹然，仁和諸生，以君貴，貤贈朝議大夫，如其官。父諱之驂，明經，鄉飲大賓，封朝議大夫。母羅恭人，縣令玉受公女，生君而早卒。

君才氣坌湧，千言立就，從武進秦孝廉宮璧學為制舉文，紆餘卓犖，遠有家法。弱冠受知江夏胡公潤鬱為選首，五踏省門，薦而未售，遂棄去。入貲為刑部貴州司主事。奇請它比，獄無冤濫，以獄吏少和氣，自云司不可久居，乞歸不復出。營葬高曾祖父，竭誠盡慎，無忝所生。樂湖山之勝，買宅太平橋側，濱河築樓三楹，顏曰「舟庵」，贈公所自號。曰：「吾公魂魄，應戀此也！」性耽吟詠，詩不下千百餘篇。尤工金、元樂府，熟諳南北宮調，分刌節度，凡古今可喜可愕之事，悉寓之倚聲，竟入酸甜之室，行世者凡一十二種。嘗與屬徵士、丁隱君買舟同遊山陰，盡覽越中之勝而還。倡和詩朝傳夕遍，一時紙貴。少嬰疾疢，博綜醫術，王宇泰、張景嶽兩家之書，橫豎貫串，洞垣一方。青烏家言，人各異說，獨以仰止道宗為準的。著《葬書或問》數篇，發明斯旨，垂示子孫，勿為他岐所惑。又著《吳氏先塋志》，自芳田祖墓以迄資口新塋，繪圖立說，刊刻成書。讀莊有《摘莊》一書，別有《姓學私談》、《太上吟》、《金箱壁言》、《豐南人事考》已行世。晚年遍覽竺乾之書，著《大藏摘髓》。余與君初未識面，君割新宅之西偏，成邱伯之讓。自歙道杭，每接言論，輒移晷不忍捨去，語所謂「白頭如新，傾蓋如故」，余與君兩無負焉！

君卒以九月五日，越日，余往哭之，肅然風開帷堂，英爽猶顯顯在吾胸臆間，欷歔乎哉！君初娶率溪程氏，生子慶貽，旋殤。繼以無錫秦氏，一子，即封英也，翰林院待詔。一女，名蕙詒，側室虞氏出，適布政司理問程璧。孫三，揚宗、和宗、翕宗。卜以乾隆三十五年某月日反葬於休寧，余未及臨其穴也。〔註9〕

文中之金江聲，即金志章，生卒年不詳，原名士奇，字繪卣，號江聲，錢塘（今浙江杭州）人。丁鈍丁，乃丁敬（1695～1765），字敬身，號鈍丁，又號龍泓山人，錢塘人。周辛老，係周京（1677～1749），字西穆，一字少穆，號辛老、夕惕主人、東雙橋居士等，錢塘人。厲樊榭，指厲鶚（1692～1752），字太鴻，號樊榭，也是錢塘人，均爲當時知名文學之士，與吳氏爲「性命之友」。而「厲文」則略謂：

舟庵者，吾友吳可堂比部，顏其錢唐城東僑居西偏之屋，蓋本其尊甫先生生平所自號也。可堂之言曰：「余家歙之溪南，自先大父即寄籍仁和，爲諸生。先君早列膠庠，試必高等，性喜吳越山水，每扁舟出遊於杭之西湖，尤注意焉。水光山漾，朝酣夕飫，曾有吟草一編，藏之篋衍。及垂老倦遊，時時寱想不置。不肖因買武林屋，已諏日，將奉先君來此，稱八秩觴於湖上，用博老人一笑。不意前數月遽棄養，痛可言耶！服闋移家，因以先君自號署此屋，用以寓風木之悲云。爾子可爲我記之否？」〔註10〕

文中較詳細交代了移居錢塘的原因。且稱「吳可堂比部」，「比部」，「魏、晉尚書有比部曹，《隋書・百官志》云：『掌詔書律令勾檢（稽核）等事。』唐制，比部郎中、員外郎掌勾內外賦斂、經費俸祿等。宋制，掌勾覆中外賬籍，凡場務倉庫出納在官之物，皆月計季考歲會，從所隸監司檢察，以上比部。實際是審計的職務，但因隨有行政處分，所以隸屬刑部爲第三司。金、元以後無此名」〔註11〕。此沿用古稱，明言皖籍吳震生所任職隸屬於刑部，與上引「杭文」所載相同。

至於皖籍吳震生與武進吳震生家世、履歷，自是截然不同。在此，不妨

〔註9〕杭世駿：《道古堂全集》文集卷四五「墓表」，清乾隆四十一年刻光緒十四年汪曾唯修本。
〔註10〕厲鶚：《舟庵記》，《樊榭山房集》文集卷六，四部叢刊景清振綺堂本。
〔註11〕瞿蛻園：《歷代職官簡釋》，黃本驥編：《歷代職官表》，上海古籍出版社，1980年，第39頁。

將「杭文」中所載吳震生之資料與《（康熙）常州府志》、《（乾隆）武進縣志》等方志中透露的信息進行對比，列表如下：

人物	文獻出處	籍貫	科第	年齡信息	家世	
吳震生（1）	杭世駿《朝議大夫刑部貴州司主事吳君墓表》	原籍安徽歙縣，遷居浙江杭州	五踏省門，薦而未售	乾隆己丑（三十四年，1769）卒，年七十五	曾祖	茂吉，國子監生
					祖	豹然，諸生，貤贈朝議大夫
					父	之駿，明經，鄉飲大賓，封朝議大夫
吳震生（2）	《（康熙）常州府志》卷一七、《（乾隆）武進縣志》卷九	江蘇武進	康熙二十七年戊辰沈廷文榜（甲科）	康熙戊辰（二十七年，1688）中進士	曾祖	亮，萬曆辛丑進士，大理寺少卿，贈大理寺卿
					祖	柔思，天啓壬戌進士，祥符令

由上表可知，兩個吳震生雖然生活年代相去不遠，然諸多細節不符：

一是籍貫不合。檢《（康熙）常州府志》，共得吳震生資料兩條，《傳略》引其一，然「府庠」下漏去「戊辰」二字。另一條謂：「（康熙）二十七年戊辰沈廷文榜。武進趙鳳詔（現沁水知縣）、王瑋、陶自悅、吳震生。」〔註12〕此明言吳震生爲武進人。朱保炯等編《明清進士題名碑錄索引》，亦稱該榜吳震生，爲江南武進人。〔註13〕與戲曲家吳震生的籍貫不符。那麼，武進方志又是如何記載的呢？查《（乾隆）武進縣志》（卷七）、《（光緒）武進陽湖縣志》（卷一九），兩書所載與《（康熙）常州府志》無差，此吳震生爲武進人無疑。

二是科第有差。據「杭文」所述，吳震生「弱冠受知江夏胡公潤鬱爲選首，五踏省門，薦而未售，遂棄去，入貲爲刑部貴州司主事」〔註14〕。知戲曲家吳震生二十歲左右即獲科試第一，然五次參加舉人考試，均名落孫山，所以放棄科考，花錢捐了個刑部貴州司主事的官。而《（乾隆）武進縣志》謂：「（康熙）

〔註12〕 于琨：《（康熙）常州府志》卷一七，清康熙三十四年刻本。
〔註13〕 朱保炯、謝沛霖編：《明清進士題名碑錄索引》上冊，上海古籍出版社，1979年，第824頁。
〔註14〕 杭世駿：《朝議大夫刑部貴州司主事吳君墓表》，《道古堂全集》文集卷四五「墓表」，清乾隆四十一年刻光緒十四年汪曾唯修本。

二十七年戊辰沈廷文榜。……吳震生（祥符知縣）」〔註15〕，「（康熙）二十六年丁卯科。……吳震生（十五名，……聯捷）。」〔註16〕可知，武進吳震生先於康熙二十六年（1687）以第十五名（非「選首」）的成績鄉試中式，又於次年（1688）中了進士，所以才有「聯捷」之說。康熙三十四年（1695），他當上祥符知縣。〔註17〕與他同榜中進士的同鄉，還有趙鳳詔（官太原知府）、王瑋（官蒼梧參議）、陶自悅（官澤州知州）等人。

三是年齡懸殊。據「杭文」中「乾隆歲在己丑，君年七十五」、「君卒以九月五日」〔註18〕等語，可知戲曲家吳震生卒於乾隆三十四年（1769），並可推知其生於康熙三十四年（1695）。今人所編《清代人物生卒年表》，即據此判定其生卒，確鑿可信。〔註19〕而武進吳震生，康熙二十七年（1688）已成進士。此時，距戲曲家吳震生之生年尚有七年之久，豈有人尚未出生，就已考取功名之理？又據前文所述，武進吳震生康熙三十四年（1695）已當上祥符知縣，而本年戲曲家吳震生甫出生，二人斷不可能為一人。

四是家世迥異。戲曲家吳震生曾祖茂吉、祖豹然、父之駿，事跡多乏善可陳。而武進吳震生，為「柔思孫」〔註20〕。吳柔思，則是吳亮之子。

先看其祖吳柔思，《（乾隆）武進縣志》載有其本傳，謂：

> 吳柔思，字德嘉，亮子。為諸生時，從父講學東林，天啓壬戌成進士，歷祥符令。時闖氛日熾，繕治城隍，運籌措餉，兵不嘩而民不病。白蓮邪教煽眾橫行，計殲渠魁二人，餘黨漸解散。核追侵帑千餘金，修築堤堰，河患以弭。學宮圮，捐俸葺之。賑恤饑民，全活甚眾。以勞卒官，祀名宦。孫震生，康熙戊辰進士，亦授祥符令。招徠勸墾，催科有法。力行保甲，緝劇盜，寘之法。邑有「召父杜母，近出一門」之謠，以乞休歸。〔註21〕

其曾祖吳亮，乃吳中行子，事跡更著。他字采于，萬曆辛丑（二十九年，

〔註15〕王祖肅：《（乾隆）武進縣志》卷七，清乾隆刻本。
〔註16〕王祖肅：《（乾隆）武進縣志》卷七，清乾隆刻本。
〔註17〕王士俊《（雍正）河南通志》（《文淵閣四庫全書》本）卷三七謂：「吳震生，江南武進人，進士，康熙三十四年任（祥符縣知縣）。」
〔註18〕杭世駿：《朝議大夫刑部貴州司主事吳君墓表》，《道古堂全集》文集卷四五「墓表」，清乾隆四十一年刻光緒十四年汪曾唯修本。
〔註19〕江慶柏：《清代人物生卒年表》，人民文學出版社，2005年，第324頁。
〔註20〕王祖肅：《（乾隆）武進縣志》卷七，清乾隆刻本。
〔註21〕王祖肅：《（乾隆）武進縣志》卷九，清乾隆刻本。

1601）進士，爲三甲第一名，官至大理寺少卿。吳亮爲人尙氣節，與顧憲成諸人善。事見《明史・吳中行傳》附、《（乾隆）武進縣志》卷九等。著有《毗陵人品記》十卷、《名世編》八卷、《四不如類鈔》十卷、《止園集》二十四卷、《邂世編》等，輯有《萬曆疏鈔》五十卷等。

顯而易見，吳柔思與吳豹然、吳亮與吳茂吉，均無法對應上。因此，《（乾隆）武進縣志》所載吳震生，與戲曲家吳震生決非一人，而《傳略》誤錄其資料入編。

二、錯記

《傳略》所引《（乾隆）杭州府志》吳震生事跡，存在著作名稱、文獻出處兩處疏誤。一是吳震生所作當爲《太上吟》，而非《太山吟》〔註22〕，或因字形相近而誤。張增元後來所撰《清代戲曲作家考論》一文，亦論及吳氏，然並未改正這一錯誤。〔註23〕二是《葬書或問》這部書之記載，出自《（乾隆）杭州府志》卷五八，而非卷五九。〔註24〕

三、漏收

《傳略》吳震生條共引方志四種，包括《（康熙）常州府志》、《（乾隆）杭州府志》、《（民國）杭州府志》、《（民國）海寧州志稿》。前已論明，《（康熙）常州府志》係誤錄。而《（乾隆）杭州府志》，除錯記外，還有漏收的現象。如是書謂：「《大藏摘髓》，國朝仁和吳震生撰。」〔註25〕《傳略》就失載。

以筆者目力所及，此四種方志外，起碼還可以增補《（光緒）重修安徽通志》、《（道光）歙縣志》、《（民國）歙縣志》之記載。然此幾種方志所述，亦有不確之處。如《（光緒）重修安徽通志》謂其任「戶部主事」〔註26〕，《（道光）歙縣志》、《（民國）歙縣志》皆云其「溪南人，戶部貴州司（主事）」〔註27〕，

〔註22〕趙景深、張增元編：《方志著錄元明清曲家傳略》，中華書局，1987年，第257頁。

〔註23〕張增元：《清代戲曲作家考論》，《揚州師院學報》1995年第2期，第85頁。

〔註24〕趙景深、張增元編：《方志著錄元明清曲家傳略》，中華書局，1987年，第257頁。

〔註25〕鄭澐等：《（乾隆）杭州府志》卷五八，清乾隆四十九年刻本。

〔註26〕吳坤修：《（光緒）重修安徽通志》卷一七四，清光緒四年刻本。

〔註27〕勞逢源：《（道光）歙縣志》卷七之四，清道光八年刻本；石國柱：《（民國）歙縣志》卷五，民國二十六年鉛印本。

皆與「杭文」所謂「刑部貴州司主事」不符。杭世駿與吳震生「傾蓋如故」，
且吳氏病篤時謂：「表吾墓者，宜莫如杭君！」可見友誼之深厚，決不至於出
現混淆官職這樣的錯誤。因此，應以「杭文」之說為是。有學者謂：「由於方
志成於眾手，所用資料往往輾轉傳抄，其中難免有訛誤之處。」〔註 28〕誠不
謬也。

　　由此看來，方志中吳震生史實記載之誤差，約有兩種，一種是記載本身
並沒有問題，而由於時代間隔，後人混淆了同名人之事跡，《傳略》即為一
例；另一種則是方志記載本身出現了錯誤，需要細加辨正，以免以訛傳訛。
如果我們進一步追問，在吳震生事跡的載述上，為何會出現錯誤？原因大致
可歸納如下：一是二人生活年代相去不遠，姓名相同，均地位不顯，故混同
一人。二是皖籍吳震生「望出延陵」，延陵，乃春秋吳邑，季札所封地，即
今江蘇常州武進縣治。震生對常州有割捨不斷的情結，曾「從武進秦孝廉宮
璧學為制舉文」〔註 29〕，且時常在這一帶活動。如乾隆七年（1742），吳氏
「僑寓無錫，所著《詩仙會》等曲本，有成稿」〔註 30〕。乾隆十年（1745），
吳震生到常州，遊覽青山莊之餘，還寫下了四首詩，今附見於他的「文章性
命之友」厲鶚的《舟泊毗陵同吳長公遊青山莊四首》〔註 31〕之後。直至乾隆
十五年（1750），吳氏才「自梁溪移家來杭」〔註 32〕。因其頻頻出現於文人
筆下，所以儘管功名不濟，影響卻未必小，武進當地之吳震生，名聲反而為
其所掩。

　　趙興勤教授近年主持編纂大型叢書《清代散見戲曲史料彙編》，計劃出版
「詩詞卷」、「方志卷」、「筆記卷」、「小說卷」、「詩話卷」、「尺牘卷」、「日記
卷」、「文告卷」、「圖像卷」等多種，總字數應在 1000 萬字以上。筆者作為其
學術助手，目前已與其合作出版了《清代散見戲曲史料彙編（詩詞卷・初編）》
（全三冊）〔註 33〕、《清代散見戲曲史料彙編（詩詞卷・二編）》（上、下冊）

〔註 28〕 齊森華等主編：《中國曲學大辭典》，浙江教育出版社，1997 年，第 945 頁。
〔註 29〕 杭世駿：《朝議大夫刑部貴州司主事吳君墓表》，《道古堂全集》文集卷四五「墓
　　　　表」，清乾隆四十一年刻光緒十四年汪曾唯修本。
〔註 30〕 張慧劍：《明清江蘇文人年表》，人民文學出版社，2008 年，第 1067 頁。
〔註 31〕 厲鶚：《樊榭山房集》續集卷五「詩戊」，四部叢刊景清振綺堂本。
〔註 32〕 厲鶚：《吳長公自梁溪移家來杭，用沈陶庵題石田有竹莊韻奉簡》，《樊榭山房
　　　　集》續集卷八「詩辛」，四部叢刊景清振綺堂本。
〔註 33〕 趙興勤、趙韡編：《清代散見戲曲史料彙編（詩詞卷・初編）》（全三冊），臺
　　　　灣花木蘭文化出版社，2014 年 3 月。

〔註34〕、清代散見戲曲史料彙編（方志卷・初編）》（全三冊）〔註35〕，合計 200 餘萬字。「筆記卷・初編」、「方志卷・二編」也已列入出版計劃，將於一、兩年內推出。餘下數卷的整理工作，也將有條不紊地開展。此文即據「方志卷・二編」搜集材料之時發現的問題梳理而成，不當之處，還祈方家正之。

〔註34〕趙興勤、趙韡編：《清代散見戲曲史料彙編（詩詞卷・二編）》（上、下冊），臺灣花木蘭文化出版社，2015 年 3 月。

〔註35〕趙興勤、趙韡編：《清代散見戲曲史料彙編（方志卷・初編）》（全三冊），臺灣花木蘭文化出版社，2016 年 3 月。

王利器《元明清三代禁燬小說戲曲史料》輯補〔註1〕

內容摘要

　　王利器先生《元明清三代禁燬小說戲曲史料》，堪稱治小說戲曲者案頭必備之書。然以一人之力寓目三代文海，雖經增訂擴充，亦難免千慮一失。筆者讀書之餘偶有發現，按該書原體例，略作增補。限於篇幅，這裡輯補的僅是禁燬戲曲史料，所利用的文獻包括明俞汝楫《禮部志稿》、《大清律例》、《大清會典則例》、《世宗憲皇帝諭行旗務奏議》、《世宗憲皇帝朱批諭旨》、《世宗憲皇帝上諭內閣》、《清文獻通考》、《國朝宮史》、《欽定八旗通志》、《廣西通志》、明黃佐《泰泉鄉禮》、明葉春及《石洞集》、明劉宗周《劉蕺山集》、清俞森《荒政叢書》、清雷鋐《讀書偶記》等。

　　王利器先生《元明清三代禁燬小說戲曲史料（增訂本）》（上海古籍出版社 1981 年版），集中反映了這一時期作為非主流文學的小說戲曲的生存環境和時代命運，對研究元代以來戲曲的傳播問題極為有益，堪稱治曲者案頭必備之書。然以一人之力寓目三代文海，雖經增訂擴充，亦難免千慮一失。筆者讀書之餘偶有發現，不揣淺陋，擬按該書原體例，略作增補。

〔註 1〕本文與趙興勤教授合撰，載《晉陽學刊》2010 年第 1 期。

一、中央法令

◎洪武五年禁以古先聖賢等為優戲

洪武五年詔禮部,申嚴禁教坊司及天下樂人,毋得以古先聖賢、明王、忠臣義士爲優戲,違者罪之。先是前元之俗,往往以先聖賢衣冠,爲人笑侮之餙,以侑燕樂,甚爲瀆慢,故命禁之。(明‧俞汝楫:《禮部志稿》卷九九)

◎嘉靖三十六年禁無賴子弟搬演戲文

如有士夫之家仍前違例,張設簇花糖餅大席,饋送豬羊節禮,招集無賴子弟搬演戲文,長夜酣飲及容留居住者,一體訪拿參究。(明‧俞汝楫:《禮部志稿》卷九九)

◎大清律例禁聚集演戲、扮演雜劇、演唱佛戲等

一、民間遇有喪葬之事,不許聚集演戲,以及扮演雜劇等類,違者按律究處。

一、民間喪祭之事,凡有用絲竹管絃演唱佛戲之處,該地方官嚴行禁止,違者照違制律治罪。(三泰修:《大清律例》卷一七《禮律儀制‧喪葬》)

一、各衙門親戚、書吏人等,遊船演戲,夜半方歸,擅叫禁門者,照越府州縣城律,杖一百。(三泰修:《大清律例》卷一八《兵律宮衛‧越城》)

◎順治十五年禁諸王以下演戲等

順治十五年,題定諸王以下,毋得溺於逸樂、躭絲竹及演戲、觀魚、在城外關廂放鷂,致擾居民。仍嚴飭各該長史等官,令其規諫,府官不時稽察,有犯者,該長史等官一併議處。(官修:《大清會典則例》卷一《宗人府》)

◎康熙十六年禁京城寺廟庵院演劇斂錢、酬神賽會

京城內寺廟庵院,不許設教聚會,男女溷雜。並不許建設高臺演劇斂錢、酬神賽會。僧道錄司及該管僧道官,不時稽察,有違禁者執送到部,將本人及寺廟住持一併治罪。該管僧道官不行稽察,由部處分。(官修:《大清會典則例》卷九二《禮部》)

◎康熙二十六年禁漢軍居喪演戲等

二十六年諭:「百行莫大於孝,喪禮當自盡其誠。近者漢軍居父母之喪,親朋聚會,毫無居喪之體。令漢軍都統、副都統,將居喪演戲、飲酒、呼盧鬥牌,照賭博例,嚴行禁止。欽此。」(官修:《大清會典則例》卷九一《禮部》)

◎雍正二年禮部議喪事出殯擺列諸戲

據鴻臚寺卿希佛奏稱，京城內外官兵、百姓人等，往往有不肖之徒，遇有喪事出殯之際，擺列諸戲，諸事僭越。復於出殯之前一日，設辦筵席，聚集親友，竟日徹夜演戲為歡，不但靡費，亦且大有虧於孝道，仰請勅下該部嚴行禁止等語。查居喪設辦筵席演戲為歡，實屬有虧孝道。應如希佛所請，通行八旗、都察院、順天府衙門，將出殯之時前列諸戲，及前一日坐夜縱飲之處，嚴行禁止。如有違者，各該管官員即行查拏治罪；倘該管官員徇庇不舉，或被旁人首出，或經科道參奏，將該管官員一併嚴加議處。（允祿輯：《世宗憲皇帝諭行旗務奏議》卷二）〔註2〕

◎雍正三年上諭禁直省府道以上至督撫提鎮家中蓄養戲子

欽奉上諭：「按察使白洵，終日以看戲為事，諸務俱已廢弛。直省府道以上至督撫提鎮，若家中蓄養戲子者，著該督撫奏聞。欽此。」（《世宗憲皇帝朱批諭旨》卷二二上《朱批李紱奏摺》）

◎雍正三年上諭禁以聚會演戲諸事

欽奉上諭：「前蠲免蘇、松兩府浮糧，彼處士民感激朕恩，聞有誦經立碑、蓋造龍亭、聚會演戲諸事，恐有貽累小民。蘇、松士民，習於華侈，今又為此虛文，甚非朕意，著督撫嚴行禁止，欽此。」（《世宗憲皇帝朱批諭旨》卷三二《朱批張楷奏摺》）〔註3〕

◎雍正四年上諭觀優屬應參之事

湖南巡撫布蘭泰題參衡山縣知縣張翼看戲、飲酒，不行轉解犯人並不接民間詞狀，奉上諭：「張翼著革職，其飲酒觀優，公事廢弛，各款俱屬應參之事。」（《世宗憲皇帝上諭內閣》卷四六《雍正四年七月上諭三十九道》）

◎雍正四年福建巡撫毛文銓參陳萬策祖護於皇帝忌辰演戲之李尊仁等事

同日又奏：為據實奏聞，仰祈聖鑒事，竊查浙江主考陳萬策，自杭州撤闈之後，來至閩省泉州，原籍緣有該地方富民李尊仁者，於聖祖仁皇帝忌辰

〔註2〕《元明清三代禁燬小說戲曲史料（增訂本）》第 31 頁《雍正二年十一月禁喪殯演戲》條內容與此相若，然文字不同，敘述亦繁簡有別，故增補於此。

〔註3〕《元明清三代禁燬小說戲曲史料（增訂本）》第 33 頁《雍正三年五月禁江南蘇松兩府因蠲免浮糧聚會演戲》條內容與此相若，然文字不同，敘述亦繁簡有別，故增補於此。

演戲，似此目無法紀之徒，罪不可逭。萬策亦云必當詳究。及至知縣、教官，具詳學臣並司府衙門批查之後，不審萬策何意，忽欲消弭其事？（《世宗憲皇帝硃批諭旨》卷一三下《硃批毛文銓奏摺·雍正四年十二月二十一日》）

◎雍正五年陳萬策因袒護於皇帝忌辰演戲之李尊仁等事被嚴辦

初二日，大學士等參奏詹事陳萬策典試回里，行事狂妄。奉上諭：「陳萬策著交部嚴察。……議奏候選州同李尊仁於聖祖仁皇帝忌辰演戲，大干法紀。陳萬策始則說與知縣，令其究問，後又令其且緩勿究，甚屬多事，情弊顯然。且陳萬策強令地方官平糶，又查問倉穀數目，又煽惑鄉保具呈，無非恐嚇地方官員而博鄉人之感頌。陳萬策既欲加惠鄉里，著福建督撫將陳萬策所有家產貲財查出，換易米穀，散給伊本地窮民。」（《世宗憲皇帝上諭內閣》卷五五《雍正五年閏三月·上諭三十一道》）

◎雍正七年王璣、趙向奎以親喪未滿之年置酒演戲等由遭革職

初三日奉上諭：「……王璣、趙向奎爲通省大員，欽承簡命，而於本衙門一二舞文弄法之奸胥，尚不能嚴加禁約，使之安分守法，尚望其督率通省官吏，爲萬民剔除重困，俾享安靜之福乎？又奏摺內稱，王璣涖事四月照舊收取門包諸事，多由藩司作主，而藩司趙向奎以王璣係伊保薦來南清查之人，未免輕忽視之。昨五月二十二日，盤查下江藩庫，王璣視爲虛應故事，趙向奎於齋戒之日，置酒演戲，二人俱忘己身尚是親喪未滿之年，聞者莫不談笑。……王璣以道員受朕深恩，一二年之間用至卿貳，深加倚信，畀以封疆之任，不應負恩至此，著革職仍留江南，照知府例清查蘇州一府錢糧，若再不實心辦理，使一府積欠徹底澄清，必將伊正法，以爲人臣負恩不忠之戒。……趙向奎著革職。」（《世宗憲皇帝上諭內閣》卷八三《雍正七年七月上諭三十三道》）

◎雍正十三年禁深夜懸燈當街演劇

城市鄉村，有深夜懸燈當街演劇者，應責成該地方文武各官，力爲嚴禁。倘該地方文武各官不實力奉行，照失於覺察例，罰俸一年。（官修：《大清會典則例》卷二七《吏部》）

◎雍正十三年革各省秋審陋習

十三年禁革各省秋審陋習。向來各省秋審，相沿陋習，無論案件多寡，定擬於一日之內，一切聽督撫主張，而且懸綵鼓吹，肆筵設席，甚至優人演

劇爲樂，殊非詳愼刑讞哀矜惻怛之意，至是奉旨禁止。有仍蹈從前陋習者，加以處分。（官修：《清文獻通考》卷二〇七《刑考十三》）

◎乾隆三年禁旗人設席演劇邀請分資

凡旗人，果有親族婚喪等事邀請分資以完正事者，毋庸禁止外，如有指稱名色、設席演劇邀請分資及不守分之徒將良家子弟誘引演劇、造言聚眾者，嚴拏，從重治罪。（官修：《大清會典則例》卷一七七《八旗都統・公式》）

◎乾隆四年上諭禁王子阿哥看戲

正月十六日上諭：「朕昨見果親王大阿哥在山高水長看煙火，見朕時竟爾藏匿，是何道理？王子阿哥尚小，正宜讀書之時，如看戲、入宴、放花炮盒子，當令預坐時自有諭旨，何得任意行走？爾總管不行稟阻，亦屬不合。著將王自立、張承恩革職，每人重責六十板，並傳果親王大阿哥看責：『試問王子阿哥，可自知羞愧？』此時王子阿哥尚幼，至年長時，若再如此，定將王子阿哥一併懲責。」（官修：《國朝宮史》卷四《訓諭四・皇上諭旨》）

◎乾隆三十五年八月禁建壇演戲祝壽

本年爲朕六旬慶辰，中外臣民，或有以周甲聖節籲請祝釐者，雖出愛戴至誠，但崇尚繁文，必至耗糜物力，朕心不以爲然。昨歲已明降諭旨，預爲飭禁。今據高晉奏稱，江南士民擬在該處各寺觀建壇唪經演戲稱祝者，殊爲未喻朕旨。……所有建壇演戲等事，概不必行。（官修：《清文獻通考》卷一二六《王禮考二・朝儀》）

◎乾隆四十一年申旗員園館看戲之禁

凡旗員赴戲園看戲者，照違制律杖一百。失察之該管上司，交部議處，如係閒散世職，將該管都統等交部議處。（官修：《清文獻通考》卷二〇二《刑考八・刑制》）

◎乾隆四十六年禁八旗兵丁於歌唱曲戲地方居住

乾隆四十六年七月，奉旨：「京城八旗滿、蒙、漢軍兵丁內，或有在城內租房居住，指稱房租價貴，移往各自墳塋居住；或稱移往城外居住房租價賤，而在城外居住。似此移往城外居住者，漢軍人等尤多。理宜將此人等即行催令搬進城內，但伊等在外居住，而今內城房屋一時不能多得，轉與旗人生計無益。……此內或在前三門外歌唱曲戲地方附近居住，任意花費銀錢，流連

取樂，或搬在污穢地方居住，貪戀娼妓，妄行無忌者，俱嚴行禁止。……在鬧市地方聽戲曲，與娼妓耍鬧，以爲近便任意恣行。似此惡習若不嚴行禁止整飭，旗人流爲不肖，不知何所底止。」(《欽定八旗通志》卷三〇《旗分志三〇·出城禁令》)

二、地方法令

◎嚴禁聚眾唱歌

盛朝德化之隆，爲從古所未有。本都院撫粵以來，素聞向有唱歌之習，屢經示禁，並諭地方官勤宣教化、廣爲諭曉，務去此淫亂之風，共臻禮義之化。近年亦已稍減，仍有未能盡除者。固土人之舊習相沿，亦由地方各官不以禮義廉恥實力化誨之故也。合行通飭嚴禁，爲此示仰撫屬漢土民苗人等知悉，嗣後男女長大應當婚嫁之時，必須父母爲之主婚，擇配尋媒說合，遵例不用財禮繁文，只照依本處土俗，禮物先期聘定，或男家迎娶成親，或女家招婿入贅，聽從其便。不許仍蹈陋習，縱容男女群聚唱歌，私相苟合，以養廉恥之心，以成風俗之美。凡各鄉峒村寨，俱有總目、頭人，該地方漢土各官，於宣講上諭之期傳集頭目，明切開導，令其轉相訓誡，務使家喻戶曉。……今再申明禁令，……倘曉諭既遍之後，仍有不遵者，定將唱歌地方之總目、頭人並查，男女之父兄一併責懲，而漢土各屬官員之盡職與否，亦於此區別矣。(清·金鉷:《廣西通志》卷一一九)

三、社會輿論

◎屏絕演戲之類以治心養性

一曰篤敬以操行。凡讀書講學，必以治心養性爲本，寡嗜欲，薄滋味，正其衣冠，攝其威儀，以爲民望。聽琴賦詩之外，聲伎、演戲、博弈、奇玩之類及世利紛華，一切屏絕，其有非僻傲惰者，眾共罰之。(明·黃佐:《泰泉鄉禮》卷一《鄉禮綱領·敬身以中制外其目四》)

◎社教不得演戲雜劇

凡正月元夕爲歲始，臘月大儺爲歲終，亦許會飲於社。教讀製相戒之詞，以見無已太康之義。或令童生歌《七月》之詩一闋，或習士相見禮，或行投壺禮，或行鄉射禮，務在雍容揖遜、敦從古雅。須用歌詠勸酬，使人觀感;不得酗唱邪曲、演戲雜劇以導子弟未萌之欲。若爲貪圖口腹誼譁、較論短長

及科逼貧人財物者，眾共斥之。（明・黃佐：《泰泉鄉禮》卷五《鄉社・報用仲秋》）〔註4〕

◎演戲無益

雖不賭財物，而鋪牌、演戲、奕棋、雙陸、玩好、骨董，學習彈唱琵琶、三弦、羌管、番笛，廣收花石、獵養禽鳥，作諸無益者，一併罪之。（明・葉春及：《石洞集》卷七《惠安政書九・鄉約篇》）

◎優人雜劇為害何啻毒藥猛獸

臣入闕未幾，仰見陛下朝講時勤，留心治道，庶幾具大有爲之資。間者，道路之言。還宮以後，頗事宴遊，或優人雜劇不離左右，或射擊走馬馳騁後苑，毋乃敗度、敗禮之漸歟？優人雜劇之類，不過以聲色進御，爲導欲之媒，此其爲害何啻毒藥猛獸？即陛下偶一近之，已令此心不克自持，況自今以往乎？古者投壺射御，雖六藝所不廢，但恐陛下以馳騁之心爲之，則亦未始非導欲之媒。天理人欲，有同行而異情者，此類是也。乃禮之大者，又莫先于謹內外之閑矣。故曰：「外言不入閫，內言不出閫。」（明・劉宗周：《劉蕺山集》卷一《奏疏一・敬修官守疏》）

◎優伶筵宴等為無益妄費

元本凡有祈福、禳災、犧牲、淫祀、壽辰、生子、優伶、筵宴等，無益妄費，悉當勸省，以益社倉。（清・俞森：《荒政叢書》卷一〇下《沈鯉社倉條議》）

◎不念父憂演戲娛賓則亦非孝矣

父有服宮中，子不與於樂。今人祖父母之期服雖除，而父有服，凡宴會有音樂者，不當與也。若出仕他方，則有難拘處。然不念父憂，演戲娛賓，則亦非孝矣。（清・雷鋐：《讀書偶記》卷二）

〔註4〕此條又見明人葉春及《石洞集》卷七《惠安政書十・祭告城隍文》，文字略有不同。

中輯：詩文叢考

元遺山闕題殘詩考釋〔註1〕

內容摘要

　　姚奠中主編、李正民增訂《元好問全集（增訂本）》，窮搜冥討，用力至勤，對遺山佚作多所補益，然疏漏亦存。是書第 376 頁據明瞿祐《歸田詩話》卷中，補遺山闕題殘詩「花啼杜宇歸來血，樹掛蒼龍蛻後鱗」。作者認爲，該句出於流傳頗廣的南宋文天祥《指南後錄》之附詩，其著作權，當歸屬文氏同鄉好友鄧剡。

　　姚奠中主編、李正民增訂《元好問全集（增訂本）》（山西古籍出版社 2004 年版）（以下簡稱「增訂本」），窮搜冥討，用力至勤，對遺山佚作多所補益，堪稱金元文獻整理方面最重要的創獲之一，然疏漏亦存。張靜《〈元好問全集〉增補詩辨誤》〔註2〕曾詳加考覆，指出是書增補詩中著作權判誤 8 首，誤收宋詩 2 首、金詩 1 首、元詩 3 首以及明詩 2 首。其實，情況尚不止此。「增訂本」第 376 頁據明瞿祐（1347～1433）《歸田詩話》卷中，補遺山闕題殘詩「花啼杜宇歸來血，樹掛蒼龍蛻後鱗」，筆者核查後認爲，該句並非出自元好問（1190

〔註 1〕 本文與趙興勤教授合撰，載《民族文學研究》2011 年第 5 期。
〔註 2〕 張靜：《〈元好問全集〉增補詩辨誤》，《民族文學研究》2009 年第 3 期。張靜尚撰有《〈元好問全集〉誤收宋、明詩四首》（《江海學刊》2007 年第 5 期）、《〈元好問全集〉誤收金元詩四首》（《江海學刊》2009 年第 4 期）兩短文，所述內容與《〈元好問全集〉增補詩辨誤》一致，唯詳略有別。

～1257）之手。茲敘述如下：

《歸田詩話》卷中「敘金末事」曰：

> 元遺山在金末，親見國家殘破，詩多感愴。如云「高原水出山
> 河改，戰地風來草木腥」，「花啼杜宇歸來血，樹掛蒼龍蛻後鱗」，「白
> 骨又多兵死鬼，青山元有地行仙」，「燕南趙北無全士，王後盧前總
> 故人」，皆寓悲愴之意。至云「神功聖德三千牘，大定明昌五十年」，
> 不忘前朝之盛，亦可念也。〔註3〕

此條引詩共五句，其中「高原水出山河改，戰地風來草木腥」摘自《壬辰十
二月車駕東狩後即事五首》其二，「白骨又多兵死鬼，青山元有地行仙」，出
處同上，乃該詩第三首頸聯，「燕南趙北無全士，王後盧前總故人」摘自《贈
王仙翁道成》〔註4〕，「神功聖德三千牘，大定明昌五十年」摘自《甲午除夜》，
著作權均無問題。唯「花啼杜宇歸來血，樹掛蒼龍蛻後鱗」一句，不見於遺
山詩集，亦無其他佐證，以致清人施國祁所撰《元遺山詩集箋注》之「例言」，
於引用此兩句詩後注云：「集無，不知何人句。」〔註5〕可見，對於《歸田詩
話》這一孤證，施氏的態度還是比較審慎的。

其實，這首由瞿祐歸入遺山名下的詩歌並非斷簡殘編，整首詩尚存，見
於南宋文天祥（1236～1283）《指南後錄》所附《行宮》。詩共二首，曰：

> 十里宮牆一聚塵，天津晚過客愁新。花啼杜宇歸來血，樹掛蒼
> 龍脫去鱗。福德倘存終有晉，秣陵未改已無秦。秋風禾黍空南北，
> 見說銅駝會笑人。

> 怪底秦淮一水長，幾多客淚灑斜陽。江流本是限南北，地氣何
> 曾減帝王。臺沼漸荒基歷落，鶯花猶在意淒涼。青天畢竟有情否？
> 舊月東來失女牆。〔註6〕

「花啼杜宇歸來血，樹掛蒼龍脫去鱗」一句赫然在目，正是第一首之頷聯，
唯此處「蛻後鱗」作「脫去鱗」。《行宮》詩題後，注曰「中齋作」。文氏別集

〔註3〕丁福保輯：《歷代詩話續編》下冊，中華書局，1983年，第1267～1268頁。
〔註4〕《元好問全集》作「燕南趙北留詩卷，王後盧前盡故人」，山西古籍出版社，
2004年，第235頁。
〔註5〕元好問著、施國祁注：《元遺山詩集箋注》，人民文學出版社，1958年，第19
頁。
〔註6〕文天祥：《指南後錄》卷一下，《文天祥全集》，江西人民出版社，1987年，第
552頁。

中《廣齋謂柳和王昭儀滿江紅韻，惜未之見，爲賦一闋》詞一首、【浪淘沙】「疏雨洗天晴」詞一首、《送行》詩三首等〔註7〕，俱於相同位置注「中齋作」。可見，僅據《歸田詩話》爲元好問補闕題殘詩，恐不妥。

中齋，當然不是元遺山。元吳師道《吳禮部詩話》稱「鄧中齋光薦」〔註8〕，清厲鶚《宋詩紀事》卷七九，謂鄧剡，「號中齋」〔註9〕。又結合方志等文獻所載，可知：鄧剡（1232～1303），字光薦，一字中甫，號中齋，廬陵（今江西吉安）人，與文天祥同里。「少負奇氣，以詩名世」，景定三年（1262）進士，「江文忠屢薦不就。後客文氏，贊募勤王，挈家入閩，一門十二口，同時死賊火中，乃隨駕厓山」〔註10〕，曾官禮部侍郎。厓山兵潰，投水不得死。元將張弘範異之，待以賓禮，延其課次子張珪，然終不屈節，後得以黃冠歸。臨行，文氏曾賦詩三章送別。著有《中齋集》、《東海集》、《續宋書》〔註11〕、《德祐日記》〔註12〕、《督府忠義傳》〔註13〕、《塡海錄》〔註14〕等。黃宗羲於《紀九峰墓誌銘》中稱：「故鄧光薦爲文丞相幕府傳，僚將賓從，牽聯可書者六十餘人；其散見於宋末元初各家之文集者，殘山勝水之間，或明或沒，讀者追想其風概，累噓而不能已者，又不知凡幾。」〔註15〕此處所謂「文丞相幕府傳」，當爲《督府忠義傳》。鄧氏嚮往忠烈之氣象，借文以傳史，用心可謂良苦。據史載，「初，天祥開督府，置僚屬，一時知名者四十餘人，而遙請號令稱幕府文武士者不可悉數，然皆一念向正，至死靡悔」。鄧剡曾說：「天祥奉詔勤王，獨行其志，屢躓而愈奮。故其軍日敗，勢日蹙，而歸附日眾，從之者沉家亡族而不悔。雖人心向中國，思趙氏，亦由天祥之神氣意度足以

〔註7〕 文天祥：《指南後錄》卷一下，《文天祥全集》，江西人民出版社，1987年，第550～552頁。

〔註8〕 丁福保輯：《歷代詩話續編》中冊，中華書局，1983年，第604頁。

〔註9〕 厲鶚輯撰：《宋詩紀事》第四冊，上海古籍出版社，1983年，第1925頁。

〔註10〕 黃宗羲：《宋元學案》卷八八《巽齋學案》，《黃宗羲全集》第六冊，浙江古籍出版社，2005年，第489頁。

〔註11〕 黃虞稷：《千頃堂書目》卷五《別史類》，上海古籍出版社，2001年，第140頁。

〔註12〕 黃虞稷：《千頃堂書目》卷五《別史類》，上海古籍出版社，2001年，第140頁。

〔註13〕 黃虞稷：《千頃堂書目》卷一〇《傳記類》，上海古籍出版社，2001年，第287頁。另見謝旻：《（雍正）江西通志》卷一六〇《雜記二》，《文淵閣四庫全書》本。

〔註14〕 謝旻：《（雍正）江西通志》卷一二八《藝文·記七》，《文淵閣四庫全書》本。

〔註15〕 黃宗羲：《黃宗羲全集》第十冊，浙江古籍出版社，2005年，第519～520頁。

感悟之也。」〔註16〕足見對文氏人品、氣節之推崇。職是之故，二人同聲相
應，唱和頗多。

文、鄧身處南宋末造，於內「紀綱日壞，邪佞充塞，貨賂公行，兵愁民
怨，盜賊間作，災異數見，飢饉薦臻，群小相挺，人人皆得滿其所欲」，唯朝
廷「了無所得」，國家「獨受其弊」；〔註17〕於外強敵逼臨，戰亂頻仍，江山
隳頹，危在旦夕。德祐元年乙亥（1275）三月，元軍攻陷建康（今南京），臨
安（今杭州）岌岌可危。是年，四十歲的文天祥散盡家財以為軍資，組織義
軍勤王，為南宋朝廷苦撐危局，雖長期堅持抗元鬥爭，但無力迴天，兵敗被
俘。祥興二年（1279）十月至燕。被囚數年間，文氏堅貞不屈，氣節凜然，
至元十九年十二月，終為元朝統治者所不容而遇害。

祥興元年（1278）四月，鄧剡「同文丞相送燕京」〔註18〕，途經建康。
六月十二日至八月二十四日，文氏羈留於建康金陵驛。六月十三日，鄧剡因
病遷寓天慶觀就醫。滯留建康期間，他們患難相依，詩歌往還，共同抒寫家
國之感喟。文天祥《金陵驛》二首寫道：

> 草合離宮轉夕暉，孤雲飄泊復何依。山河風景元無異，城郭人
> 民半已非。滿地蘆花和我老，舊家燕子傍誰飛？從今別卻江南日，
> 化作啼鵑帶血歸。

> 萬里金甌失壯圖，袞衣顛倒落泥塗。空流杜宇聲中血，半脫驪
> 龍頷下鬚。老去秋風吹我惡，夢回寒月照人孤。千年成敗俱塵土，
> 消得人間說丈夫！〔註19〕

建康乃南宋行宮所在，鄧剡《行宮》與上引《金陵驛》意脈相通，正可對讀。
如「花啼杜宇歸來血，樹掛蒼龍脫去鱗」與「從今別卻江南日，化作啼鵑帶血
歸」、「空流杜宇聲中血，半脫驪龍頷下鬚」，近乎同調之音；「福德倘存終有晉，
秣陵未改已無秦」與「山河風景元無異，城郭人民半已非」，頗多相似之處。

〔註16〕《宋史紀事本末》卷一○九《文謝之死》，《歷史紀事本末》第二冊，中華書局，
　　　　1997年，第1585頁。
〔註17〕黃榦：《朝奉大夫文華閣待制贈寶謨閣直學士通議大夫諡文朱先生行狀》，束
　　　　景南：《朱熹年譜長編》卷下「附錄」，華東師範大學出版社，2001年，第1472
　　　　頁。
〔註18〕謝旻：《（雍正）江西通志》卷七六《人物十一·吉安府二》，《文淵閣四庫全
　　　　書》本。
〔註19〕文天祥：《指南後錄》卷一下，《文天祥全集》，江西人民出版社，1987年，第
　　　　546～547頁。

據《晉書・地理志》:「建鄴,本秣陵,孫氏(筆者案:此指孫權)改爲建業。武帝(筆者案:此指司馬炎)平吳,以爲秣陵。太康二年,分秣陵北爲建業,改業爲鄴。」〔註20〕宋高宗建炎元年於此建帥府,三年五月,又「即府治建行宮」〔註21〕。文氏羈留此地,觸景生情,豈能不引發許多感慨?眼前這座古老而繁華的城市,風景依然卻江山易主,往日一切的浮華與眞淳、喧囂與寧靜,都已爲無情的歲月所沖蝕,僅成爲可堪追憶的舊夢。

《行宮》其一,尾聯用「銅駝」典,將歷史的興亡詠歎與個人的遭際浮沉交織在一起,抒繁華不再、神州陸沉之痛。晉陸機《洛陽記》謂:「洛陽有銅駝街,漢鑄銅駝二枚,在宮南四會道相對。俗語曰:『金馬門外集眾賢,銅駝陌上集少年。』」〔註22〕《晉書・索靖傳》載:「靖有先識遠量,知天下將亂,指洛陽宮門銅駝歎曰:『會見汝在荊棘中耳。』」〔註23〕而第二首尾聯「青天畢竟有情否?舊月東來失女牆」,似翻用劉禹錫《石頭城》「淮水東邊舊時月,夜深還過女牆來」〔註24〕一句。在鄧剡筆下,明月無情,清輝依舊,全然不解傷心之人事。「青天畢竟有情否」,是對歷史的詰問,也是對現實的針砭,與文氏詩所抒發之情感何其相似!

文天祥著作,元成宗元貞、大德間即有道體堂刻本,分《前集》三十二卷、《後集》七卷。〔註25〕其時,「《指南前錄》三卷,《後錄》五卷」,已「天下誦之」,文氏之「翰墨滿燕市」。〔註26〕清人陳訏(字言揚,海寧人)編選《宋十五家詩選》〔註27〕,將「文詩」與梅堯臣、歐陽修、曾鞏、王安石、蘇軾、蘇轍、黃庭堅、范成大、陸游、楊萬里諸名家詩作並置,可見重視程度。在明代,文天祥詩歌亦曾廣泛傳播,產生很大影響。如文氏曾「集杜」二百首,晚明嶺南詩人張家玉則有《讀文文山先生集,不覺飲泣,集先生句

〔註20〕《二十五史》第二冊,上海古籍出版社、上海書店,1986 年,第 1295 頁。

〔註21〕《宋史》卷八八《地理四》,《二十五史》第七冊,上海古籍出版社、上海書店,1986 年,第 5476 頁。

〔註22〕李昉等:《太平御覽》卷一五八《州郡部四・西京河南府》,中華書局,1960 年,第 770 頁。

〔註23〕《二十五史》第二冊,上海古籍出版社、上海書店,1986 年,第 1436 頁。

〔註24〕《全唐詩》卷四○,上海古籍出版社,1986 年,第 912 頁。

〔註25〕參看永瑢等:《四庫全書總目》卷一六四「集部十七・別集類一七・文山集」,中華書局,1965 年,第 1407 頁。

〔註26〕劉岳申:《文丞相傳》,《文天祥全集》,江西人民出版社,1987 年,第 769 頁。

〔註27〕陳訏輯:《宋十五家詩選》,清康熙刻本。

成六絕》〔註 28〕，等等。而少時賦詩即得故老稱賞的瞿祐，亦當熟讀文山集中詩。

《歸田詩話》卷中「東魯遺黎」曰：

> 信雲父，山東人，元兵南下，爲張宏範元帥館客。文山被獲，宏範命雲父款待之。日侍談論，頗有向南之意。《贈文山》詩云：「宗廟有靈賢相出，黔黎無患太皇明。」文山因教以詩法，即領悟，作樂府云：「東風吹落花，紛紛辭故枝。莫怨東風惡，花有再開時。」文山稱賞，因贈以詩云：「東魯遺黎老子孫，南方心事北方身。幾多江左腰金客，便把君王作路人。」蓋是時宋臣或有反面事北者。文山詩云：「遺老猶應愧蜂蟻，故人久已化豺狼。」又云：「黑頭汝自誇江令，冷齒人猶笑褚公。」皆有所指也。〔註 29〕

其中所引詩，「東魯遺黎老子孫」出自《指南錄》卷一《信雲父》〔註 30〕，「遺老猶應愧蜂蟻」出自《指南後錄》卷一下《贛州》〔註 31〕，「黑頭汝自誇江令」出自《吟嘯集》，題作《爲或人賦》〔註 32〕。元好問詩與鄧剡詩，均繫亡國泣血之作，多哀慨之音，風格在某個層面上來說比較接近。而鄧剡《行宮》詩，附於流傳頗廣的《指南後錄》中，一度被誤認作文天祥詩。瞿祐記憶有誤，錯把「鄧詩」作「元詩」，亦爲可能之事。且古人著述之引文多憑記憶，少校核之功，即使以考據見長的乾嘉諸儒著述，張冠李戴之處也並不乏見，更何況學風浮泛的明人著作？而後人不察，在文章著述中競相引述，以致彼此相因、以訛傳訛。

另外，《歸田詩話》自序於洪熙元年乙巳（1425）中秋〔註 33〕，時瞿祐已七十九歲，年老昏聵，出現失誤在所難免。正如《四庫全書總目》指出的：

> 此書所見頗淺，其以「槌碎黃鶴樓」作李白語，以王建《望夫石》詩爲陳克，譏張耒《中興碑》「玉環妖血無人掃」句謂楊妃縊死，

〔註 28〕張家玉：《張家玉集》，廣東高等教育出版社，1992 年，第 135 頁。

〔註 29〕丁福保輯：《歷代詩話續編》下冊，中華書局，1983 年，第 1267 頁。

〔註 30〕文天祥：《文天祥全集》，江西人民出版社，1987 年，第 484～485 頁。

〔註 31〕《文天祥全集》作「遺老猶應愧蜂蟻，故交已久化豺狼」（江西人民出版社，1987 年，第 541～542 頁）。

〔註 32〕《文天祥全集》作「黑頭爾自誇江總，冷齒人能説褚公」（江西人民出版社，1987 年，第 610 頁）。

〔註 33〕瞿祐：《〈歸田詩話〉序》，丁福保輯：《歷代詩話續編》下冊，中華書局，1983 年，第 1234 頁。

未嘗濺血，是忘《哀江頭》「血污遊魂」句也。於考證亦疏。〔註34〕
緣此可知，上引「增訂本」所補元好問闕名殘詩並不成立，「花啼杜宇歸來血，
樹掛蒼龍脫去鱗」詩句的著作權，當歸屬鄧剡。

〔註34〕永瑢等：《四庫全書總目》卷一九七「集部五十・詩文評類存目・歸田詩話」，
中華書局，1965年，第1800頁。

元遺山詞輯補辨誤三則 [註1]

內容摘要

姚奠中主編、李正民增訂《元好問全集（增訂本）》，新補遺山詞多首，其中【鷓鴣天】二首（其一：太乙滄波下酒星，露醽秘訣出仙扃。情知天上蓮花白，壓盡人間竹葉青。迷曉色，散秋馨。兵廚曉溜玉泠泠。楚江雲錦三千頃，笑煞靈均語獨醒。其二：十丈冰花太一峰，拍浮來赴酒船中。碧簡象鼻秋泉滑，澤國幽香笑卷空。雲澹佇，月朦朧，醉鄉千里鯉魚風。馮夷擊鼓休驚客，羅襪生塵恐惱公）、【望江南】一首（如雪貌，綽約最堪誇。疑是八仙乘皎月，羽衣搖曳上雲車。來會此仙家）係誤收，前者乃李治撰，後者為韓琦作，均應從元好問作品中剔除。

姚奠中主編、李正民增訂《元好問全集》（山西古籍出版社 2004 年版）（以下簡稱「增訂本」），對遺山佚作多所補益，有功於學界不少，然疏漏亦存。張靜曾撰《〈元好問全集〉增補詩辨誤》[註2]，考出增補詩中誤收宋詩 2 首、金詩 1 首、元詩 3 首以及明詩 2 首；筆者亦曾撰《元遺山闕題殘詩考釋》，認為是書所補元好問闕題殘詩「花啼杜宇歸來血，樹掛蒼龍蛻後鱗」並不成立。

〔註 1〕 本文與趙興勤教授合撰，載臺灣《書目季刊》第四十六卷第二期，2012 年 9 月 16 日。署趙韡、趙興勤。

〔註 2〕 《民族文學研究》2009 年第 3 期。張靜尚撰有《〈元好問全集〉誤收宋、明詩四首》（《江海學刊》2007 年第 5 期）、《〈元好問全集〉誤收金元詩四首》（《江海學刊》2009 年第 4 期）兩短文，所述內容與《〈元好問全集〉增補詩辨誤》一致，唯詳略有別。

〔註3〕今考其增補詞，又有發現，茲敘述如下：

「增訂本」第1110頁據賀新輝《元好問詩詞集》（中國展望出版社1986年版），增補【鷓鴣天】二首：

> 太乙滄波下酒星，露醽秘訣出仙扃。情知天上蓮花白，壓盡人間竹葉青。迷曉色，散秋馨。兵廚曉溜玉泠泠。楚江雲錦三千頃，笑煞靈均語獨醒。

> 十丈冰花太一峰，拍浮來赴酒船中。碧簡象鼻秋泉滑，澤國幽香笑卷空。雲澹佇，月朦朧，醉鄉千里鯉魚風。馮夷擊鼓休驚客，羅襪生塵恐惱公。

但未標明原始出處。筆者檢書發現，唐圭璋編《全金元詞》也收錄了這兩首詞，卻歸於金元之際詞人李治名下，並注出處曰「《遺山樂府》上附」〔註4〕。「增訂本」所據「賀編」，關於【鷓鴣天】二首著作權的看法自相牴牾。是書第120頁注釋㉙，言「元好問有〈中秋飲倪文仲家蓮花白，酒中同李仁卿賦〉【鷓鴣天】詞」，「李仁卿同賦」二首，即「太乙滄波下酒星」和「十丈冰花太一峰」〔註5〕。而第697～698頁正文部分，又將這兩首詞歸於元好問名下。出現以上歧說的原因，或許是編者校核不精之故。

李治（1192～1279），《元史》等作李冶，可備一說。治字仁卿，眞定欒城（今河北省欒城縣）人，登進士第，調高陵簿，未上，辟知鈞州事。金末，城潰，乃微服北渡，流落忻、崞間，聚書而讀。忽必烈在潛邸，聞其賢，遣使召之，問之以天下人才，治以魏璠、王鶚、李獻卿、蘭光庭、趙復、郝經、王博文諸人爲對，並陳以天下治道，稱「有法度則治，控名責實則治，進君子退小人則治」，「爲治之道，不過立法度、正紀綱而已」。晚家元氏（今河北元氏縣西北），買田封龍山（一名飛龍山。在今河北獲鹿縣南，接元氏縣界）下，與元遺山、張德輝並稱「龍山三老」，學徒甚眾。「及世祖即位，復聘之，欲處以清要，治以老病，懇求還山。至元二年，再以學士召，就職期月，復以老病辭去，卒於家，年八十八」〔註6〕。著有《敬齋文集》、《壁書藂削》、《泛

〔註3〕參看趙興勤、趙韡：《元遺山闕題殘詩考釋》，《民族文學研究》2011年第5期。

〔註4〕唐圭璋編：《全金元詞》下冊，中華書局，1979年，第604頁。

〔註5〕此處《元好問詩詞集》「冰」誤作「詠」。

〔註6〕《元史》，《二十五史》第九冊，上海古籍出版社、上海書店，1986年，第7669頁。

說》、《古今難》、《測圓鏡海》、《益古衍疑》等多種。那麼，【鷓鴣天】「太乙滄波下酒星」和「十丈冰花太一峰」，到底是元作還是李作呢？要解決這一問題，首先還是應從版本上來考察。

遺山詞集版本甚夥，頭緒複雜，此僅約略言之。以卷數來分，大致有一卷本、三卷本和五卷本。元好問手編《遺山新樂府》今已不傳，明初淩雲翰（彥翀）有選本《遺山樂府》，今眾多抄本存世。三卷本有明弘治高麗巾箱本，清末由域外傳回，爲近人傅增湘收藏，陶湘曾據以刻入《景刊宋金元明本詞》。朱孝臧《彊村叢書》本《遺山樂府》，是學界公認的善本，亦據傅藏本校刻而成。五卷本刻本、抄本眾多，其中《石蓮庵彙刻》本影響較大。

盧文弨《遺山樂府題辭》曰：「繼從友人鮑氏所借得明初錢塘淩雲翰彥翀編選之本，則凡《詞綜》所選皆在焉，……又附見李冶仁卿之辭四首及玉華谷古僊人詞一首，後又有雷淵題語，今皆補錄以繫於後。至如《雁丘詞》、《雙蕖怨》之類，亦得淩本始著其事焉。」〔註7〕所云「李冶仁卿之辭四首」，包括【鷓鴣天】二首、【邁陂塘】二首。【鷓鴣天】二首即「增訂本」所補遺山詞。丁丙《善本書室藏書志》卷四〇則言：「此則淩雲翰所選遺山之詞也。《歷代詩餘》及朱彝尊《詞綜》所選皆據此編。」〔註8〕認爲《歷代詩餘》和《詞綜》的版本依據皆是「淩本」。

查康熙四十六年內府刻本《御選歷代詩餘》，卷二八收李冶【鷓鴣天】〈飲蓮花白〉一首〔註9〕，對照文字，即「太乙滄波下酒星」詞。再查清朱彝尊所編《詞綜》，卷二七收李冶詞三首，其中【鷓鴣天】同上，題作「中秋同遺山飲倪文仲家蓮花白，醉中賦此」；另有【邁陂塘】二首，乃元遺山《雁丘》詞和作。據《四庫全書總目》「詞綜提要」，朱彝尊「本工於填詞」，「故其所選能簡擇不苟」。是書所採「唐、宋、金、元詞，通五百餘家。於專集及諸選本之外，凡稗官、野紀中，有片詞足錄者，輒爲採掇，故多他選未見之作。其調名、句讀爲他選所淆舛，及姓氏、爵里之誤，皆詳考而訂正之。其去取亦具有鑒別」。〔註10〕《詞綜》所採【鷓鴣天】，淵源有自，來歷清晰，是李冶所作當無疑。至於另一首「十丈冰花太一峰」爲何沒有收入，大概是因爲《歷

〔註7〕盧文弨：《〈遺山樂府〉題辭》，《抱經堂文集》卷七，清乾隆六十年刻本。
〔註8〕丁丙：《善本書室藏書志》，清光緒刻本。
〔註9〕沈宸垣等編：《御選歷代詩餘》，浙江古籍出版社，1998年，第151頁。
〔註10〕紀昀等：《欽定四庫全書總目（整理本）》下冊，中華書局，1997年，第2806頁。

代詩餘》和《詞綜》都具有選本性質，編者有所去取而致。

《彊村叢書》本《遺山樂府》，亦將【鷓鴣天】二首視爲元集所附李詞，近代治詞大家，也多認定爲李作。如吳梅曾塡【醉蓬萊】〈竹葉青，酒中清品也。有客餽我，索賦新句，爲倚聖求體〉一関，其中「猶記長安，幔亭張飲，淡白蓮花，共傾仙露」句下自注曰：「海甸蓮花白，元遺山曾詠之。李仁卿所謂『情知天上蓮花白，壓盡人間竹葉青』是也。」〔註11〕近日偶閱趙永源《遺山樂府校注》，見其附錄一《遺山詞補遺》對「增訂本」所補【鷓鴣天】二首加百餘字按語略爲辨正，並引《彊村叢書》本《遺山樂府》及《全金元詞》，斷言「此二首非遺山詞，不當增補」。觀點與余同。〔註12〕

其實，「增訂本」及「賀編」【鷓鴣天】二首歸屬之誤，實乃以訛傳訛。石蓮庵補刻《遺山先生新樂府》五卷，另附《補遺》一卷，就曾將附詞混入正文，視「太乙滄波下酒星」和「十丈冰花太一峰」爲遺山作。《石蓮庵彙刻九金人集》，由著名藏書家、金石學家吳重憙（1838～1918）於光緒三十一年乙巳（1905）刊成，在當時影響頗著，但亦多舛誤。所以，唐圭璋校訂《全金元詞》時，雖用此本補彊村叢書《遺山樂府》之未備，但同時又以張家鼎南塘本和殷禮在斯堂本訂正石蓮庵本文字錯誤。

【鷓鴣天】二首著作權問題產生的主要原因，大致有兩條：一是李治作品多湮沒無聞，「太乙滄波下酒星」和「十丈冰花太一峰」詞均爲和好友元好問之作，詞牌相同，幸賴《遺山樂府》附刊因而得以流傳；二是《遺山樂府》抄本、刻本眾多，假手頻繁，輾轉之間，難免張冠李戴，衍生出這樣或那樣的錯誤，而古代典籍傳抄過程中將附錄誤入正文之例不勝枚舉。

元好問【鷓鴣天】原詞題作「中秋飲倪文仲家蓮花白，醉中同李仁欽賦」。云：「丹竈秋清桂葉丹，仙家釀熟水芝殘。香家寶地三千界，露入金莖十二盤。天澹澹，夜漫漫，五湖豪客酒腸寬。醉來獨跨蒼鸞去，太華峰高玉井寒。」〔註13〕題中「仁欽」，當作「仁卿」，此乃李治字，顯係誤刊。是篇作於蒙古太宗七年乙未（1235）中秋，時遺山由聊城移居冠氏。元遺山、李仁卿關係密切，時並稱「元李」。元有《和仁卿演太白詩意二首》：

〔註11〕王衛民等編著：《吳梅》，中國文史出版社，1998年，第224頁。
〔註12〕元好問撰、趙永源校注：《遺山樂府校注》，鳳凰出版社，2006年，第798頁。
〔註13〕姚奠中主編、李正民增訂：《元好問全集（增訂本）》下冊，山西古籍出版社，2004年，第1026頁。

　　蕭蕭窗竹動秋聲，紫極深居稱野情。靜坐且留觀眾妙，還丹無用說長生。風流五鳳樓前客，寂寞千秋身後名。解道田家酒應熟，詩中只合愛淵明。

　　蕭蕭窗竹動秋聲，簷間白雲澹以成。白雲朝飛本無意，白雲暮歸如有情。　淵明太白醉復醉，季主唐生鳴自鳴。四十九年堪一笑，昨非今是可憐生。〔註14〕

李於其時名聲亦著，金元詩人多有詩歌詠之。如李獻能《郟城秋夜懷李仁卿》：「日入群動息，暝色陰濛濛。故人隔潁水，嫋嫋生秋風。輕風卷纖雲，碧漢磨青銅。坐久襟袖涼，皎月昇天東。伊人如此月，霽色羅心胸。可望不可親，倏已駕飛鴻。念此太虛間，心交神自通。而況千里月，相望寧不同。孤光透薄帷，儼如接音容。翻翻繞枝鵲，唧唧侵階蛩。上床轉不寐，高樓待晨鐘。相思夜何永，月落秋床空。」〔註15〕曹之謙《秋日懷李仁卿》：「獨倚斜陽百尺樓，故人千里思悠悠。陶唐祠下煙光晚，姑射峰前雁影秋。尊酒幾時同李白，雲山多處是并州。臨風惆悵無人會，一曲商歌寫暮愁。」〔註16〕至於元、李交遊之具體情狀，降大任考論較詳，茲不贅述。〔註17〕

　　「增訂本」卷四五「新樂府四」據近人周泳先《唐宋金元詞鈎沉》、趙萬里《宋金元名家詞補遺》補【望江南】一闋，云：「如雪貌，綽約最堪誇。疑是八仙乘皎月，羽衣搖曳上雲車。來會此仙家。」〔註18〕趙永源《遺山樂府校注》附錄一《遺山詞補遺》，亦據《唐宋金元詞鈎沉》、《宋金元名家詞補遺》補此詞。〔註19〕以筆者目力所及，此似為他人所作。又見《全宋詞》第一冊，題韓琦作。原詞為：「維揚好，靈宇有瓊花。千點真珠擎素蕊，一環明玉破香葩。芳豔信難加。　如雪貌，綽約最堪誇。疑是八仙乘皓月，羽衣搖曳上雲車。來會列仙家。」〔註20〕

〔註14〕姚奠中主編、李正民增訂：《元好問全集（增訂本）》上冊，山西古籍出版社，2004年，第212～213頁。
〔註15〕閻鳳梧、康金聲主編：《全遼金詩》下冊，山西古籍出版社，1999年，第2734頁。
〔註16〕顧嗣立編：《元詩選》第四冊，上海古籍出版社，1993年，第250頁。
〔註17〕可參看降大任：《元遺山新論》，北嶽文藝出版社，1988年，第318～320頁。
〔註18〕姚奠中主編、李正民增訂：《元好問全集（增訂本）》下冊，山西古籍出版社，2004年，第1077頁。
〔註19〕元好問撰、趙永源校注：《遺山樂府校注》，鳳凰出版社，2006年，第798頁。
〔註20〕唐圭璋編：《全宋詞》第一冊，中華書局，1999年，第217頁。

　　韓琦（1008〜1075），字稚圭，安陽（今河南安陽）人，仁宗天聖五年（1027）
進士，歷任陝西經略安撫副使、樞密副使、樞密使、同平章事等，累封魏國
公，諡忠獻。著有《安陽集》。《宋史》有傳。韓琦詞存世極少，《安陽集》不
收詞作。《全宋詞》據明曹璿所輯《瓊花集》卷三補入【望江南】。〔註 21〕是
詞大約寫於慶曆五年（1045）韓琦赴揚州任之後，《安陽集》開篇即有《瓊花》
詩一首，似乎可作內證。詩云：

> 維揚一株花，四海無同類。年年后土祠，獨比瓊瑤貴。中含散
> 水芳，外圍蝴蝶戲。酴醿不見香，芍藥慚多媚。扶疏翠蓋圓，散亂
> 眞珠綴。不從眾格繁，自守幽姿粹。嘗聞好事家，欲移京轂地。既
> 違孤潔情，終誤栽培意。洛陽紅牡丹，適時名轉異。新榮托舊枝，
> 萬狀呈妖麗。天工借顏色，深淺隨人智。三春愛賞時，車馬喧如市。
> 草木稟賦殊，得失豈輕議？我來首見花，對花聊自醉。〔註 22〕

同集卷一二《仲秋之八日覯雲臺觀沖觀大師北軒群花盛開》「仙家八月靈葩
發，不與尋常俗豔爭」、卷一七《同賞梨花》「后土瓊花慚我寡，唐昌玉蕊豈
吾朋」諸詩句，亦與【望江南】詞用語相近。

　　由此可見，【望江南】似爲韓琦所作。

〔註 21〕亦可參看唐圭璋：《詞學論叢》，上海古籍出版社，1986 年，第 16 頁。案：《香
　　　　豔叢書》本《瓊花集》卷三【望江南】詞下未標作者，或與唐圭璋先生所見
　　　　版本不同，姑存疑。（見蟲天子編：《香豔叢書》第三冊，人民文學出版社，
　　　　1992 年，第 3161 頁。）
〔註 22〕韓琦：《安陽集》卷一《古風二十三首》，《文淵閣四庫全書》本。

孔凡禮《元好問資料彙編》輯補 [註1]

內容摘要

孔凡禮先生沉潛書海，窮年訪搜，輯得《元好問資料彙編》（學苑出版社 2008 年版）一冊，實乃研究者案頭必備之書。是集所收，不乏館藏之珍籍秘本，如馮舒、馮班評批毛晉汲古閣刊本《中州集》文字、李慈銘評論汲古閣刊本《遺山先生詩集》文字等，對遺山研究的開拓大有裨益。然文獻浩瀚，難以窮盡，遺珠之憾抑或有之。以筆者目力所及，民國詩話即包含有豐富的元好問資料，有的雖非直接論遺山，或論及近代詩家時連帶述及，然對遺山於後世詩作影響之研究，仍大有裨益。而孔書只及陳衍《石遺室詩話》等數種，遺漏頗多，今試補之。

孔凡禮先生沉潛書海，經年窮搜，輯得《元好問資料彙編》（學苑出版社 2008 年版）一冊，實乃研究者案頭必備之書。是集所收，不乏館藏之珍籍秘本，如馮舒、馮班評批毛晉汲古閣刊本《中州集》文字、李慈銘評論汲古閣刊本《遺山先生詩集》文字等，對遺山研究的深入大有裨益。然文獻浩瀚，難以窮盡，遺珠之憾抑或有之。以筆者目力所及，民國詩話即包含有豐富的元好問資料，而孔書只及陳衍《石遺室詩話》等數種，遺漏頗多，今試補之。

〔註1〕本文與趙興勤教授合撰，載《元遺山研究》，臺灣文津出版社，2011 年 4 月。

◎陳衍《石遺室詩話》卷三

前清詩學，道光以來一大關捩。略別兩派：一派爲清蒼幽峭。……此一派近日以鄭海藏爲魁壘，其源合也；而五言佐以東野，七言佐以宛陵、荊公、遺山，斯其異矣。〔註2〕

◎陳衍《石遺室詩話》卷五

夫鋪張排比，元微之以讚美少陵；元裕之則云：「少陵自有連城璧，爭奈微之識碔砆。」是鋪張者，少陵之碔砆。余以爲鋪張排比，亦談何容易。〔註3〕

◎陳衍《石遺室詩話》卷九

詩有更易一、二字，刪節一、二句，而全體頓覺一振者。……此等結構，放翁、遺山、道園時有之。〔註4〕

◎陳衍《石遺室詩話》卷一二

甌北言元遺山才不甚大，書卷亦不甚多，較之蘇、陸，自有大小之別。然正惟才不大，書不多，而專以精思銳筆，清鍊而出，故其廉悍沉摯處，較勝於蘇陸。余嘗謂蘇堪詩七言古今體酷似遺山。甌北說雖不盡然，而可爲斷章之取。至於五言古，則非遺山所能概者矣。幾道告余，或以此言告蘇堪，蘇堪頗慍。余素信蘇堪不以人言臧否爲意。況遺山固郝伯常所稱「歌謠跌宕挾幽并之氣，高視一世」，《金史》本傳所稱「奇崛而絕雕刻」者乎？〔註5〕

◎陳衍《石遺室詩話》卷二八

1.溫州玉環戴女士禮，字聖儀，……績學能文，著有《大戴禮集注》十三卷、《清列女傳》七卷，以外，《女小學》雜文之類尚夥。……年三十尚未適人。值前清革命，遂自命亡國遺民，必欲得一舊官僚而不事民國者而後嫁之。於是誤適非人，終爲所棄，亦大可憫矣。……爲詩頗長集句，但仍多舊思想耳。如《集元遺山句，題吳蓮溪太史述懷集唐詩後》七律六首云：「天門筆勢到閒閒，詩在巖姿隱顯間。白帽枉教淹晚節，深居那得似禪關？燕雲義俠風流遠，相國文章玉筍班。集有陸太保題辭。後日山陽養衰疾，繫舟山是讀書

〔註2〕張寅彭主編：《民國詩話叢編》第一冊，上海書店，2002年，第47頁。
〔註3〕張寅彭主編：《民國詩話叢編》第一冊，上海書店，2002年，第82頁。
〔註4〕張寅彭主編：《民國詩話叢編》第一冊，上海書店，2002年，第128〜129頁。
〔註5〕張寅彭主編：《民國詩話叢編》第一冊，上海書店，2002年，第170頁。

山。吳籍山陽，今尚寓京未歸。」「書林頭白坐吟呻，元是中朝第一人。文字誰知祭征虜？伏膺先就楚靈均。黃圖赤縣風流在，酒檻書囊浩蕩春。卻恐聲光埋不得，今年天壤姓名新。一師擬刊其詩。」「正始風流一百年，題詩端爲發幽妍。半生與世未嘗合，一讀丹華似有緣。世外華胥誰復夢？竹溪衣缽有眞傳。玉堂人物今安在？落日孤雲望眼穿。」「紙尾題詩一慨然，素風才到此公傳。風流肯落正始後，詩印高提教外禪。庾老未應妨嘯詠，莊周陰助想當然。知君不假科名重，下筆須論二百年。」「元祐諸人次第來，醉吟應在釣魚臺。尋芳自分無閒日，信口成篇底用才。楚客登臨動歸興，淵明此意亦悠哉。亭中剩有題詩客，《梁父》吟成白髮催。」「一回拈出一回新，難狀靈臺下筆親。日月難淹京國久，書生只合在家貧。雞豚鄉社相勞苦，淞社諸公恒縱酒賦詩相慰藉。王後盧前盡故人。天上近來詩價重，岩姿洲景盡天眞。」又五律二首云：「倀鬼跳梁久，優伶伎畢陳。膏粱無急變，巧僞失天眞。天地憐飄泊，山林有外臣。殷勤詩卷在，同詠舞雩春。」「几案滿書史，長吟有所思。局中無曠跡，意外脫艱危。摧割詩寧寫？猶爲談者資。相招有仙掌，到日更題詩。」〔註6〕

2.《琇甫先生以詩見贈，賡此酬之，集遺山句》云：「滿紙清風月旦評，忍窮尤喜見工程。長留北海文章在，萬古東方有啓明。世外衣冠存太樸，亂來歌吹失懽聲。百年世事兼身事，莫惜題詩記姓名。朱詩多不書名。」「就中愁殺庾蘭成，朱籍江南，家極貧之。地老天荒恨未平。寶劍沉埋惜元振，詩中只合愛淵明。百年人物從公論，十丈寒潭照膽清。海內文章有公等，縱橫詩筆見高情。」〔註7〕

◎陳衍《石遺室詩話》卷三二

福清縣福廬山專以石勝，天下殆罕其匹，而著聞甚晚。明萬曆間，葉臺山相國始表章之，詳余所著《福建山經》中。昆連有靈巖者，與福廬實一而二，長樂施涵宇景琛孝廉改名爲施山，作歌張之。有序略云：「……岩而曰靈，未知何據。明天啓間，陳宏己《遊靈巖記》有云：『岩之名不知起何時，惟增其勝而廣其名者，則自施孝廉兆昂始。』陳氏之意，地以人傳，功固在施氏矣。昔定襄之山曰神山，金元裕之讀書於此，因號遺山。明晉王崇尙元裕之道德文章，改神山曰元山，示景仰前哲意也。靈巖爲孝廉公讀書處，吾擬援

〔註6〕張寅彭主編：《民國詩話叢編》第一冊，上海書店，2002年，第381～382頁。
〔註7〕張寅彭主編：《民國詩話叢編》第一冊，上海書店，2002年，第383～384頁。

元山之例，改靈巖曰施山，與元山後先輝映，亦表彰先德意也。」〔註8〕

◎陳衍《石遺室詩話續編》卷二

1.荊文（筆者按：「文」當作「公」）學術文章，並爲洛蜀黨徒所疾視，元遺山已有諱學金陵之歎，而楊升菴、王漁洋輩，猶恣情掊擊，一若不如是不足當斯文之正宗者。〔註9〕

2.滕若渠固，南宋忠節公諱茂實字秀穎後人。忠節工詩，若渠遠承家學。……元遺山先生有《南冠滕奉使遺詩引》，元集未登，附見滕公遺詩中，若渠將刊以行世。〔註10〕

◎陳衍《石遺室詩話續編》卷三

今人工詩者不少，而七古音節不合者頗多。往往詞意雄俊，至三數句以後，使人讀不下去。雖有佳章，不能入選，故七古可登者希也。試取昌黎、東坡、遺山之作讀之，有一篇一句，犯此病者乎？〔註11〕

◎陳衍《石遺室詩話續編》卷四

今歲四月，曉浦有預祝余八十生日五言古一百韻，……詩云：「……《中州》刊總集，詩料羅篋筐。……半山暨遺山，海藏與頡頏。……」〔註12〕

◎陳衍《石遺室詩話續編》卷五

1.余嘗謂論古須有特識，危太樸不必爲胡元忠臣，朱元璋斥之誤也；錢謙益降清，非入《貳臣傳》不可；元好問本非漢種，既事金，不再事元，理之正也；耶律楚材又當別論矣。〔註13〕

2.歙縣洪悌丞汝怡，有《寄茮詩存》四卷，才調繽紛，音節和雅，……《信筆》云：「幽蘭堂外朔風酸，白日蕭蕭易水寒。一集《中州》存史筆，遺山畢竟勝虞山。」遺山何止勝虞山而已。〔註14〕

3.東臺蔡達，著有《孤桐館詩》。其自序言所以存少作之故，與鄙見甚合，蓋即所謂朝氣也。《讀遺山論詩絕句至有情芍藥一首》云：「撒鹽詩句丈夫哦，

〔註8〕張寅彭主編：《民國詩話叢編》第一冊，上海書店，2002年，第461～462頁。
〔註9〕張寅彭主編：《民國詩話叢編》第一冊，上海書店，2002年，第516頁。
〔註10〕張寅彭主編：《民國詩話叢編》第一冊，上海書店，2002年，第545～546頁。
〔註11〕張寅彭主編：《民國詩話叢編》第一冊，上海書店，2002年，第583頁。
〔註12〕張寅彭主編：《民國詩話叢編》第一冊，上海書店，2002年，第600～601頁。
〔註13〕張寅彭主編：《民國詩話叢編》第一冊，上海書店，2002年，第648頁。
〔註14〕張寅彭主編：《民國詩話叢編》第一冊，上海書店，2002年，第648～649頁。

柳絮因風又若何。鐵板紅牙詞絕妙，要知情態女郎多。」遺山此首詩，近人多違言者。〔註15〕

◎陳衍《石遺室詩話續編》卷六

1.如皋沙健庵元炳，有《志頤堂詩》十二卷。……君門人項本源撰《事略》，謂君以編修丁鼎革，遭際頗同元遺山。故素懷所寄，則在遺山，宜遇此等題，倍覺慨當以慷也。〔註16〕

2.余論詩雅不喜山谷、後山，猶東坡、遺山之不喜東野，非謂其不工也。〔註17〕

◎黃曾樾輯《陳石遺先生談藝錄》

師云：元遺山以元魏之後，生近幽并，故於金感情倍深。又當金亡之時，故其發為詩歌，自具燕趙豪俠之氣與詩人麥秀之思。其七言佳作甚多。題畫詩能用古法，試以少陵題畫詩比較之便知。今人作題畫詩，如詠真山水、真花卉、真人物，則反易下語矣。〔註18〕

◎孫雄《詩史閣詩話》

朱芷青聯沅云：「紅豆家聲冠舊京，四朝人物付題評。遺山野史風流在，要為《中州》續正聲。」〔註19〕

◎趙元禮《藏齋詩話》卷上

1.「……七古子美一人足為正宗，退之、子瞻、山谷、務觀、遺山、青邱、空同、大復可稱八俊，梅村別調，具足風流。此外無可學也。……」此愛伯侍御日記中語，上下千古，擷取精華，盡把金針度與人矣。〔註20〕

2.放翁詩云：「卻笑平生臂鷹手，挑燈閒送佛前香。」遺山詩云：「一瓶一缽生涯了，慚愧南窗打睡僧。」兩詩亦傷老之作，雖稍衰颯，而別饒情韻，予最喜誦之。〔註21〕

3.元遺山七律中最好用前人整句，大約胸中成詩甚多，信手寫入，不設成

〔註15〕張寅彭主編：《民國詩話叢編》第一冊，上海書店，2002年，第650～651頁。

〔註16〕張寅彭主編：《民國詩話叢編》第一冊，上海書店，2002年，第659～660頁。

〔註17〕張寅彭主編：《民國詩話叢編》第一冊，上海書店，2002年，第679頁。

〔註18〕張寅彭主編：《民國詩話叢編》第一冊，上海書店，2002年，第707頁。

〔註19〕張寅彭主編：《民國詩話叢編》第二冊，上海書店，2002年，第160頁。

〔註20〕張寅彭主編：《民國詩話叢編》第二冊，上海書店，2002年，第239頁。

〔註21〕張寅彭主編：《民國詩話叢編》第二冊，上海書店，2002年，第242頁。

心。若套襲古人成句，尤可不必，以絕不能佳也。〔註22〕

◎袁嘉穀《臥雪詩話》卷一

錫比百朋，事分二等。其或煌煌名著，炳炳藝林。……此一等也。……鄭所南鐵函之籍，忽出人間；元遺山野史之亭，博徵國故。並可牧諸乙部，寄以庚郵。或采其事跡，備爲信史之材；或錄其書名，廣列藝文之志。雖無一字一縑之報，亦爲徵文徵獻之資。此又一等也。〔註23〕

◎袁嘉穀《臥雪詩話》卷二

以詩論文，始於少陵《戲爲六絕句》，而遺山以詩論詩尤多。〔註24〕

◎袁嘉穀《臥雪詩話》卷四

1.貴陽司炳焜煜，茲刻《寧拙堂詩》十卷。胡宗武太史謂「奇橫排奡中具有沖淡氣」，亦近人之嗜吟者。有句云：「……秋風動天末，黍櫻秀陌阡。……」詞直而意閒。「阡陌」二字倒用，雖未愜心，然遺山用「宇宙一仰俯」，曼碩用「鹿麋行處有」，古人且然，亦不必苛求今人矣。〔註25〕

2.段又谷云：「讀畢遺山全集，不如梅村多矣。」余聞而駭之。近見叔度，則以梅村《圓圓曲》凌亂深晦，即傳誦之「痛哭六軍齊縞素，衝冠一怒爲紅顏」，亦訾議之。余謂梅村之詩，自較遺山爲遜，然沉浸功深，紛披古藻，亦一代之傑也。〔註26〕

◎袁嘉穀《臥雪詩話》卷八

楊茂才永蔭著陶、韓、元好問、歸子慕《四家詩選》一卷，余家藏之。雖非典重，然亦雅矣。〔註27〕

◎黃節《詩學·金元詩學》

遼之詩學，無足稱述；至金亦惟元好問一人而已。自宋室南遷，土宇分裂，文章學術，亦判爲兩途。李祖陶曰：程氏之學行於南，蘇氏之學行於北。行於南者，朱子集其大成；行於北者，遺山得其統緒。而遺山尤以詩鳴，郝

〔註22〕張寅彭主編：《民國詩話叢編》第二冊，上海書店，2002年，第249頁。
〔註23〕張寅彭主編：《民國詩話叢編》第二冊，上海書店，2002年，第305頁。
〔註24〕張寅彭主編：《民國詩話叢編》第二冊，上海書店，2002年，第321頁。
〔註25〕張寅彭主編：《民國詩話叢編》第二冊，上海書店，2002年，第374頁。
〔註26〕張寅彭主編：《民國詩話叢編》第二冊，上海書店，2002年，第378頁。
〔註27〕張寅彭主編：《民國詩話叢編》第二冊，上海書店，2002年，第480頁。

伯常稱其直配蘇黃。然則，遺山亦江西派之支流苗裔者也。郝氏又稱遺山「把酒看花，歌謠跌宕，挾幽并之風，高視一世，以五言爲雅正。」而王漁洋則稱遺山七言妙處，或追東坡而軼放翁。要之，遺山五七言古近體皆工，即樂府亦工。其集中有古樂府，不用古題，特出新意，以寫怨思者百餘篇；用今題爲樂府，揄揚新聲者又數十百篇，皆宋以後所未有也。嘗爲《杜詩學》及《東坡詩雅》諸書，是可以知其淵源矣。郝伯常爲之墓銘，稱其「肆意經傳，貫穿百家，六年而業成。下太行，渡大河，爲《箕山》、《琴臺》等詩。趙秉文見之，以爲少陵以來無此作。」蓋風雅道衰，至金而幾絕。遺山以詩獨步三十年，巍然爲坡、谷復出。故日金源一代詩學，惟遺山一人而已。遺山作《中州集》百餘卷，以存金源一代之詩，尤足資文獻焉。〔註28〕

◎范罕《蝸牛舍說詩新話》

鄭康成日：詩者，絃歌諷誦之聲。謂《三百篇》也。漢魏去古未遠，尚有遺音。後世詩人八音並奏，杜甫獨多簫管之音，韓愈多木土音，元遺山多匏音，興化劉先生謂陸士衡樂府有金石之音，予謂陸劍南有金革之音。雖未盡然，要之爲相近。然絃歌實乃最上。〔註29〕

◎錢振鍠《謫星說詩》卷一

1.遺山尊潮陽之筆，而稱東野爲「詩囚」，尤謬。韓詩支拙處十倍於東野。不以潮陽爲詩囚，而以東野爲詩囚，可乎？〔註30〕

2.「池塘生春草」，當時人以爲有神助，葉夢得更稱其工，元好問更稱其新，董其昌亦云千古奇語。……如此論詩，眞不知天下有羞恥事。〔註31〕

3.近人選近人之詩，往往其詩題引有關涉自家名姓者，便不問佳否登之。隨園言選詩者七病，此而八矣。遺山《中州集》已不能免。〔註32〕

◎錢振鍠《謫星說詩》卷二

1.遺山詩終不能破牆壁。元詩大抵不能破牆壁者多。〔註33〕

2.遺山功力深，爲後世摹古者所不及。惜天分不高，故新意絕少。其任意

〔註28〕張寅彭主編：《民國詩話叢編》第二冊，上海書店，2002 年，第 511 頁。
〔註29〕張寅彭主編：《民國詩話叢編》第二冊，上海書店，2002 年，第 569 頁。
〔註30〕張寅彭主編：《民國詩話叢編》第二冊，上海書店，2002 年，第 582 頁。
〔註31〕張寅彭主編：《民國詩話叢編》第二冊，上海書店，2002 年，第 586～587 頁。
〔註32〕張寅彭主編：《民國詩話叢編》第二冊，上海書店，2002 年，第 595 頁。
〔註33〕張寅彭主編：《民國詩話叢編》第二冊，上海書店，2002 年，第 609 頁。

抄襲成句，尤爲不自愛。〔註34〕

3.放翁七古，英姿颯爽，抖擻而來，其句法老健，皆經削鍊。格在東川、嘉州之間，於杜、韓亦有似處，而修潔勝之。中唐以後無與比者。……放翁之後能作七古無過遺山，然視放翁稍鈍矣。〔註35〕

◎錢振鍠《名山詩話》卷一

郝經父諱思溫，字和之，有句云：「日月倘隨天地在，詩書終療子孫貧。」壯哉！眞第一等議論也。遺山《中州集》不載此詩。〔註36〕

◎錢振鍠《名山詩話》卷三

遺山云：「蘇門若有忠臣在，不放坡詩百態新。」予則云：「若使蘇門行櫃楚，不教山谷亂談詩。」〔註37〕

◎丁儀《詩學淵源》卷八

1.（王）郁字飛伯，大興府人。舉進士不第，年三十爲亂兵所殺。少日《擬古別離》有「黃鶴樓高雲不飛，鸚鵡洲寒星已曙」之句，人多傳之。後入京師，大爲李欽叔所稱。元遺山贈詩有「筆頭仙語復鬼語，只有溫李無他人」之句。〔註38〕

2.（李）汾字長源，平晉人。與遺山同鄉里，各有詩名，兩不相下。〔註39〕

3.元好問字裕之，別號遺山，秀容人。弱冠登進士，官尚書省左司員外郎，金亡不仕，時亦稱爲元才子。金自大定後，頗尚文藝，詩家輩出，盛於兩宋。崔立之變，駢首死難，惟遺山巋然獨存。金末元初，與趙孟頫南北對峙。元初學者，宗之以爲依歸。史稱其備眾體，有繩尺，蔚爲一代宗匠，殆非虛語。晦道林莽，日課一詩，四方學者執羔雁無虛日。其七言歌行，大氣溥滂，激昂慷慨，悲壯淋漓，每見於字裏行間。集中數篇微見纖弱，大醇小疵不足病也。他如《湘夫人詠》諸作，李賀有此洗練，無此神化。五言寖追陶、謝，律詩並驅李、杜。宋金人皆學李、杜，惟金人獨得其巧。子美非無累句，宋人不辨精粗，字字模擬，故僅得其拙處。遺山《短日詩》「風霜憐晚節，天地

〔註34〕張寅彭主編：《民國詩話叢編》第二冊，上海書店，2002年，第610頁。
〔註35〕張寅彭主編：《民國詩話叢編》第二冊，上海書店，2002年，第612頁。
〔註36〕張寅彭主編：《民國詩話叢編》第二冊，上海書店，2002年，第623頁。
〔註37〕張寅彭主編：《民國詩話叢編》第二冊，上海書店，2002年，第648頁。
〔註38〕張寅彭主編：《民國詩話叢編》第三冊，上海書店，2002年，第224頁。
〔註39〕張寅彭主編：《民國詩話叢編》第三冊，上海書店，2002年，第224頁。

入歸心」之「入」字，又《潁亭詩》「春風碧水雙鷗靜」之「靜」字，放翁諸人而外，皆不及也。宋金遺老如趙復、龔開、白賁等數十人，並收《元詩癸選》及《元詩記事》中，全集未見，殘篇零什，難以爲斷，茲從略焉。〔註40〕

4.（楊）奐字煥然，奉天人，舉進士，官至河南路廉訪使，有《還山集》。……近體五七言稍勝宋人，殊不足以望遺山項背。〔註41〕

5.至元人中如李冶與元好問齊名，稱元李，白賁與遺山齊名，亦稱元白。〔註42〕

◎王逸塘《今傳是樓詩話》

1.俗稱入妓館者爲「打茶圍」。放翁《城南馬上作》云：「寄語長安眾年少，妓圍不似獵圍豪。」又元遺山《送杜子詩》：「北渚曉晴山入座，東原春好妓成圍。」是在宋元時已有此稱矣。〔註43〕

2.巴縣楊滄伯庶堪，蜀才中之錚錚者也。……君有《論詩絕句百首》，方在屬草中，遺山、漁洋有嗣響矣。〔註44〕

3.吳江王載揚藻云：「百首淋漓長慶體，一生慚愧義熙民。」嘉定金繩武慰祖云：「兩代詩名元好問，畢生心事沈初明。」可謂異曲同工，然亦不無微詞矣。〔註45〕

4.近海藏錄示木菴七夕詩云：「輕河如練月如舟，花滿人間七巧樓。野老家風依舊拙，蒲團又度一年秋。」木菴，元之詩僧。遺山作序，盛稱其七夕之作，頗爲當時傳誦。〔註46〕

5.東坡讀松寥詩，愛其無蔬筍氣，松寥用是得名。元遺山作《木庵詩集序》，稱述東坡語，以爲非定論。蓋謂詩僧之所以自別於詩人者，正以其蔬筍氣在也。〔註47〕

6.海藏盛稱元僧木菴《七夕感興》之作，余已錄入詩話。木菴詩不多見，

〔註40〕張寅彭主編：《民國詩話叢編》第三冊，上海書店，2002年，第224～225頁。
〔註41〕張寅彭主編：《民國詩話叢編》第三冊，上海書店，2002年，第225頁。
〔註42〕張寅彭主編：《民國詩話叢編》第三冊，上海書店，2002年，第232頁。
〔註43〕張寅彭主編：《民國詩話叢編》第三冊，上海書店，2002年，第262頁。
〔註44〕張寅彭主編：《民國詩話叢編》第三冊，上海書店，2002年，第265頁。
〔註45〕張寅彭主編：《民國詩話叢編》第三冊，上海書店，2002年，第267頁。
〔註46〕張寅彭主編：《民國詩話叢編》第三冊，上海書店，2002年，第320頁。
〔註47〕張寅彭主編：《民國詩話叢編》第三冊，上海書店，2002年，第324頁。

《七夕詩》見於遺山所爲集序中，當時詩名藉甚。趙閒閒稱其書如東晉名流，詩有晚唐風骨。遺山亦有詩寄之云：「愛君山堂句，深靖如幽蘭。愛君梅花詠，入手如彈丸。詩僧第一代，無媿百年間。木菴出世住寶應，有《山堂夜岑寂》及《梅花》等篇傳之京師。其推服可謂至矣。」〔註48〕

7.匏廬《題王批鈐山堂詩》，亦爲秋岳作者：……「心畫心聲總失眞，遺山昔已誚安仁。累累贓貫冰山錄，此本翻爲庋閣珍。」〔註49〕

8.元遺山《野史亭雨夜感興》云：「私錄關赴告，求野或有取。秋兔一寸豪，盡力不能舉。衰遲私自惜，憂畏當誰語。展轉天未明，幽窗響疏雨。」「秋兔」二句，詎獨史官之箴，亦可爲今之立言者戒。士果有信今傳後之思，則下筆時自當鄭重以出。若夫掇拾讕言，雌黃任意，晚出坊本，訛謬雜陳，以此號爲「野史」，寧足徵信哉！〔註50〕

9.元遺山《論詩》云：「心畫心聲總失眞，文章寧復見爲人。高情千古《閑居賦》，爭信安仁拜路塵。」譏潘河陽也。〔註51〕

10.廣雅《金陵襍集詩十六首》，一時同作者甚盛。而以樊山爲最工，博綜舊聞，兼及近事，固不僅以風調勝也。詩云：「老去屏山賦汴京，裕之俳體雪香亭。名篇十六渾相似，傳唱江南不忍聽。」〔註52〕

◎由雲龍《定庵詩話》卷上

1.元遺山《中州集》以詩存人，佳構甚稀。然王漁洋《池北偶談》稱劉無黨迎之歌行，與李長源汾之七律，不減唐人及北宋大家，南宋自陸務觀外，無其匹敵，爾時中原人才，可謂極盛云云。說者謂漁洋北方人，不無阿私之見。李越縵亦謂《中州集》可取者無多，標舉數首，以概其餘。党承旨懷英《和道彥至》云：「山光凝黛水浮空，地僻偏宜叔夜慵。尚喜年登更冬暖，敢論人厄與天窮。君方有志三重浪，我已無心萬里風。擬葺小園師老圃，綠畦春溜引連筒。」詩不過清穩，以合越縵旨趣，特爲標出。〔註53〕

2.陳簡齋《傷春詩》：「孤臣霜髮三千丈，每歲煙花一萬重。」實襲元遺山《寄楊飛卿》詩「西風白髮三千丈，故國青山一萬重。」（原文如此，陳實在

〔註48〕張寅彭主編：《民國詩話叢編》第三冊，上海書店，2002年，第324頁。
〔註49〕張寅彭主編：《民國詩話叢編》第三冊，上海書店，2002年，第357頁。
〔註50〕張寅彭主編：《民國詩話叢編》第三冊，上海書店，2002年，第383頁。
〔註51〕張寅彭主編：《民國詩話叢編》第三冊，上海書店，2002年，第386頁。
〔註52〕張寅彭主編：《民國詩話叢編》第三冊，上海書店，2002年，第507頁。
〔註53〕張寅彭主編：《民國詩話叢編》第三冊，上海書店，2002年，第550頁。

元前）〔註54〕

　　3.李拔可《夜坐示貞壯並寄劍丞江南》詩「眼中時事益紛紛，默坐相看我與君」，實本於元遺山《眼中》詩「眼中時事益紛然，擁被寒窗夜不眠」，均爲起句。〔註55〕

　　4.李越縵舉元遺山《出都》一首云：「春閨斜月曉聞鶯，信馬都門半醉醒。官柳青青莫廻首，短長亭是斷腸亭。」……以爲不減唐人風調。〔註56〕

　　5.七言律詩，自唐而始盛，唐以前只有七言八句之樂府詩耳。自唐人以聲律對偶限之，遂相沿爲律體。……迨及金、宋，元遺山、王半山、黃山谷、陸放翁、陳後山、陳簡齋諸大家繼起，步武唐人，而各有變化獨到之處。〔註57〕

　　6.溫李二家，雄渾秀麗，開後人無數法門，然要在善學，使氣骨藻采相副，便爲上乘。否則偏於纖縟，便落凡近，此之不可不愼也。元遺山《桐川與仁卿飲》、《衛州感事》、《出都》、《潁亭》諸作皆佳。〔註58〕

　　7.遺山、青邱、空同、大復，高視闊步，嗣響唐音。〔註59〕

◎楊香池《偷閒廬詩話》第一集

元人元好問有句云：「林高風有態，苔滑水無聲。」語新意蘊，殊耐咀嚼。〔註60〕

◎俞陛雲《〈十朝詩乘〉序》

元遺山之表節一集，端藉《中州》；……世方尊夫目論，史亦等於官書。故羽陵之墜簡，有待補苴；銅川之小言，每資採撅。……是曰蒐軼，其善四也。〔註61〕

◎郭則澐《十朝詩乘》卷一〇

乾隆十一年，詔令前代帝王陵寢及聖賢忠烈墳墓，一體修葺防護；不載《會典》、無陵戶者，酌築圍牆以禁作踐。至哉聖治，澤及九原。……汪守愚爲忻州牧，則重修元遺山墓，立祠，訪其裔孫主之，且於墓旁建野史亭。何

〔註54〕張寅彭主編：《民國詩話叢編》第三冊，上海書店，2002年，第556頁。
〔註55〕張寅彭主編：《民國詩話叢編》第三冊，上海書店，2002年，第557頁。
〔註56〕張寅彭主編：《民國詩話叢編》第三冊，上海書店，2002年，第565～566頁。
〔註57〕張寅彭主編：《民國詩話叢編》第三冊，上海書店，2002年，第566～567頁。
〔註58〕張寅彭主編：《民國詩話叢編》第三冊，上海書店，2002年，第567頁。
〔註59〕張寅彭主編：《民國詩話叢編》第三冊，上海書店，2002年，第574頁。
〔註60〕張寅彭主編：《民國詩話叢編》第三冊，上海書店，2002年，第699頁。
〔註61〕張寅彭主編：《民國詩話叢編》第四冊，上海書店，2002年，第6頁。

蘭士詩云：「一代典章誰信史，中州壇坫此雄師。浣花心事坡翁筆，不及成都有舊祠。」〔註62〕

◎許鍾璐《〈十朝詩乘〉跋》

三代以前，《詩》、《書》皆史也。……自春秋之世，而詩教衰。漢晉以降，華篇競出，類不外應制、紀遊、贈別、遣興之作。雖若杜少陵、元遺山輩傷時感事，形諸詠歌，當世號爲「詩史」，然作者特一二人，所徵遺聞軼事，亦不過一二朝已耳。〔註63〕

◎汪國垣《光宣詩壇點將錄》

1. 六轡不驚揮翰手，也能恣肆也能閒。泊園詩骨知誰似，上溯遺山與半山。〔註64〕

2. 詩學江西又一奇遺山句，泉明襟抱輞川辭。都官正字無偏嗜，始信多師是汝師。〔註65〕

◎沈其光《瓶粟齋詩話》初編卷三

先生與余論詩書，前後不下數十通，多精微之論。有經亂而散亡者，不能憶矣。姑錄其存者，書云：「弟生平愛誦太白、樂天，於明喜袁中郎，於國朝喜隨園。中歲始覺近代詩品不高。而鄙人少作則大半化劫灰矣。大率唐宋詩人無過於李、杜、韓、白、蘇、陸，又其次爲遺山，遺山之後，未有遺山也。」〔註66〕

◎沈其光《瓶粟齋詩話》續編卷一

1. 作詩話有數難：夫古今文人，篇什鱗萃，然玄珠在握，動嗟赤水之遺；碧樹周阿，或漏海人之網，此一難也。甄錄人物，互有主張，是以韋縠選才，不鈔老杜；房祺編集，獨闕遺山。於是目論致疑，耳食見責，又一難也。〔註67〕

2. 金元兩代詩人，當推遺山爲大家。遺山生長并州，登宣宗興定五年進士。貞祐初始南渡河，嗣是周流齊、魯、燕、趙、晉、魏間幾三十年，歷官

〔註62〕張寅彭主編：《民國詩話叢編》第四冊，上海書店，2002年，第315～316頁。
〔註63〕張寅彭主編：《民國詩話叢編》第四冊，上海書店，2002年，第849頁。
〔註64〕張寅彭主編：《民國詩話叢編》第五冊，上海書店，2002年，第332頁。
〔註65〕張寅彭主編：《民國詩話叢編》第五冊，上海書店，2002年，第334頁。
〔註66〕張寅彭主編：《民國詩話叢編》第五冊，上海書店，2002年，第522～523頁。
〔註67〕張寅彭主編：《民國詩話叢編》第五冊，上海書店，2002年，第583頁。

鎮平、南陽令，至尚書省左司員外郎。金亡，北歸不仕。其交遊見於集中者，如楊雲翼、趙秉文，則金之鉅卿也，朝士如雷淵、麻九疇、王渥、李汾、李氏四桂，耆宿如趙江漢、王滹南、辛敬之、馮叔獻，後生如郝伯常，詩友如秦簡夫、靖南湖，酒友如劉紫薇、陳秀玉等，皆一時豪俊，遺山無不與之款接。遺山生逢易代，至性天成，每云：「家貧親已老，形療心欲死。」又云：「我行潁川道，永念負甘旨。」《金亡後即事》云：「西風一掬孤臣淚，叫斷蒼梧日暮雲。」《女几山懷溪南辛老》云：「欲就溪南問遺事，不禁哀涕落煙霞。」君親朋舊之懷，往往見諸歌詠。至其為學，則云：「先儒骨已朽，百罵不汝讎。胡為文字間，刮垢生瘢疣。」其泯絕門戶攻訐之私，尤為後人所不及。嘗志欲修金史而未果，乃築野史亭，成《中州》一集，凡百餘年來南北鉅儒節士，網羅散失，記載靡遺，自云：「此書成，雖溘死道傍無憾。」又詩云：「濕薪煙滿眼，破硯冰生髭。造物留此筆，我貧復何辭。」惓惓故國，可謂至矣。錢名山嘗言：「遺山之後，未有遺山。」殆不僅以其文字言乎？〔註68〕

3.遺山七言古歌行，開闔動宕，馳驟奔放，蓋所謂「挾幽并之氣」，此為第一。如《虞阪行》、《南溪》、《赤壁圖》、《秦川圖》、《寄溪南詩老辛敬之》、《蕭仲直長史齋》、《荊棘中杏花》、《贈別孫德謙》、《贈張彥遠》、《此日不足惜》、《送希顏赴西臺兼寄李汾長源》、《湧金亭示同遊諸君》、《泛舟大明湖》、《遊泰山》、《西樓曲》、《隋古宮行》、《天門引》、《蛟龍引》、《解劍行》等可二十篇，讀之神為之王。且篇中往往雜糅唐宋人句，如「黃鶴一去不復返」、「白鷗萬里誰能馴」、「事殊興極幽思集」、「天淡雲閒今古同」、「管城初無食肉相」、「黃帽非供折腰具」，恰如自出機軸，無斧鑿痕，此其獨長也。其次為七言律，又其次為五言古，亦瀏亮閒婉。至五言絕，多率易，不足觀。七言絕，題畫詩十居五六，亦無甚佳思矣。〔註69〕

4.遺山七律，篇篇鉤勒，字字鬭灌，而尤工於隸事。如云：「只知河朔歸銅馬，又說臺城墮紙鳶。」此詠白撒得河北降將，及哀宗突圍北走，命白撒攻新衛取糧，為元將史天澤所敗事也。「石苞本不容孫楚，黃祖安能貸禰衡。」此詠李汾被武仙脅迫，絕命而死事也。「壯志相如頭碎柱，赤心嵇紹血沾衣。」此詠王渥赴宋議約，及忠忽烈（筆者案：據《金史》卷一一一

〔註68〕張寅彭主編：《民國詩話叢編》第五冊，上海書店，2002年，第583～584頁。
〔註69〕張寅彭主編：《民國詩話叢編》第五冊，上海書店，2002年，第584頁。

－123－

《內族思烈傳》「忠忽烈」當作「忠思烈」）援汴，兵敗，渥死難事也。其他寫情寫景者，云：「華表鶴歸應有淚，銅盤人去亦無心」、「傷時賈誼頻流涕，臥病王章自激昂」、「華胥夢破青山在，《梁父》吟成白髮催」、「黃花自與西風約，白髮先從遠客生」、「淹留歲月無餘物，料理塵埃有此杯」、「黃菊有情留小飲，青燈無語伴微吟」、「春寒春暖花如故，年去年來老漸催」、「春風碧水雙鷗靜，落日青山萬馬來」、「蕩蕩青天非向日，蕭蕭春色是他鄉」，諸聯感時觸事，淒人心脾。《甌北詩話》譏其「書卷不多，不如蘇陸之博大」。余曰正惟其不多，故能精切如此。譬之用兵，苻堅百萬之師，不敵謝公八千之眾，在精而不在多也。紀律不諳，形勢不審，雖蜂屯蟻聚，又安用哉？〔註70〕

5. 昔人評遺山詩：「不使奇字，新之又新；不用晦字，深之又深。」遺山亦自言：「工夫到方圓，言語通眷屬。」見《與張仲傑論文詩》。又《自題》云：「共笑詩人太瘦生，誰從慘淡得經營。千秋萬古迴文錦，只許蘇娘讀得成。」又《後論詩》云：「不信驪珠不難得，試看金翅擘滄溟。鴛鴦繡了從教看，莫把金針度與人。」皆自道其功力，並喜獨得詩中奧旨也。〔註71〕

6. 遺山詩全得力於杜。如云：「長鯨駕空海波立，老鶴叫月蒼煙愁。」此效「豫章翻風白日動，鯨魚跋浪滄溟開」句法也；《贈常山伜》云：「黑鷹破殼自神駿，黃犢放腳須跳梁。」此效「驊騮作駒已汗血，鷙鳥舉翮連青雲」句法也。其《論詩絕句三十首》，於山谷、後山頗多不滿，故云：「論詩寧下涪翁拜，未作江西社裏人。」《題中州集》云：「北人不拾江西唾，未要曾郎借齒牙。」指曾慥選宋詩也。然亦有摹杜太似之病，如《紀子正杏園宴集》云：「未開何所似，乳兒粉妝深」、「絳唇半開何所似，里中處女東家鄰」、「就中爛漫尤更好，五家合隊虢與秦」數語，全效《麗人行》。〔註72〕

7. 遺山詩複句最多，《甌北詩話》已備舉之。余觀其古風，結處格調相同者亦不少，如《趙和卿醉歸圖》云：「好著蹇驢馱我去，與君同醉杏園春。」《崔夢臣北上》云：「他日南歸吾未老，與君同醉晉溪春。」《送詩人秦簡夫歸蘇墳別業》云：「蹇驢馱入醉鄉去，袖中知有眉山春。」《贈答趙仁甫》云：「都門回首一大笑，袖中知有江南春。」《南冠行》云：「安得酒船三萬斛，

〔註70〕張寅彭主編：《民國詩話叢編》第五冊，上海書店，2002 年，第 584～585 頁。
〔註71〕張寅彭主編：《民國詩話叢編》第五冊，上海書店，2002 年，第 585 頁。
〔註72〕張寅彭主編：《民國詩話叢編》第五冊，上海書店，2002 年，第 585 頁。

與君轟飲太湖秋。」〔註73〕

8.遺山有《別王使君丈從之》詩云：「謝公每見皆名語，白傅相看只故情。」
蓋爲汴京破後，漳南微服北歸而作。〔註74〕

◎沈其光《瓶粟齋詩話》續編卷四

「一夕輕雷落萬絲，霽光浮瓦碧參差。有情芍藥含春淚，無力薔薇臥曉
枝。」此宋秦觀少游《春日》詩也。而遺山《論詩絕句》以其纖弱，譏爲「女
郎詩」。然其《秋日》絕句云：「連卷雌霓掛西樓，逐雨追雲意未休。安得萬
妝相向舞，酒酣聊把作纏頭。」此何等語乎？遺山之論未必允也。〔註75〕

◎沈其光《瓶粟齋詩話》續編卷五

元遺山詩：「崐山有璞玉，外質而內美。惟其不自炫，故與凡玉異。和也
速於售，再獻甘滅趾。在玉庸何傷，惜君兩足耳。」結語冷峭，奔競躁進者
讀之，當可猛省。又《景船齋筆記》載陸平泉《題卞和泣玉圖》云：「三上而
刖足，爲之抱玉以泣，君子曰：『和非知玉者也。夫玉三上而不售，是遇玉者
之不幸也。玉何損也？自刖以明玉之非石也，又何加於玉哉！且玉之貴於天
下也，以知之者鮮也。天下之不知玉者眾矣，欲一一以明之，足其可勝刖哉？』」
文只八十九字，而較元詩尤曲折多姿。短文絕調，惟荊公《讀孟嘗君傳》與
此二篇而已。《景船齋筆記》，松江人章有謨著。〔註76〕

◎沈其光《瓶粟齋詩話》三編卷一

1.七古用韻以平接平及插韻之法，余前《詩話》已略言之。頃檢篋，又得
名山翁一說，云：「七古首句不入韻極難，東坡『我家江水初發源，宦遊直送
江入海』，天造地設，不可多得。遺山『黃花水簾天下絕，我初聞之雪溪翁』，
老橫無敵，然此猶一平一仄也。退之《石鼓歌》用兩平，殊不見好。」〔註77〕

2.樵長生平，喜讀老杜、遺山詩。其論遺山，謂其「工於說窮說苦，如
『客裏薑鹽憐節物，亂來鼓吹失歡聲』、『老來行路先愁遠，貧裏辭家更覺
難』、『歎歲村墟更荒惡，窮多人影亦伶俜』等十數聯。」又謂：「瓶翁言老
杜喜用『一』字，而遺山亦有之，如『雞棲漁梁一村落』、『六合空明一蓮葉』

〔註73〕張寅彭主編：《民國詩話叢編》第五冊，上海書店，2002 年，第 585 頁。
〔註74〕張寅彭主編：《民國詩話叢編》第五冊，上海書店，2002 年，第 586 頁。
〔註75〕張寅彭主編：《民國詩話叢編》第五冊，上海書店，2002 年，第 610 頁。
〔註76〕張寅彭主編：《民國詩話叢編》第五冊，上海書店，2002 年，第 622～623 頁。
〔註77〕張寅彭主編：《民國詩話叢編》第五冊，上海書店，2002 年，第 646 頁。

等句是也。」皆足補余《詩話》所未及。〔註78〕

◎沈其光《瓶粟齋詩話》三編卷四

瞿君兌之_{宣穎}，風流淹雅，傾倒一時，余每以不得盡讀其詩爲慊。庚寅春，海上鷗弦室宴集時，袖出所著《補書堂詩稿》四厚冊見示，並鄭重委爲去取。攜歸，乃暢讀之。……《讀元遺山集》云：「入燕委曲寧初意，存趙艱難有至謀。」〔註79〕

◎沈其光《瓶粟齋詩話》五編上卷

1.唐人律句多拗第三、第五字。而元遺山頗多拗第六字，如「鄰村爛漫雞黍約」、「春波淡淡沙鳥沒」，「黍」字、「鳥」字原無平聲，然欲求其聲之揚，亦不妨讀平。〔註80〕

2.名山詩，佳處在能達情適意，不爲弔詭艱險之言。其《論詩》詩云：……又云：「遺山筆力高千古，不及雲林字字珠。」〔註81〕

◎吳宓《空軒詩話》

趙翼《題元遺山詩》見《甌北詩鈔》云：「身閱興亡浩劫空，兩朝文獻一衰翁。無官未害餐周粟，有史深愁失楚弓。行殿幽蘭悲夜火，故都喬木泣秋風。國家不幸詩家幸，賦到滄桑句便工。」按末二句，亡友武功閻子雲君登龍於民國初年恒喜誦之，予嘗屢用其意以爲詩。按清盛時之詩人，乃多能同情亡國遺老，蓋真客觀之欣賞也。〔註82〕

◎錢仲聯《夢苕盦詩話》

1.詩人喜自負，不足怪，然未有如李蓴客慈銘之大言不慚者。《越縵堂日記》中自評其《送李爽階之天台令》詩云：「不難於奇思雋語，而難於音節自然，直起直落，不煩繩削。作詩到此地步，良非偶然，惜不令吾家太白見之。東坡、遺山，政恐未曾見及。東坡有其趣而乏遒警，遺山有其骨而乏風華，……此事自有公道，吾不敢多讓。」〔註83〕

〔註78〕 張寅彭主編：《民國詩話叢編》第五冊，上海書店，2002年，第654頁。
〔註79〕 張寅彭主編：《民國詩話叢編》第五冊，上海書店，2002年，第684～685頁。
〔註80〕 張寅彭主編：《民國詩話叢編》第五冊，上海書店，2002年，第743頁。
〔註81〕 張寅彭主編：《民國詩話叢編》第五冊，上海書店，2002年，第752頁。
〔註82〕 張寅彭主編：《民國詩話叢編》第六冊，上海書店，2002年，第5～6頁。
〔註83〕 張寅彭主編：《民國詩話叢編》第六冊，上海書店，2002年，第245頁。

2.七律自老杜以後，義山、東坡、山谷、遺山，變態已盡。〔註84〕

3.元遺山詩：「鴛鴦繡了從教看，莫把金針度與人。」此亦未盡然。今以詩人開發詩之秘巧，自能得其眞。〔註85〕

◎劉衍文《雕蟲詩話》卷一

1.義山、東坡、山谷，及後之放翁、遺山、賓之、獻吉、于鱗，皆宗法老杜而各具面目者也。〔註86〕

2.唐宋後詩之渾厚者，無過金之元遺山；《論詩絕句》之最具詩情者，亦無過遺山。唯元氏爲詩好用成句，時參俗語，亦其一病。論詩則重剛輕柔，致遭多人之詰難。但如《芳華怨》、《後芳華怨》，則風華綺麗；《天門引》、《蛟龍引》，則豪氣鬱勃；《赤壁圖》、《荊棘中杏花》，則長言詠歎，爲李、杜、韓、蘇後僅見之七古。〔註87〕

◎劉衍文《雕蟲詩話》卷三

金元好問《遺山詩集》卷十一《無題》二首云：「七十鴛鴦五十弦，酒薰花柳動春煙。人間只道黃金貴，不向天公買少年。」「東風也解惜多才，嫁與桃花不用媒。死恨天台老劉阮，人間何戀卻歸來！」按都穆《南濠詩話》，謂遺山「死恨」兩句，正祖微之詩意，是也，錢牧齋作《唐詩鼓吹序》，稱元遺山詩「高華鴻朗，激昂痛快」。此兩句，尤見其憤激悻悍之情，極易使人賞識。元微之語，倘草草讀過，可能忽略過去。而一得遺山詩之對映烘託，則其精粹全然顯露矣。《南濠詩話》又云：「予頃見楊廉夫詩跡，亦有是作云：『兩婿原非薄倖郎，仙姬已識姓名香。問渠何事歸來早，白首糟糠不下堂。』較之二元，情致不及，而忠厚過之。」〔註88〕

〔註84〕張寅彭主編：《民國詩話叢編》第六冊，上海書店，2002年，第251頁。
〔註85〕張寅彭主編：《民國詩話叢編》第六冊，上海書店，2002年，第318頁。
〔註86〕張寅彭主編：《民國詩話叢編》第六冊，上海書店，2002年，第424頁。
〔註87〕張寅彭主編：《民國詩話叢編》第六冊，上海書店，2002年，第449頁。
〔註88〕張寅彭主編：《民國詩話叢編》第六冊，上海書店，2002年，第567～568頁。

歸有光《周秋汀八十壽序》著作權考辨 [註1]

內容摘要

　　明代歸有光的《周秋汀八十壽序》，學界對其著作權並無爭議。筆者細讀明代方鳳的《改亭存稿》，發現集中所收《壽周秋汀八十序》與歸氏《周秋汀八十壽序》文字幾乎全同，經過版本及作品內容的細緻考辨，認爲此文著作權應歸屬方鳳。

　　明代歸有光的《周秋汀八十壽序》，學界對其著作權並無爭議。清代薛熙所輯《明文在》將之收入卷五四「壽序」。由周本淳校點、上海古籍出版社出版的《震川先生集》，是目前的權威點校本，對此文也予以收錄，沒有提出異議。[註2] 沈新林《歸有光評傳・年譜》所附《震川先生不繫年詩文目錄》，考訂此文寫作時間曰：「『見人之貴，不侈其爵』，實爲作者心聲，可知本文作於未中之時。『余輩九人者，辱交先生父子間，得坐下坐』，蓋成於嘉靖十年（1531 年）前後，有光與同學諸人結文社時。」[註3] 亦可見肯定之態度。韓

〔註 1〕本文與趙興勤教授合撰，載《文獻》2015 年第 3 期。發表時題作《〈周秋汀八十壽序〉著作者考辨》。

〔註 2〕歸有光：《震川先生集》上冊，周本淳校點，上海古籍出版社，2007 年，第323～324 頁。

〔註 3〕沈新林：《歸有光評傳・年譜》，安徽文藝出版社，2000 年，第 403 頁。

國學者朴璟蘭，也曾引用此序文，論證歸有光文學作品的思想特徵。〔註4〕筆者2013年初撰著《明代散曲家周瑞生平考略》一文，曾細讀明代方鳳的《改亭存稿》，是集中收有《壽周秋汀八十序》一篇，茲引如下：

> 吾昆秋汀周先生，今年壽八十，鄉大夫士多爲歌詩文章祝之。先生之子通判君，設廣席大會賓客。予輩九人者，辱交先生父子間，得坐下坐。目瞻盛舉，心竊慕之。客有洗爵壽先生者，問曰：「先生之壽有道乎？」先生曰：「有。《老子》曰：『逸則壽。』又曰：『知足之足常足。』蓋造化鈞畀萬物。小大厚薄，各有品限。故安其分則心泰，心泰則百疢不作，故壽。愚者弗察，覬覦生焉，得失觸焉，心擾而害隨之，惡乎壽？故吾見人之富，不多其財，而薄田敝廬，足於陶朱。見人之貴，不侈其爵，而青氈絳帳，榮於金紫。見人之有時名，不高其聞，而陶情詩酒，放懷歌舞。老焉益壯，若將終身。吾不知有餘在人，不足在我。嬉嬉然若與得意者等。吾之壽或者在此乎？」客未對，予笑曰：「達哉，先生之論也！其有得於莊子《逍遙》之旨乎哉！其曰：大鵬萬里，鷦鷯一枝。各適其適，不相企慕。則羨欲之累可以絕，累絕則悲去，悲去則性命安。是故壽於人則爲彭祖，壽於物則爲大椿。然惟達者能得之，則先生其人也。今而後呼先生爲逍遙公可乎？」先生聞之喜，卒爵而歌，頹然就醉。予因拾問答之辭，合而爲序。〔註5〕

經對比發現，此文與歸氏的《周秋汀八十壽序》文字幾乎全同。這說明此篇文章的著作權起碼是有疑問的，需要認眞加以考辨：

一、外證：從版本層面進行的考察

明代詩人方鳳，字時鳴，號改亭，崑山人。正德戊辰（1508）進士，官至廣東提學僉事。《本朝分省人物考》載有其「小傳」，謂：「方鳳號改亭，鵬介弟也。少以經術、藝文與兄齊名，正德戊辰又同舉進士，天下豔稱之曰『二方』。授行人，選南御史。時寧濠反，形未具即疏言：『胡世寧之逮，其惑誤者欲以安社稷，請無罪之。王守仁可大用，皆豫爲逆濠計者。』以母喪歸，

〔註4〕朴璟蘭：《歸有光文學作品思想的特徵：合一精神》，吳兆路等主編：《中國學研究》第四輯，濟南出版社，2001年，第134頁。

〔註5〕方鳳：《改亭存稿》卷一「序書」，明崇禎十七年方士驥刻本。

服除，改北，出按眞定。當武廟時，政在中官、武弁，論劾不避。武宗南狩，疏論七事，中謂：『不宜索婦女納之行宮。』又極言災情屢見，宜修德袛、崇天戒。危言數進，聞者齰舌。以事見忤，乃請南。尋移疾歸。嘉靖中，復補南，而所陳皆天下大計。會張、桂大禮之議起，力言其非是。既二人者驟貴，又力斜之，尋出視廣西學政，引疾不起。時其兄鵬以太常得請，先後臥林下，杜門著書，放意詩酒，蹤跡俱不及城府。其議禮，時有所不合，天子亦知之，然能各信所是，以行其志。天下所稱『二方』者，名俱不挫。一子一孫，皆薦鄉書，以是晚途益暢適。年八十餘卒。久之，而少子範成進士。」〔註6〕

方鳳的著作，現存主要有《改亭存稿》和《改亭續稿》兩種。

《改亭存稿》，係明崇禎十七年（1644）方士驤刻本，署玄孫士驤上服父重校輯。卷首附方鳳兄方鵬於「嘉靖戊戌秋八月既望」（十七年，1538）所撰序文，曰：「予弟時鳴，自少穎敏秀拔，取科第如俯拾芥。及爲御史，以激揚自任。凡所論列，必社稷之大計、帷幄之巨奸，皆人所不敢言者。曁擢外臺，即抗章力辭，若棄弁毛，無所顧慮，非直養是氣者能之乎！由是發而爲詩歌、爲序記、爲傳贊、誌銘諸作，伸紙落筆，若不經意而矩度自合。……時鳴著述甚富，毀於回祿者三之一，茲刻其所存，故曰《存稿》，而改亭則其號也。別有《養心精論》、《南瀆子》、《改亭奏草》、《家禮俗宜》若干卷，雖謙退未遑盡刻，然璞玉淵光，悵自發終不可得而秘矣。」〔註7〕

《改亭續稿》，亦爲明崇禎十七年（1644）方士驤刻本。卷首附方鳳同年姜龍於「嘉靖甲辰秋月之吉」（二十三年，1544）所撰「小引」，中謂：「（方鳳）其才識功業，已卓然稱於朝野，人皆以公輔期之。未幾，與當道議禮不合，及按畿內，搜剔巨璫違法事，又不合。內外夾攻，出爲外臺，將有下石之計。而公飄然投劾以歸。居言路者知其賢不敢薦也。閉門讀書，百好皆絕，手不釋卷，垂二十年。其學益弘以肆，詩文萃成卷帙，名曰《改亭存稿》，其兄矯亭太常先生爲之序，梓行久矣。」〔註8〕卷末則附方士驤寫於「崇禎甲申中秋」（十七年，1644）的《後跋》，略曰：「二稿行世差久，散失幾半。雖經先子振先府君訂訛補正，不幸嗇於年，初志未遂。……迄今又十有二載矣！簡全編更多遺軼，乃經先子較（校）讎者，手澤宛在，不啻詠荼篇而雪涕矣。

〔註6〕過庭訓：《本朝分省人物考》卷二二，明天啓刻本。
〔註7〕方鵬：《〈改亭存稿〉序》，《改亭存稿》卷首附，明崇禎十七年方士驤刻本。
〔註8〕姜龍：《〈改亭續稿〉小引》，《改亭續稿》卷首附，明崇禎十七年方士驤刻本。

因不憚旁搜，凡所載詩歌、敘記、傳贊、誌銘幸稍備，承先子志刻而新之。」〔註9〕

　　由以上三篇序跋所述，我們可以得知如下信息：一是《改亭存稿》的整理者均繫方氏後人，且距作者生活之年代相距未遠，整理之內容應該比較可信；二是該集今存刻本係晚出，由姜龍所云「梓行久矣」來看，其初刻本大概在嘉靖二十三年之前就早已問世；三是初刻本至崇禎年間即已「散失幾半」，賴方振先、方士驤父子兩代人的努力，旁搜遺軼，勤加校讎，新刻《改亭存稿》才得以告竣。

　　再來看看歸有光的《震川集》。據學者稱：「《震川集》的刻本狀況並不很複雜，主要可分為三種：一為萬曆元年翁良瑜刻本，即崑山本。二為明萬曆甲戌歸道傳刻本，即常熟本。三為清康熙間歸莊刻本。」〔註10〕其中，「崑山本是現存刻本中最早的版本」〔註11〕。崑山本《震川集》萬曆元年（1573）始刊刻，較崇禎十七年（1644）方士驤刻本《改亭續稿》固然為早，但較在嘉靖二十三年（1544）之前就早已問世的《改亭續稿》初刻本則晚了數十年。雖然無法認定《改亭續稿》初刻本中有無收錄《壽周秋汀八十序》一文，但《改亭續稿》中混入歸有光作品的可能性，實在不大。

　　且崑山本自問世以來，學界對它的評價就不是很高。《四庫全書總目》「《震川文集初本》三十二卷」條謂：「明歸有光撰。有光有《易經淵旨》，已著錄。是編為其子子祐、子寧所輯，前有萬曆三年周詩序，所謂崑山本者是也。其中漏略尚多，故其曾孫莊又裒輯為四十卷，而有光之文始全。相傳子寧改竄父書，有光見夢於賈人童姓。其事雖不足信，而字句之訛舛，誠有如莊所指謫者。末載《行述》一篇，子祐所作。又《序略》一篇，子寧所作也。」〔註12〕這從側面說明，即便崑山本《震川集》已收入《周秋汀八十壽序》，這篇文章的歸屬也未必可靠。

〔註9〕方士驤：《〈改亭續稿〉後跋》，《改亭續稿》卷末附，明崇禎十七年方士驤刻本。

〔註10〕楊峰：《歸有光文集的主要刻本和抄本概述》，黃霖主編：《歸有光與嘉定四先生研究》，上海古籍出版社，2007年，第69頁。

〔註11〕楊峰：《歸有光文集的主要刻本和抄本概述》，黃霖主編：《歸有光與嘉定四先生研究》，上海古籍出版社，2007年，第69頁。

〔註12〕永瑢等：《四庫全書總目》卷一七八「集部三十一·別集類存目五」，中華書局，1965年，第1603頁。

二、內證：從作品層面進行的考察

如果說從版本上仍無法確證《周秋汀八十壽序》是方鳳的作品，那我們不妨再從兩人的文集入手，來一探究竟。

周秋汀，即周瑞，字應祥，一字秋汀，崑山人。據筆者考證，其生於明正統十二年（1447）或十三年（1448），卒於明嘉靖十九年（1540）或二十年（1541），春秋九十有四。周氏美姿容，善音律，曾於弘治間任江西德興教諭，不久即辭官歸里，以詩酒自娛。著作主要有《銀峰》、《玉峰》諸稿。他的兒子名周京，字君大，號竹東居士，官雲南臨安府通判。〔註13〕

在《震川先生集》中，明確提及「秋汀」的只有《周秋汀八十壽序》這一處，對於周京，更無一字提及。既然作者聲稱「辱交先生父子間」，那麼，為什麼詩文交往如此之少呢？這不免讓人有些費解。

再看《改亭存稿》，情況則大不一樣，記載方、周二人交往的文字，可謂連篇累牘。光是方鳳寫給周瑞的唱和詩，就達 10 首之多。茲錄如下：

1.《題老松壽秋汀九十，和貞庵韻》：「周公躋上壽，滿壁懸新詩。尚書獨超逸，揮灑橫高辭。人生有退籌，百歲為常期。公特望十年，過此尤足奇。輕身委藜杖，短髮垂花枝。沉檀爇金鼎，石髓浮瓊卮。翩翩下鸞馭，青鳥來西池。日斜醉顏酡，咲看烏帽欹。嗟予沾盛席，羨此貞松姿。濡墨圖老幹，不假丹青施。挺然歲寒秀，非公將謂誰。從公遊赤松，捨此吾何之。」〔註14〕

2.《秋汀以詩見寄和韻》：「林下高年健，推公第一人。黃花娛碧眼，白髮弄青春。杖屨時吟眺，雲山自主賓。秋汀書屋近，相過莫嫌頻。」〔註15〕

3.《秋汀歲朝見寄用韻》：「身膺上壽真完福，天為高人特破慳。三徑博將雙足健，一官贏得廿年閒。春衣藉草花前酒，曉屐侵苔雨後山。幾度詩成都倚和，個中樂意自相關。」〔註16〕

4.《壽秋汀再用韻》：「百歲優游不解忙，一官儒雅足傳芳。健拋鳩杖眼初碧，閒構雞窠髮半黃。好水佳山供玩弄，古松蒼竹傲風霜。從今壽籌應難數，直看滄溟幾變桑。」〔註17〕

〔註13〕參看趙韡：《明代散曲家周瑞生平考略》，澳門《澳門文獻信息學刊》2016 年第 2 期（總第十七期），2016 年 8 月。

〔註14〕方鳳：《改亭存稿》卷七「詩」，明崇禎十七年方士驤刻本。

〔註15〕方鳳：《改亭存稿》卷八「詩」，明崇禎十七年方士驤刻本。

〔註16〕方鳳：《改亭存稿》卷九「詩」，明崇禎十七年方士驤刻本。

〔註17〕方鳳：《改亭存稿》卷九「詩」，明崇禎十七年方士驤刻本。

5.《和韻答秋汀》:「一鄉推重達尊三,世味嘗來蔗境甘。詩酒百年人事足,衣冠兩世聖恩沾。延山入座頻開牖,放燕營巢盡捲簾。從此逍遙無管束,咲將天地作虛龕。」〔註18〕

6.《秋汀見寄用韻二首》:「蓬門花徑老潛夫,月下清歌酒一壺。若使宦途滋味好,當時張翰不思鱸。」(之一)「十載儒官收晚福,數椽書屋枕秋汀。興來偶得驚人句,珠玉時時寄改亭。」(之二)〔註19〕

7.《贈秋汀三首》:「一春不見謫僊人,孤負平生待我眞。聞說近來調攝好,芝眉玉骨倍精神。」(之一)「四月相將五月過,無緣尊酒共高歌。東禪寺閣凌雲起,盡日能消暑氣多。」(之二)「廿載林泉結好緣,知君元是地行仙。秋山雨後看雲屐,春水橋邊載酒船。」(之三)〔註20〕

詩中徑稱「平生待我眞」、「珠玉時時寄改亭」,正可見二人關係之密切。周瑞八十壽誕,方鳳爲其寫下《壽序》;九十壽誕,又作詩《題老松壽秋汀九十,和貞庵韻》以賀。至於日常交往則更是頻繁,以致「一春不見」,便絕「孤負」,這不是一般朋友所能產生的感情。此外,在《漸齋記》一文中,方鳳又曾提及周瑞。〔註21〕周瑞似沒有文集存世,所以我們無法全面考察他寫給方鳳的作品,但蛛絲馬蹟仍有跡可循。如方鳳之姊過壽,周瑞就曾寫壽詩以賀。〔註22〕

方鳳《改亭續稿》中,還收有《二老傳》一篇,對於考察《周秋汀八十壽序》的作者問題大有助益,茲引如下:

> 壽爲五福之先,七十稱古稀,八十者愈稀,若九十則千百之一

〔註18〕方鳳:《改亭存稿》卷九「詩」,明崇禎十七年方士驤刻本。
〔註19〕方鳳:《改亭存稿》卷一〇「詩雜體」,明崇禎十七年方士驤刻本。
〔註20〕方鳳:《改亭存稿》卷一〇「詩雜體」,明崇禎十七年方士驤刻本。
〔註21〕方鳳:《改亭存稿》卷三「記」,明崇禎十七年方士驤刻本。
〔註22〕張大復《梅花草堂筆談》「張環蟠桃圖」條謂:「先大王母方以嘉靖改元周甲子,有繪《蟠桃圖》爲壽者,曰:『張環筆力遒細,有宋元人風概,而世不多傳,其品故在妙能間。』上有序,侍御改亭先生作,大王母弟也。詩於左者,曰德興訓導周秋汀(瑞)、餘干令闓時望(雲),瑞安訓導鄭子充(近仁),右上杭令高歸田(以政),樊府教讀王眞愚;下則僉憲周鶴村、孝廉吳純甫(中英),皆當時知名士。圖藏先九德家,萬曆癸丑,光甫弟歸,予自先君歿,不幸廢視,家藏殆盡,得此如還珠返璧,悲喜不勝,亟付裝潢家表而新之。久雨初晴,將命桐曝書畫,復紀其事,屈指春秋,蓋九十四年於茲矣。萬曆甲寅四月初五日。」(李保民、胡建強、龔聿生主編:《明清娛情小品擷珍》,學林出版社,1999年,第271頁。)

二耳。吾昆壽者數數而見，人以爲壽星臨吳地，然惟吾昆獨出他郡
邑，八十者歲有之，若七十則不足異矣，至於九十而又贏者得二老
焉：曰周秋汀，諱瑞，字應祥。風流標致，自少言動衣冠俊逸整潔，
與諸生迥異。且善音律，屢試不偶。六十外始以歲貢爲儒學訓導。
未幾，謝政歸。年九十有四。曰高歸田，諱以政，字養民。性氣淳
厚，在諸生中以德行稱，不喜與人忤，莫不敬而信之。以貢士爲縣
尹，與秋汀先後懸車，年九十有三。二老性稟不相似，而相合優游
林下者幾三十年。陸行則並輿，水行則同舟。公私宴集必同赴，赴
則居首席。名山勝水，花朝月夕，必攜壺歌舞。其於飲也，量不足
而興有餘，人以二仙目之。予一日問秋汀曰：「公之壽有所養乎？」
答曰：「吾平生於貧富窮達不甚注意，處不足常若有餘，吾心不至戚
戚，吾之壽或者在此乎？」問歸田，則曰：「吾性不喜尚氣，人有犯
者，受而不較，只求自己寬泰，吾之壽或者在此乎？」予聞而歎曰：
昔人謂量之寬弘者壽，言之簡默者壽，性之沉靜者壽，二公皆有之，
其齊壽也固宜。今有踰八望九者，動以二公爲言，而心地險傾，且
求且忮，韓子所謂「原壤之流，壽猶不壽」也。作二老傳以別之。
〔註23〕

在這篇文章中，方鳳明確指出以前曾問過秋汀養生之方法。「公之壽有所養乎」
的設問，與《周秋汀八十壽序》中的「先生之壽有道乎」〔註24〕，何其相似也。
而周瑞回答：「吾平生於貧富窮達不甚注意，處不足常若有餘，吾心不至戚戚，
吾之壽或者在此乎」，與《周秋汀八十壽序》所謂「吾見人之富，不多其財，
而薄田敝廬，足於陶朱；見人之貴，不侈其爵，而青氈絳帳，榮於金紫；見人
有時名，不高其聞，而陶情詩酒，放懷歌舞，老焉益壯，若將終身。吾不知有
餘在人，不足在我，嬉嬉然若與得意者等。吾之壽或者在此乎」〔註25〕，又何
其相類也！《二老傳》寫於周瑞身後，從八十壽序到九十壽詩再到爲之立傳，
方鳳與周瑞可謂至交。

再從行文上看，這篇《壽序》一氣呵成，文筆流暢，富含哲理，方鵬所

〔註23〕 方鳳：《改亭續稿》卷一「記書」，明崇禎十七年方士驤刻本。
〔註24〕 歸有光：《震川先生集》上冊，周本淳校點，上海古籍出版社，2007 年，第
　　　　323 頁。
〔註25〕 歸有光：《震川先生集》上冊，周本淳校點，上海古籍出版社，2007 年，第
　　　　324 頁。

謂「發而爲詩歌、爲序記、爲傳贊、誌銘諸作，伸紙落筆，若不經意而矩度自合」〔註26〕，或於此可見。由上文知，方鳳還曾撰有《養心精論》一書，從書名來看，或許也從周瑞的養生觀中資取過營養。

由此可見，《周秋汀八十壽序》實乃方鳳的作品，原題作《壽周秋汀八十序》。方鳳與歸有光爲同里，身後則聲名不彰，編選者誤將方文收入歸氏文集，以致以訛傳訛，謬誤至今。

〔註26〕方鵬：《〈改亭存稿〉序》，《改亭存稿》卷首附，明崇禎十七年方士驥刻本。

王英志《袁枚書法作品中的集外詩詞九首考釋》辨誤 [註1]

內容摘要

　　王英志《袁枚書法作品中的集外詩詞九首考釋》(《文學遺產》2008 年第 6 期) 一文，至少有三首詩著作權誤判。《扇面絕句三首》前一首見《甌香館集》卷八，題作《題畫贈李先生》；後兩首見《甌香館集》卷二，題為《觀潮》。俱為清初「毗陵六逸之冠」惲格的作品。

　　袁枚 (1716～1798)，字子才，號簡齋，晚年號隨園老人等。錢塘 (今浙江杭州) 人。乾隆四年 (1739) 進士，歷任江寧等縣縣令，乾隆十三年底告歸，隱居後主要從事詩文創作，與趙翼、蔣士銓齊名，並稱「乾隆三大家」。其著作主要有《小倉山房詩集》三十九卷、《文集》三十五卷、《外集》八卷、《尺牘》十卷、《牘外餘言》一卷，《隨園詩話》二十六卷、《隨筆》二十八卷、《食單》二卷，《子不語》三十四卷，《袁太史稿》一卷等。

　　王英志是目前國內袁枚研究領域的領跑者，主校的《袁枚全集》，以其蒐羅完備、標校精審嘉惠學林甚多。另有《袁枚與隨園詩話》(1990)、《性靈派研究》(1998)、《袁枚》(1999)、《紅粉青山伴歌吟：袁枚傳》(1999)、《袁

〔註 1〕 本文與趙興勤教授合撰，載《河池學院學報》2011 年第 6 期。發表時題作《〈袁枚書法作品中的集外詩詞九首考釋〉辨誤》。

暨性靈派詩傳》（2000）、《袁枚評傳》（2002）等十餘種相關著述出版，以時有新見，皆給人啓迪。尤其是近幾年，王先生陸續發現了不少袁枚佚文、佚詩，在《文學遺產》、《文學評論》、《文藝研究》、《文獻》、《中國典籍與文化》等刊物相繼發表文章進行考釋，對豐富完善袁枚研究起到了不容忽視的推動作用，令筆者敬佩。然百密一疏，英志先生的「補佚」亦偶有失當之處，如新近刊出的《袁枚書法作品中的集外詩詞九首考釋》（《文學遺產》2008 年第6 期，以下簡稱《考釋》）一文，筆者認爲至少有三首詩著作權判斷欠妥當，特提出商榷。

王先生從北京傳是國際拍賣有限責任公司所藏袁枚扇面書法作品輯得袁枚集外詩三首，並自題爲《扇面絕句三首》，又據落款時間「壬寅端午後二日」，輔以袁枚行年事跡，進而對三詩詳加考釋，敷衍成文。

所輯《扇面絕句三首》原文即爲：

　　　　滄波迷嶼橫天影，莫問羅浮與洞庭。我登春風楊柳路，煙山不
　　改舊時青。

　　　　何處紅樓聽玉簫，銀塘不見桂花遙。海神當作秦時夢，枉恨移
　　山舊時橋。

　　　　雪光雲線下空雷，點鷺翔鷗白練來。二十三年無勁弩，天吳才
　　放海門開。

　　　　　　　　　　　　　　　　　壬寅端午後二日　　袁枚

王先生在引述袁氏《寓西湖漱石居》、《坐葛嶺石橋觀新開峭壁》、《渡錢塘江無橋，蒙查耕經廣文讓舟，自言曾讀〈袁太史稿〉故也。感謝一律》等詩後作推斷曰：「扇面絕句三首當與上述諸詩寫於同一時段，因爲是爲他人題寫的扇面詩，未加留存，故後來沒有收入詩集。」〔註2〕這一論斷，似欠斟酌。因爲這三首詩，已出現在生年早袁氏八十多年的清初著名畫家惲格的《甌香館集》中，且並不是同一組詩，只是文字略有出入。特摘錄如下：

題畫贈李先生

　　　　滄波遠嶼橫天影，莫問羅浮與洞庭。我望春風楊柳路，煙山不
　　改舊時青。

〔註2〕王英志：《袁枚書法作品中的集外詩詞九首考釋》，《文學遺產》2008 年第6 期，第 140 頁。

觀潮

何處紅樓聽玉簫，銀蟾不見桂花遙。海神尚作秦時夢，枉恨移山舊石橋。

雪光雲線下空雷，點鷺翔鷗白練來。二十三年無勁弩，天吳才放海門開。〔註3〕

前一首見《甌香館集》卷八〔註4〕，題作《題畫贈李先生》；後兩首見《甌香館集》卷二〔註5〕，題為《觀潮》。由此可知，袁氏於扇面所題之詩，似為前人惲格所作。果真如此，釋文也成了問題。第二首，「銀塘」既作「銀蟾」，乃是指月。古人稱，「羿妻姮娥竊之奔月，託身於月，是為蟾蜍，而為月焉」，又謂，「月中有桂樹」。《淮南子》、《五經通義》、《酉陽雜俎》、《後漢書》注等，均有相類表述。「銀蟾」與「桂花」二典，意脈相通，與「月」切合，較扇面語妥帖。且「移山」一句，似用鞭石入海之典，事見《太平廣記》卷二九一。該書「秦始皇」條引《三齊要略》曰：

> 秦始皇作石橋，欲過海，觀日所出處。傳云：「時有神能驅石下海。陽城十一山，今盡起立，嶷嶷東傾，如相隨行狀。」又云：「石去不速，神人輒鞭之，皆流血，石莫不悉赤，至今猶爾。」秦皇於海中作石橋。或云：「非人功所建，海神為之豎柱。始皇感其惠，乃通敬於神，求與相見。神云：『我形醜，約莫圖我形，當與帝會。』始皇乃從石橋入三十里，與神相見。帝左右有巧者，潛以腳畫。神怒曰：『帝負約，可速去。』始皇即轉馬，前腳猶立，後腳隨崩，僅得登岸。」〔註6〕

恰與此詩情景相合。惲格的這二首詩編排在《答稚黃與惲子說秋氣》、《越山》諸詩之後。毛稚黃，即清初文學家毛先舒之字。毛氏為仁和（浙江杭州）人，乃「西泠十子」之一，曾執贄向劉宗周（號蕺山）「問性命之學」〔註7〕。據載，惲格「最愛西湖風景，每到杭州，必居東園高雲閣，或累月，或經年，乍去乍來，視東園如家庭」〔註8〕，故以東園客自號。可知，此詩乃惲氏遊杭

〔註3〕正文中加著重號的字與王輯《扇面絕句三首》不同。
〔註4〕惲格：《甌香館詩》，中華書局，1985年，第124頁。
〔註5〕惲格：《甌香館詩》，中華書局，1985年，第31頁。
〔註6〕李昉等編：《太平廣記》，中華書局，1961年，第2317頁。
〔註7〕錢儀吉纂：《碑傳集》第十一冊，中華書局，1993年，第4111頁。
〔註8〕傅抱石：《惲南田》，錢仲聯主編：《廣清碑傳集》，蘇州大學出版社，1999年，第310頁。

時所作，當均寫錢塘江潮，而非「西湖清幽之境」〔註9〕。而第一首既爲題畫詩，是否在寫「錢塘山水」，則在不可知之中，不便遽斷。

至於惲格，則生於明崇禎六年（1633），卒於清康熙二十九年（1690），〔註10〕字壽平，又字正叔，號白雲外史、雲溪漁父、東園草衣生，晚號南田老人等。江蘇武進人，與趙翼同里。惲格係清代著名畫家，創常州畫派，爲「一代之冠」。自幼聰穎過人，惲鶴生《南田先生家傳》言其「八歲詠蓮花成句」，驚塾師。其詩「幽渺凄戾，託寄遙深」〔註11〕，多懷故國之思，與楊宗發、胡香昊、陳鍊、唐惲宸、董大倫並稱「毗陵六逸」，時人以六逸之冠目之。鄧之誠以爲「若僅目爲高逸，未免泯沒烈士苦心」〔註12〕，可見對其之推重。

惲格一家俱有節操。其父惲日初（1601～1678），字仲昇，號遜庵，爲「復社」遺老，「明崇禎癸酉副榜，應詔上備邊六策，不報去」〔註13〕。「論學重知行並進」，「防檢精密」，〔註14〕著有《劉子節要》、《四書講義》、《見則堂語錄》、《古文野乘》、《論語解》、《遜庵詩文集》等，曾與黃宗羲爲「同門友」，共同問學於明季大儒劉宗周。〔註15〕黃氏在《惲仲昇文集序》中，

〔註9〕 王英志：《袁枚書法作品中的集外詩詞九首考釋》，《文學遺產》2008年第6期，第140頁。
〔註10〕 江慶柏編著：《清代人物生卒年表》，人民文學出版社，2005年，第581頁。
〔註11〕 鄭方坤：《國朝名家詩鈔小傳南田詩鈔小傳》，錢仲聯主編：《清詩紀事》第二冊，江蘇古籍出版社，1987年，第913頁。
〔註12〕 鄧之誠：《清詩紀事初編》上冊，上海古籍出版社，1984年，第42頁。
〔註13〕 徐世昌等編纂：《清儒學案》第一冊，中華書局，2008年，第666頁。惲敬《遜庵先生家傳》謂其「應詔上備邊五策」（錢儀吉纂：《碑傳集》第十冊，中華書局，1993年，第3763頁）。
〔註14〕 湯修業：《賴古齋文集》卷二《惲遜庵先生傳》，《續修四庫全書》本（上海古籍出版社2003年版）。
〔註15〕 黃宗羲對惲日初之學，看法自相牴牾。《與惲日初尺牘》謂：「老師之學，同門中惟吾兄能言之。」（沈善洪主編：《黃宗羲全集》第十一冊，浙江古籍出版社，2005年，第379頁。）《與陳乾初論學書》謂：「唯先師之及門，凋謝將盡，存者既少，知其學者尤少，弟所屬望者，惲仲昇與兄兩人而已。」（沈善洪主編：《黃宗羲全集》第十冊，浙江古籍出版社，2005年，第158頁。）《明儒學案》卷六二《蕺山學案》謂：「日初亦便未知先師之學也。」（沈善洪主編：《黃宗羲全集》第八冊，浙江古籍出版社，2005年，第885頁。）《答惲仲昇論子劉子節要書》謂：「老兄於刪節接續之際，往往以己言代之，庸詎知不以先師之語，遷就老兄之意乎」，「以劉子之《節要》，而節惲子之文，寧有是體乎？」（沈善洪主編：《黃宗羲全集》第十冊，浙江古籍出版社，2005年，第225頁。）

極力推許其獨到之見，謂：「仲昇之學，務得於己，不求合於人，故其言於先儒或同或異，不以庸妄者之是非爲是非也。」〔註16〕長子惲楨抗清戰死，次子惲桓抗清被俘後失蹤。幼子惲格，少年歷經戰亂，瑣尾流離，入清隱居不仕，布衣終生，五十八歲卒，家貧無以下葬，賴王翬以安後事。格「性落拓雅尚，遇知己，或匝月爲之點染。非其人，視百金猶土芥，不市一花片葉也」〔註17〕。《清史稿》、《碑傳集》、《國朝先正事略》、《清代毗陵名人小傳》等，均曾載述其生平事跡。傅抱石撰有《惲南田》，對其行狀考述甚詳，可資參看。〔註18〕

南田晚歲於常州白雲溪渡口南岸租一臨溪小築，用爲安身終老之所，此即「甌香館」。洪亮吉《外家紀聞》曰：「甌香館爲穎若啓宸從舅氏宅中臨溪小築，惲南田居士貧時常賃居之，故所作多署『甌香館』。」〔註19〕徐嘉《論詩絕句五十七首》謂：「南田八歲賦蓮花，人說甌香是畫家；誰識詩心工寄託，霜天悽戾響悲笳。」〔註20〕

惲格的文學作品，主要有《惲南田詩集》一卷，《江上紀愁詩》一卷、《甲寅江上詩》一卷、《南田詩刪》一卷，《南田詩抄》五卷，《南田詩》五卷，《甌香館集殘存》三卷，《甌香館集》十二卷、《補遺》兩卷、《附錄》一卷，〔註21〕中華書局本《甌香館集》，係據道光二十六年所刻《別下齋叢書》本排印。雖然徐世昌《晚晴簃詩彙》言「海寧蔣光煦別輯《甌香館集》十二卷，《補遺》一卷，雜採石刻墨蹟，以逮題畫小詩，或爲錄舊，或由依託，間恐誤收，其例言已自著之，未爲善本」〔註22〕。但《題畫贈李先生》、《觀潮》二詩，俱出《甌香館集》正集，非後來補遺之作，未必有誤。

更爲重要的是，經筆者多方訪求，近日終於得見王英志所依據的北京傳

〔註16〕黃宗羲：《惲仲昇文集序》，沈善洪主編：《黃宗羲全集》第十冊，浙江古籍出版社，2005年，第5頁。
〔註17〕鄭方坤：《國朝名家詩鈔小傳南田詩鈔小傳》，錢仲聯主編：《清詩紀事》第二冊，江蘇古籍出版社，1987年，第913頁。
〔註18〕錢仲聯主編：《廣清碑傳集》，蘇州大學出版社，1999年，第308～313頁。
〔註19〕李寶凱：《毗陵畫徵錄》，轉引自葉鵬飛：《常州畫派研究》，江蘇人民出版社，2008年，第51～52頁。
〔註20〕錢仲聯主編：《清詩紀事》第二冊，江蘇古籍出版社，1987年，第916頁。
〔註21〕李靈年、楊忠主編：《清人別集總目》第二卷，安徽教育出版社，2000年，第1661頁。
〔註22〕錢仲聯主編：《清詩紀事》第二冊，江蘇古籍出版社，1987年，第915頁。

是國際拍賣有限責任公司所藏袁枚書法扇面圖片（見圖 1），通過實物考察，進一步證實了本文以上的推論。

圖 1：北京傳是國際拍賣有限責任公司所藏袁枚書法扇面

扇面右起第一首詩之後的小字部分，落款處清晰可見，爲「弟惲壽平」三字。而「李先生披圖攬趣」這幾個字，進一步印證了筆者的觀點，這首詩就是《甌香館集》卷八所收《題畫贈李先生》。第二、第三首詩之後的小字部分，曰：「東園作並書《觀潮》近詩。」又曰：「秋風驚，秋泉清，秋林平，秋雲明，秋堂研墨寫秋聲。」落款處同樣題「壽平」。前面已提到，惲格以「東園客」自號，圖片已明白無誤告訴我們，這兩首乃是惲格自作《觀潮》詩。至於前文注釋所提到的王英志輯文與惲格原詩不同之處，通過與圖片比對，也可以得出結論，均爲王氏錯誤識別袁枚手寫體所致。

王先生言前人不大注意書法作品中的文人集外詩文，認爲「大可挖掘」，筆者亦表贊同。但同時需要注意的是，借助前人書法作品補佚，固然是一條不錯的蒐訪「新路」，但需特別小心，因爲按照慣例，揮毫染翰者未必就是書法中文字的著作權人。古人所題扇面，書寫之聯語、條幅，用於饋贈之手書詩詞等，往往借用前人作品，甚或常有用之而不加說明的情況發生，此習至今亦然也。而時光延宕，眞僞淆亂，如不仔細辨別，審愼再三，則難免產生著作權的誤判。

以袁枚同時代之趙翼爲例。趙翼（1727～1814），字雲崧，一作耘崧，號

甌北，江蘇陽湖（今常州市）人，是清代乾嘉時期頗有影響的歷史人物，他文史兼擅，爲「乾隆三大家」之一，曾著有《廿二史箚記》、《陔餘叢考》、《甌北詩集》、《甌北詩鈔》、《甌北詩話》、《皇朝武功紀盛》、《簷曝雜記》等。甌北的學術影響在清代就已聲被海外，爲世所推重。不久前，山西晉寶 2010 迎春藝術品拍賣會在太原預展，其中一幅由北京盛藏藝術品有限公司收藏，規格爲 15×53 的趙翼扇面書法引起筆者關注（見圖 2）：

圖 2：北京盛藏藝術品有限公司所藏趙翼書法扇面

經筆者辨認並標點，扇面所題韻語大致如下：

> 百斛明珠富，清陰翠幕張。曉懸愁欲睡，露滴愛先嘗。色映金盤果，香流玉碗漿。不勞葱嶺使，常得近君王。五月華林宴，榴花入眼來。百株當戶牖，萬火照樓臺。絳帳垂□裏，紅房粉腮。江南逢巧笑，齲齒向人開。漢苑收名果，如君滿玉盤。幾年沙海使，移入上林看。對酒花仍豔，經霜實未殘。茂林肖曷甚，任生拭不如。

當然，由於草書字體常常變形，有些文字的辨認不一定妥當，但大致情況如是，則是可以肯定的。以上文字不見於湛貽堂刊本《甌北全集》，那麼，我們是否可以認爲其爲趙翼集外詩歌呢？答案是否定的。以筆者目力所及，趙翼此扇面詩作者實爲吳梅村。茲引吳詩如下〔註23〕：

> 百斛明珠富，清陰翠幕張。曉懸愁欲墜，露摘愛先嘗。色映金

〔註23〕正文中加著重號的字與趙翼扇面詩手跡不同。

盤果，香流玉椀漿。不勞葱嶺使，常得進君王。(《蒲萄》)〔註24〕

五月華林宴，榴花入眼來。百株當戶牖，萬火照樓臺。絳帳垂羅袖，紅房出粉腮。江南逢巧笑，齲齒向人開。(《石榴》)〔註25〕

漢苑收名果，如君滿玉盤。幾年沙海使，移入上林看。對酒花仍豔，經霜實未殘。茂陵消渴甚，飲食胜加餐。(《蘋婆》)〔註26〕

趙翼推重吳偉業，所著《甌北詩話》取捨甚嚴，卻爲梅村專列一節，中謂：「惟錢（筆者案：謙益）、吳（筆者案：梅村）二老，爲海內所推，入國朝稱兩大家」〔註27〕，「梅村詩有不可及者二：一則神韻悉本唐人，不落宋以後腔調，而指事類情，又宛轉如意，非如學唐者之徒襲其貌也；一則庀材多用正史，不取小說家故實，而選聲作色，又華豔動人，非如食古者之物而不化也。」〔註28〕甌北所論，建立在對梅村詩沉潛已久之上，熟諳程度自非一般。雲松先生於前人詩吟詠含玩之餘，受人之託，率將梅村詩作題於扇面之上，當是信手拈來，不費工夫，亦自在情理之中。

以上北京盛藏藝術品有限公司所藏趙翼書法扇面中的詩作雖非甌北親撰，但這幅扇面對其作品的輯佚仍有價值，因爲詩後還附有雲松的評語：「此詩知也，眞也，有性情而成，否則敷衍成文矣。」此等言論，正與《甌北詩話》卷四「白香山詩」條所謂「詩本性情，當以性情爲主」的觀點遙相呼應，是趙翼一貫的詩學主張。

吳梅村詩之於趙翼，正如惲格詩之於袁枚。袁枚對惲格詩可謂相當熟悉，《隨園詩話》卷四專條介紹了惲南田，於敘述其傳奇身世之餘，亦引其佳句，如「蟬移無定響，星過有餘光」，「送迎人自老，新舊歲無痕」，「只爲花陰貪坐久，不須歸去更薰衣」等，並贊之曰「皆清絕也」。〔註29〕由此，袁子才身爲當世名流，朋儕、官宦、商旅等索墨寶者當不少，自不暇每作新句。而順手將熟悉之惲格詩作題於扇面，大概也是順理成章之事。如果扇面詩與原作

〔註24〕吳偉業：《吳梅村全集》上冊，李學穎集評標校，上海古籍出版社，1990年，第338頁。

〔註25〕吳偉業：《吳梅村全集》上冊，李學穎集評標校，上海古籍出版社，1990年，第338～339頁。

〔註26〕吳偉業：《吳梅村全集》上冊，李學穎集評標校，上海古籍出版社，1990年，第339頁。

〔註27〕郭紹虞編選：《清詩話續編》第二冊，上海古籍出版社，1983年，第1282頁。

〔註28〕郭紹虞編選：《清詩話續編》第二冊，上海古籍出版社，1983年，第1282頁。

〔註29〕袁枚：《隨園詩話》上冊，人民文學出版社，1982年，第102頁。

產生異文，原因不外有三：一或記憶偶有偏差，實屬正常；二或所據版本之間的差異；三或以己意徑改前人詩句。當然，如果是第三種，那麼就牽涉清代詩歌傳播與接受的新問題了，此不具論。

綜括之，通過書法輯佚文人集外詩文，對輯佚者本身的要求比較高：一是要有廣博的知識儲備，對所考對象的傳世作品及文風、筆致比較熟悉；二是要具備一定的書法知識，能夠識別各類草、行、隸、篆字，即使自身做不到，也要及時請教相關領域的專家，以儘量避免「硬傷」；三是要注重多重證據法的運用，通過實物（或實物圖片）親自加以鑒別，盡可能杜絕轉引之類的「二手材料」，並積極搜訪是否還有其他作家引用過輯佚到的詩文，以避免孤證。（當然，這類詩文很可能是「孤本」，很難找到其他證據）唯其如此，才有可能使結論更接近於真相。不管怎樣，文獻輯佚的工作都是寂寞和艱苦的，儘管偶有一疏，王英志先生的辛勤努力和執著探索還是應該得到充分的尊重和肯定。

清代詩人孔貞瑄卒年考辨 〔註1〕

內容摘要

　　清代詩人孔貞瑄的詩文在後世產生一定影響，然學界對其生卒年，卻語焉不詳。特別是卒年，各家論著均付闕如。筆者依據清乾隆三十九年刻本的《（乾隆）曲阜縣志》、清道光二十年刻本的《濟南府志》以及清人孔繼汾的《闕里文獻考》等史料，論證其「年八十三卒」，卒年爲康熙五十五年（1716）。

　　清代詩人孔貞瑄，字用六，一字璧六，號歷洲，晚號聊叟，山東曲阜人。孔子第六十三世孫。順治十七年（1660）舉人，順治十八年（1661）會試副榜，歷任泰安教諭、濟南教授、雲南大姚知縣等職。其「究心經史，精樂律、算學，能詩文」〔註2〕，著有《聊園詩略》前後集十三卷、《續集》一卷、《補遺》一卷，《聊園文集》一卷、《大成樂律全書》一卷、《操縵新說》一卷、《滇紀》一卷、《黔紀》一卷、《泰山紀勝》一卷、《縮地歌》一卷等。

　　平心而論，孔氏之詩文在後世亦有些影響，徐世昌《晚晴簃詩彙》卷三十一，曾錄其《渡荊江》詩一首；葉聖陶等編的《開明新編國文讀本》（乙種本），則把他的遊記散文《日觀峰觀日出》選入教材。然學界對其生卒年，卻語焉不詳。如錢仲聯主編《中國文學家大辭典·清代卷》謂其「生卒年不詳」

〔註1〕本文與肖陽合撰，載《安徽廣播電視大學學報》2014年第4期。
〔註2〕錢仲聯主編：《中國文學家大辭典·清代卷》，中華書局，1996年，第94頁。

〔註3〕，李靈年、楊忠主編《清人別集總目》未標示其生卒。〔註4〕即便一些專門從事地方文獻研究的著作，也未能解決這一問題。如孔祥林等選注《闕里詩選》〔註5〕、車吉心等主編《齊魯文化大辭典》〔註6〕，皆未能考訂其生卒。孔繁銀的《曲阜的歷史名人與文物》，亦謂貞瑄「生卒年月不詳」〔註7〕。目前對孔氏生年有所交代的，似僅有江慶柏《清代人物生卒年表》。該書據《聊園文集・自述》，推斷孔貞瑄生年爲 1634 年〔註8〕，至於卒年，則仍付闕如。

其實，孔貞瑄的卒年並非無跡可循。筆者在清代方志中，便發現了一些線索。清道光二十年刻本的《濟南府志》卷三十謂：「孔貞瑄，字用六，曲阜人。至聖裔。舉人，升大姚知縣。」〔註9〕同書卷三十八載有孔氏小傳，謂：

> 孔貞瑄，字用六，曲阜人。至聖六十三代孫。順治十八年會試副榜，究心經史，精算法、韻學，而尤長於音律。少好洞簫，盡七調之變，因悟三分損益、上生下生、旋相爲宮之説。康熙二十六年，由泰安學正升任濟南府學教授。時文廟樂律失傳，學使宮定山命修之。乃選青俊儒童二百三十人，分部教演，凡六閲月，而八音諸器皆通曉之。樂分八部，曰「成樂部」、曰「歌部」、曰「絲部」、曰「擊部」、曰「吹部」、曰「舞部」、曰「引導部」、曰「設懸收發部」。本闕里之條理，而參以己見。既成，奏之，清濁高下，不失其倫。後升雲南大姚知縣，因與上官不合罷歸，構聊園以自樂。著有《操縵新説》、《大成樂律全書》行世，年八十三卒。〔註10〕

這裡有一條考訂其卒年的重要信息，即「年八十三卒」。若依江氏推論，則孔氏當卒於康熙五十五年（1716）。

然而，歷史文獻之記載亦不完全一致。如黃鐘駿《疇人傳四編》據《曲阜縣志》曰：

〔註3〕錢仲聯主編：《中國文學家大辭典・清代卷》，中華書局，1996 年，第 94 頁。

〔註4〕李靈年、楊忠主編：《清人別集總目》第一卷，安徽教育出版社，2000 年，第 261 頁。

〔註5〕孔祥林、郭平選注：《闕里詩選》，山東友誼書社，1989 年，第 434 頁。

〔註6〕車吉心、梁自潔、任孚先主編：《齊魯文化大辭典》，山東教育出版社，1989 年，第 319 頁。

〔註7〕孔繁銀：《曲阜的歷史名人與文物》，齊魯書社，2002 年，第 71 頁。

〔註8〕江慶柏：《清代人物生卒年表》，人民文學出版社，2005 年，第 94 頁。

〔註9〕王贈芳：《（道光）濟南府志》卷三〇，清道光二十年刻本。

〔註10〕王贈芳：《（道光）濟南府志》卷三八，清道光二十年刻本。

　　　　孔貞瑄，字用六，山東曲阜縣人。究心經史，精算法、韻學。
　　由舉人授泰安學正，升雲南大姚知縣。所著有《操縵新說》、《大成
　　樂律全書》及《聊園文集》、《詩略》、《滇記》、《黔記》、《泰山紀勝》、
　　《縮地歌》等書，年八十二卒。〔註11〕

此處則認爲孔貞瑄「年八十二卒」，與《（道光）濟南府志》所述不合。孔氏
生活於明末清初，而《（道光）濟南府志》、《疇人傳四編》俱屬晚清史料，考
訂其生卒，似應在文獻上進一步上溯。筆者又在乾隆時期的一些文獻中，查
訪到詩人生平事跡的若干資料。今撮其要者，茲舉如下。

　　首先來看清乾隆二十五年刻本的《（乾隆）兗州府志》。是書謂：「孔貞瑄，
字璧六，聖裔。順治庚子舉人，授泰安學正，遷大姚令。嫻於詞藻，雅知音
律。所訂有樂律瑟譜及文廟歌章數篇，學者稱之。」〔註12〕此處所述，並不
涉及詩人生卒。然「嫻於詞藻，雅知音律」的評價，可進一步印證孔氏在詩
文創作和音樂學上的能力。

　　再來看清乾隆三十九年刻本的《（乾隆）曲阜縣志》。是書有兩處內容涉
及孔貞瑄，介紹詩人事跡較詳。一記其別號之由來，曰：

　　　　孔貞瑄，別號聊叟。其園亭皆名聊，自爲《記》，云：聊之爲言，
　　且也，賴也。人生願望過奢而不克滿志，則多郁郁，不自聊之。況
　　賦云：「心煩憒分意無聊。」余取以名亭，蓋去其無聊者以安於聊。
　　點石爲山，導渠作沼，種卉藝蔬，編竹結茅，皆聊且爲之，不求美
　　備。亦曰無以娛老，將於此有賴焉云爾。係之銘曰：跡近意遙，處
　　卑寄高。拳山坳水，石缸鐵篙。孤亭就樹，小閣攢茅。竇牖竹几，
　　瓦鐺葛槽。一爐清篆，數盞濁醪。蓋宅心不可以苟，而居室無妨於
　　聊，富貴不羨，傲岸非驕，毫不忮少，靜不厭囂。不知世路之坎坷，
　　不覺胸中有牢騷。非敢淵儒家於仙釋，庶可號城市之漁樵。又有《聊
　　園》諸詩，見本集。〔註13〕

以「聊」爲號，且自比「城市之漁樵」，可見其人生態度之一斑。

　　另外一處，則記載其生平，謂：

　　　　孔貞瑄，字用六。究心經史，精算法、韻學。由舉人授泰安學

────────────

〔註11〕黃鐘駿：《疇人傳四編》卷七，清光緒留有餘齋叢書本。
〔註12〕覺羅曾爾泰：《（乾隆）兗州府志》「人物志」，清乾隆二十五年刻本。
〔註13〕潘相：《（乾隆）曲阜縣志》卷五〇，清乾隆三十九年刻本。

正，升雲南大姚知縣。滇省鹽法，壅滯前明，定以按丁派食之法。
兵火以後，丁亡額闕，民不能償。貞瑄力請減之，民困以息。前明
黔國公勳莊被土酋所佔，上官受酋賂，庇之。貞瑄不勝憤，力爭不
得直，遂罷歸，構聊園以自樂。著《聊園文集》、《詩略》、《操縵新
說》、《大成樂律全書》、《滇記》、《黔記》、《泰山紀勝》、《縮地歌》
等書，年八十三卒。〔註14〕

此處之交代，較《(道光) 濟南府志》更爲詳細。《(道光) 濟南府志》只云其
「因與上官不合罷歸」〔註15〕，未述及具體緣由。而由《(乾隆) 曲阜縣志》
所載可知，他是因爲「黔國公勳莊被土酋所佔」〔註16〕，深抱不平而代爲申
訴未果，憤而辭職的。其性格之耿直亦隱約可見。此處亦謂孔貞瑄「年八十
三卒」。由此可見，《疇人傳四編》所謂「年八十二卒」，「二」與「三」形似，
當爲作者誤記或刊刻錯誤所致。

除上引資料外，清人孔繼汾的《闕里文獻考》亦收有孔貞瑄小傳：

貞瑄，字用六，先聖六十三代孫。六世祖諤，有傳。諤第三子
公忱生彥絳，彥絳生承亮。承亮開封府教授，生宏沾。宏沾生聞商。
貞瑄，聞商子也。究心經史，精算法、韻學，中順治十八年會試副
榜，授泰安學正，升雲南大姚知縣。滇省鹽法壅滯，前明定以按丁
派食之法。兵火以後，丁亡額闕，民不能償，貞瑄乃請減之，民困
以息。又境有前明黔國公勳莊被土酋所佔，上官受酋賂，復主之。
貞瑄不勝憤，爲力爭於上不得，遂罷去，歸構聊園以自樂。著《聊
園文集》、《詩略》、《操縵新說》、《大成樂律全書》、《滇記》、《黔記》、
《泰山紀勝》、《縮地歌》等書，年八十三卒。〔註17〕

這則材料對其家世淵源交代甚詳，可補其生平研究之不足。

由此可知，孔貞瑄生於明崇禎七年 (1634)，卒於清康熙五十五年 (1716)，
享年八十三歲。

〔註14〕潘相：《(乾隆) 曲阜縣志》卷八七，清乾隆三十九年刻本。
〔註15〕王贈芳：《(道光) 濟南府志》卷三八，清道光二十年刻本。
〔註16〕潘相：《(乾隆) 曲阜縣志》卷八七，清乾隆三十九年刻本。
〔註17〕孔繼汾：《闕里文獻考》卷八八，清乾隆刻本。

讀張相《詩詞曲語辭彙釋》札記 [註1]

內容摘要

張相的《詩詞曲語辭彙釋》是我國較早的一部專門解釋唐代以來的詩、詞、曲作品中語彙的工具書。編者對詩、詞、曲作中一千多個常用語彙加以例解，每詞條下分別羅列唐、宋、金、元各代作品中同類型語辭加以印證，囊括之廣、考釋之精，實不多見，為詩、詞、曲研究者和愛好者提供了莫大方便，其優點自不必言。然而其中的「卻」字條、「乍」字條、「破」字條、「家」字條、「有」字條、「斷送」條等，均有不少值得商榷之處，本文分別提出不同意見。

張相的《詩詞曲語辭彙釋》（中華書局 1953 年版）（以下簡稱《彙釋》）是我國較早的一部專門解釋唐代以來的詩、詞、曲作品中語彙的工具書。編者對詩、詞、曲作中一千多個常用語彙加以例解，每詞條下分別羅列唐、宋、金、元各代作品中同類型語辭加以印證，囊括之廣、考釋之精，實不多見，為詩、詞、曲研究者和愛好者提供了莫大方便，其優點自不必言。然而，筆者在工作、學習之餘再三翻檢，發現其中亦有不少值得商榷之處，不妨略舉幾例。

《彙釋》卷一「卻」字條下，引用晁補之《安公子》詞：「問劉郎何計，解使紅顏卻少。」段克己《鷓鴣天》詞：「百川尚有西流日，一老曾無卻少時。」

[註 1] 本文與趙興勤教授合撰，載《讀書時報》2005 年 11 月 9 日第 2 版。

朱敦儒《好事近》詞:「春去尚堪尋,莫恨老來難卻。」下注曰:以上三個「卻」,「均爲返少年意」。〔註2〕

　　仔細玩味這裡所引詞句中的三個「卻」字,含義並非相同。段克己詞以「老」與「少」對舉,借百川尚有西流的可能,感歎人老不能返少年。朱敦儒的詞句是以春光尚可追尋,藉以排遣「老來難卻」的愁懷。這兩句詞中的「卻」字內容上是相似的,同含有「返」之意。然而,晁補之詞中的「卻」,就很難以此而論。「問劉郎何計」中的劉郎,當指神話傳說中的劉晨,他與同里阮肇入天台山採藥,得遇仙女,居住半年方回,到家時已過七代,而他們依然青春如故。「解使紅顏卻少」句中的「紅顏」與「少」意義相近,在古典詩歌中往往將兩詞連用,如劉希夷《代悲白頭翁》有「此翁白頭眞可憐,伊昔紅顏美少年」〔註3〕的詩句,即是一例。可見,「問劉郎何計,解使紅顏卻少」應譯成:試問劉郎有什麼辦法,能使紅顏少年青春常在,永遠年輕呢?這裡的「卻」應含有「還」的意思,表示延續或重複。若將「卻」釋爲「返」,是很難講得通的。

　　「卻」字條下又引李商隱《夜雨寄北》詩句:「何當共剪西窗燭,卻話巴山夜雨時」,並注曰:「卻話,猶言回溯也。」〔註4〕這首《夜雨寄北》詩,是寫詩人旅居巴山時,接到北方妻子的來信,打問他何時返家,他很興味地憧憬著回家後夫妻聚會的歡樂情景,寫詩對妻子說:什麼時候我回到家,咱們共坐西窗、同剪燭花時,再給你敘述這巴山客舍遇雨的情形吧。值得注意的是,這是作者寫給遠方妻子的詩,而後兩句則是詩人對回家後情形的設想,並於設想中飽融了詩人熱烈、激動的情緒,若將「卻話」釋爲「回溯」,顯然與詩人目前的處境不太吻合,從詩的內在情感上講,也未免有些淡漠,若釋爲「還說」、「再說」,則意義上更進一層,也來得親切多了。

　　又如:李清照《如夢令》詞,「昨夜雨疏風驟,濃睡不消殘酒。試問捲簾人,卻道海棠依舊。知否,知否,應是綠肥紅瘦。」其中的「卻道海棠依舊」,《彙釋》釋云:「言還說海棠依舊也。」〔註5〕就詞的內容而言,窗下的海棠經過一夜「雨疏風驟」的磨折,已經發生了不太明顯的變化,對此,天質淳

〔註2〕張相:《詩詞曲語辭彙釋》上冊,中華書局,1953年,第46頁。
〔註3〕《全唐詩》卷八二,上海古籍出版社,1986年,第210頁。
〔註4〕張相:《詩詞曲語辭彙釋》上冊,中華書局,1953年,第45頁。
〔註5〕張相:《詩詞曲語辭彙釋》上冊,中華書局,1953年,第47頁。

樸的「捲簾人」是不易察覺的。苦為封建深閨拘箱的詞人，雖然沒有親自去看風吹雨打後的海棠，但她想像得出海棠已改換了嬌豔的容顏，像她自己那樣暗暗消瘦下去，如她在《醉花陰》中寫的那樣，「莫道不銷魂，簾卷西風，人比黃花瘦。」然而，當她打問「捲簾人」時，得到的卻是意外的回答，「海棠依舊」。因而，詩人半帶嗔怪、半帶埋怨地連用兩個「知否」，並且揭示了海棠「應是綠肥紅瘦」這一潛在的變化，顯然是對「捲簾人」的回話表示遺憾。實際上作者是以海棠自比，在寫海棠的同時，揉進了個人的悲怨情緒和憂傷孤淒的影子，烘託出其內心的苦悶。由「海棠依舊」到「綠肥紅瘦」，意義上顯然是一個轉折，將「卻道」釋為「還說」，是不足以表達詞人的情感的，若釋為「反倒說」、「反而說」，倒似更近乎詞人本意。

再如「乍」字條下，引元代戲曲家白樸《梧桐雨》雜劇中唐明皇的曲文，「唬得我戰欽欽遍體寒毛乍。」《彙釋》釋「乍」為「聳豎之義」〔註 6〕，是不錯的。但認真咀嚼一下，似乎還可以作進一步推敲。元雜劇引了許多北方的方言，有不少至今還活躍在人們的口頭上，如「請受」、「生各箚」、「塡還」、「吃緊的」、「脫空」、「熱忽喇」、「生忿」、「赤溜出律」、「出脫」、「喳喳呼呼」、「調三斡四」、「頂缸」等等。由此可知，「乍」字很可能是民間口語「支煞」的音轉。如，相傳三國張飛的鬍鬚是聳立的，故北方人或云「張飛的鬍子大支煞」，或云「張飛鬍子乍」。可見「乍」與「支煞」是同一意。「寒毛乍」即「寒毛支煞」。《梧桐雨》中的「寒毛乍」，是寒毛突然聳豎的意思，是唐明皇遇到意外情況情緒極度驚懼時的一種下意識的動態。他因安祿山叛亂，京城難保，遂欲逃往四川，至馬嵬驛，扈從軍隊突然「語喧嘩，鬧交雜；六軍不進屯戈甲」〔註 7〕，他被困於軍中，故而心驚膽戰「寒毛乍」。

卷三「破」字條下，引杜甫《奉贈韋左丞丈二十二韻》詩句，「讀書破萬卷，下筆如有神。」《彙釋》將「破萬卷」釋為「盡萬卷或遍萬卷」〔註 8〕，似乎不夠確切，以「盡」或「遍」難以囊括杜詩「破」字的含義。杜甫是一個天才特出的多產作家，他不僅精心研究了當代作家的作品及其藝術風格，而且又從同時代的作家中吸取了大量營養，正如元稹在《唐故工部員外郎杜君墓係銘並序》中所說：「至於子美，蓋所謂上薄風騷，下該沈、宋，古傍

〔註 6〕張相：《詩詞曲語辭彙釋》上冊，中華書局，1953 年，第 77 頁。
〔註 7〕王季思主編：《全元戲曲》第一卷，人民文學出版社，1990 年，第 503 頁。
〔註 8〕張相：《詩詞曲語辭彙釋》上冊，中華書局，1953 年，第 361 頁。

蘇、李，氣吞曹、劉，掩顏、謝之孤高，雜徐、庾之流麗，盡得古今之體勢，而兼文人之所獨專矣。……則詩人以來，未有如子美者。」〔註9〕這一點，還可以在杜甫的許多詩作中找到例證，如他在《戲為六絕句》（之五）中說：「不薄今人愛古人，清詞麗句必為鄰。竊攀屈宋宜方駕，恐與齊梁作後塵。」〔註10〕其對庾信早期與晚年的作品風格作過比較，精心研究過「初唐四傑」的作品，更提倡「轉益多師是汝師」〔註11〕，與同時代的詩人有著廣泛的交往。也探討過揚雄的賦、曹植的詩。明人胡應麟《詩藪》內編卷五評價說：「杜公才力既雄，涉獵復廣，用能窮極筆端，範圍今古。」〔註12〕杜甫沉鬱頓挫的詩風、嚴整工謹的詩歌格律、博大精深的作品內容，是與他博覽群書分不開的。「群書萬卷常暗誦」〔註13〕、「七齡思即壯，開口詠鳳凰」〔註14〕，則是他刻苦讀書的很好寫照。「黃庭堅魯直曰：子美作詩，退之作文，無一字無來處」〔註15〕。有人曾略作統計，杜詩中化用《史記》、《漢書》、《後漢書》、《晉書》、《宋書》、《南史》等中語句者達四、五十處。舉一斑可窺全豹，可見，僅僅以一「遍」字或一「盡」字概括杜甫的治學態度是不夠的。讀書歷來有瀏覽和精讀之分，杜甫既然能對很多作家作出妥當的評價，這正說明他不僅涉獵了大量作品，而且作過深入的研究、精深的探討，不只是讀盡、讀遍的問題。唐張鷟《朝野僉載》卷六記載「四傑」之一的盧照鄰事跡云：「（鄧王）有書十二車，照鄰總披覽，略能記憶。」〔註16〕這決非一朝一夕之功，泛泛遍讀當然不行。遠不及杜甫的盧照鄰尚且如此，杜甫的治學態度更可想而知。從杜甫的詩句本身看，也暗含有因果關係在內，正因為詩人博覽群書、反覆體味，故而才思敏捷、揮筆立就，如鬼使神差。當然，作家的辛勤創作實踐，也是使他「如有神」的重要因素，而且，「萬卷」並非實指，與下句的「如有神」同含有文學上的誇張。當然，也不能排除「破」字在文學上的修辭作用，詩人藉此說明自己讀書之多、用功之勤。可見，就其程度而言，將

〔註9〕元稹：《元稹集》下冊，中華書局，1982年，第601頁。
〔註10〕《全唐詩》卷二二七，上海古籍出版社，1986年，第556頁。
〔註11〕杜甫：《戲為六絕句》之六，《全唐詩》卷二二七，上海古籍出版社，1986年，第556頁。
〔註12〕胡應麟：《詩藪》，上海古籍出版社，1979年，第83頁。
〔註13〕杜甫：《可歎》，《全唐詩》卷二二二，上海古籍出版社，1986年，第534頁。
〔註14〕杜甫：《壯遊》，《全唐詩》卷二二二，上海古籍出版社，1986年，第535頁。
〔註15〕杜甫著、仇兆鰲注：《杜詩詳注》第五冊，中華書局，1979年，第2318頁。
〔註16〕張鷟：《朝野僉載》，中華書局，1979年，第141頁。

「破」直接釋爲「破損」也未嘗不可。

在「家」字條下，編者注曰：「家，與價同，估量辭。」其中引文有《董西廂》二：「酒來後，滿盞家沒命飲。」又三：「一會家自哭自歌。」「一回家和衣睡，一回家披衣坐。」又四：「一夜家無眠白日盹。」《舉案齊眉》劇三：「怎生家博得一科一舉。」〔註17〕由句子內容看，「家」與「價」同，這是毋庸置疑的，但是，卻很難說它含有估量之意，不過是語助詞而已，本身並無意義。

卷四「有」字條下，引高適《燕歌行》中「邊風飄颻不可度，絕域蒼茫更何有」詩句，注曰：「何有，即何在也，言絕域地遠，不知何在也。」〔註18〕此種解釋也似乎不夠妥當，「邊風」一作「邊庭」，而「邊庭」與「絕域」互文見義，同是指的邊關。英勇衛國的戰士既然「力盡關山」在「邊庭」奮戰，豈能再有「絕域蒼茫更何有」的發問？「邊風飄颻」句勾勒出邊關極不安定的情勢，「絕域蒼茫」句則以設問的句式提出下文，描繪出邊地「殺氣三時作陣雲，寒聲一夜傳刁斗」〔註19〕的激烈戰鬥場面。這裡的「有」是「有無」之「有」，釋爲「在」是不夠妥當的。戰爭場面的生動描繪，則是「有」的具體內容。假若按「絕域地遠，不知何在」理解，那麼，就與下文形成內容的嚴重脫節，使人不知所云。

卷五「斷送」條下，引杜甫《曲江》詩，「自斷此生休問天，杜曲幸有桑麻田。故將移住南山邊，短衣匹馬隨李廣，看射猛虎終殘年。」並釋曰：「斷此生者，了此生也，即所謂終殘年也。與送此生同義。」〔註20〕此未免牽強，就詩句內容來看，「自斷」與「問天」可以參照理解，意義上有相類之處。「斷」含有判斷、預料、斷定的意思，「問天」即問卜於天，都與預料個人身世有關，不過「斷」與「問」的對象不同罷了。意思是說，自己能夠預料本人一生的生涯，無須問卜於天。以後將在種植桑麻、閒看射獵的清靜生活中度過殘年。將「斷」釋爲「斷送」顯然不夠妥當。

以上幾點意見，純屬讀書時隨筆所記，舛誤必多，懇請方家通人指正。

〔註17〕張相：《詩詞曲語辭彙釋》上冊，中華書局，1953年，第365頁。
〔註18〕張相：《詩詞曲語辭彙釋》下冊，中華書局，1953年，第443頁。
〔註19〕高適：《燕歌行》，《全唐詩》卷二一三，上海古籍出版社，1986年，第501頁。
〔註20〕張相：《詩詞曲語辭彙釋》下冊，中華書局，1953年，第684頁。

下輯：域外文獻考

日本東京大學藏本《西遊記骨目》瑣談

〔註1〕

內容摘要

《西遊記》的域外傳播接受，因資料較難寓目，目前尚未得到充分挖掘。如日本東京大學東洋文化研究所藏本棘樹散人撰《西遊記骨目》一卷，不見於目前大陸已出版的所有《西遊記》研究資料彙編，亦很少見於各家《西遊記》研究著述。對此類資料加以蒐輯、整理和利用，既可拓寬文學史料學的疆域，又可使小說傳播與接受的歷史鏈條趨於完整，對當下之《西遊記》研究，具有啓示意義。

　　《西遊記》的域外傳播與接受，因資料較難寓目或語言障礙，目前尚未得到充分挖掘。以該書「資料彙編」爲例，目前大陸已經出版的約有三種：一是朱一玄、劉毓忱合編的《〈西遊記〉資料彙編》（中州書畫社 1983 年版，又有南開大學出版社 2002 年版），二是劉蔭柏所編《西遊記研究資料》（上海古籍出版社 1990 年版），三是蔡鐵鷹新編《〈西遊記〉資料彙編》（中華書局 2010 年版），三書均旁搜遠索，用力甚勤，但在域外資料搜輯方面，基本上屬於空白。如日本東京大學東洋文化研究所藏本棘樹散人《西遊記骨目》一卷，不見於上述所有「資料彙編」，亦很少見諸各家《西遊記》研究著述。對此類稀見資料加以蒐輯、整理和利用，既可拓寬小說史料學的疆域，又可使小說傳播與

〔註 1〕本文與趙興勤教授合撰，載《晉陽學刊》2011 年第 2 期。

接受的歷史鏈條趨於完整，對當下之《西遊記》研究，顯然具有啓示意義。

圖 1：日本東京大學藏本《西遊記骨目》封面

一、《西遊記骨目》與棘樹散人

「骨目」，本意約指骨骼。如宋釋贊寧撰《唐天台山福田寺普岸傳》曰：「釋普岸，姓蔡氏，漢東人也。沖弱之齡，迥然聰敏，骨目奇秀，天生不嗜葷膻，長有出塵之意。」〔註2〕在佛典中，亦有綱領、綱要之意。如「《華嚴經》開諸佛秘藏，顯如來性海，初學者難測其涯，罔識其趣」，所以唐代的湛然和尚撰作《大方廣佛華嚴經願行觀門骨目》二卷，以爲「玄覽之要門」〔註3〕，「揭諸品要領，示一經方隅」，使「寶筏則泛，學者知津」。〔註4〕當然，「骨目」並不能代替「元典」的閱讀，「若以之爲攝心入觀之綱宗，亦足以明諸佛之果海，眾生之理本；若依之讀誦受持，則非所宜」〔註5〕。對棘樹散人所撰「骨目」之理解，亦當如是。當然，是書並非《西遊》故事之綱要，而是作者讀《西遊》有所感悟之大略。

〔註2〕 贊寧：《宋高僧傳》卷二七，中華書局，1987 年，第 680 頁。
〔註3〕 周叔迦：《釋家藝文提要》，北京古籍出版社，2004 年，第 444 頁。
〔註4〕 東叡法嗣一品親王公紹：《重刻華嚴骨目序》，《續藏經》第 4 冊，臺灣新文豐出版公司，1993 年，第 856 頁。
〔註5〕 周叔迦：《釋家藝文提要》，北京古籍出版社，2004 年，第 444 頁。

　　據蔣春紅《〈西遊記〉在日本》一文介紹，「唐三藏西天取經故事的東傳，可以上溯到日本飛鳥時代」〔註6〕，「日本逐漸擺脫佛教信仰而接受三藏取經故事，是在長篇小說《西遊記》寫成後開始流傳之時，這在東瀛已進入江戶時代了。我國金陵世德堂所刊的豪華本，問世不久就被舶載至日本」〔註7〕。至江戶中後期，日本不光有了《西遊記》的通俗譯本，還出現了一些仿作和改編之作，並逐漸出現對《西遊記》的初步研究。進入明治時期，《西遊記》滲透進日本民眾的世俗生活，小說得到更加廣泛的關注。〔註8〕東京大學所藏《西遊記骨目》一書，正是明治時期的產物。是書1帙1冊，共16張32面，署臺麓棘樹散人撰，係作者閱讀小說《西遊記》之後的學術札記，內容涉及宗教、歷史、文學等諸多層面。筆記共35條，首條介紹寫作緣起，餘下為正文。

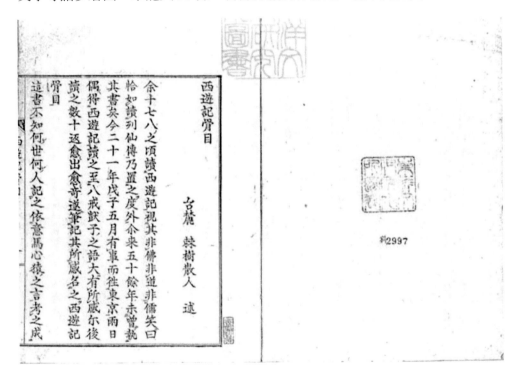

圖2：日本東京大學藏本《西遊記骨目》首頁

〔註6〕閻純德主編：《漢學研究》第七集，中華書局，2002年，第647頁。

〔註7〕閻純德主編：《漢學研究》第七集，中華書局，2002年，第648頁。

〔註8〕參看蔣春紅：《〈西遊記〉在日本》，閻純德主編：《漢學研究》第七集，中華書局，2002年，第648～650頁。

棘樹散人，有研究者認爲即日本名僧赤松光映。〔註9〕赤松光映（1819～1895），爲日本第二三三世天台座主，字疊覺、棘樹，號一如庵、如如院，歷任延曆寺住持、天台宗管長、大僧正等職，著有《臺門指月鈔》、《龜桑夜談》、《棘樹唾壺》等。資料載，明治初，受「毀釋排佛」輿論之影響，日本朝廷一度迫令僧侶用俗姓，解除僧侶食肉、帶髮、娶妻之制。赤松光映與福田行誠、大谷光尊等新佛教先驅一起，屢次抗辯，駁斥政府之宗教政策，產生較大影響。據《西遊記骨目》作者自述：「德川氏末，有以高位、高官、高職、高祿勸我歸俗者，余笑而不答。又慶應戊辰歲，余誤吟戎馬間，求我首者極多，余在其中，未曾一日換僧形。又維新之際，親族朋友多勸出身，余付之一笑。決死而入佛門者，不可不勤也。」（頁12）心志之堅固可見一斑。

二、《西遊記骨目》的主要觀點

（一）小說主旨

關於《西遊記》的主旨，自成書以來，或曰崇佛、或曰宣道、或曰釋儒，一直爭議不休。所謂「愛理學者，究其淵微；愛熱鬧者，觀其故事；好文墨者，玩其筆意」〔註10〕，接受者立場不同，觀點亦各不一致。清代張含章《西遊正旨後跋》曰：「《西遊》之大義，乃明示三教一源。故以《周易》作骨，以金丹作脈絡，以瑜迦之教作無爲妙相。」〔註11〕試圖將《西遊記》作爲三教合一的典範，這一點，與清代學者尤侗在《西遊眞詮序》中的看法比較相似。〔註12〕魯迅《中國小說史略》擱置爭議，認爲是書「非語道」、「未學佛」，「實出於遊戲」。〔註13〕《西遊記骨目》作者，甫成年時初讀《西遊記》，視其「非佛，非儒，非道」，「恰如讀《列仙傳》」，殆至70歲上下重讀之，則覺「愈出愈奇，遂筆記其所感」（頁1），以成是書。

大體來看，棘樹散人多以「答客問」的形式，以佛理演說《西遊》宏旨，

〔註9〕 參看蔣春紅：《〈西遊記〉在日本》，閻純德主編：《漢學研究》第七集，中華書局，2002年，第649頁。

〔註10〕 張書紳：《新說西遊記總批》，朱一玄、劉毓忱編：《〈西遊記〉資料彙編》，中州書畫社，1983年，第228頁。

〔註11〕 朱一玄、劉毓忱編：《〈西遊記〉資料彙編》，中州書畫社，1983年，第240頁。

〔註12〕 朱一玄、劉毓忱編：《〈西遊記〉資料彙編》，中州書畫社，1983年，第217～218頁。

〔註13〕 吳俊編校：《魯迅學術論著》，浙江人民出版社，1998年，第114頁。

以古代史實比附《西遊》故事，最終目的是爲了開示眾人：「夫一切出家，皆欲到佛境界，而功成名遂者能幾許？維新之後，沒流沙河者極多，故我表出之以告，如夜叉之可避。經云：世間縛著，沒於眾苦，譬如老象，溺泥不能自出，不可不慎也。」（頁 16）平心而論，《西遊記骨目》的觀點，無甚新意。作者對「心猿」一詞的關注與闡析，如「悟空乃心猿」（頁 1），「意識乃心猿也」（頁 3），似受明、清之時中國學者的影響。明謝肇淛《五雜俎》論《西遊記》曰：「以猿爲心之神，以豬爲意之馳，其始之放縱，上天下地，莫能禁制，而歸於緊箍一咒，能使心猿馴伏，至死靡他，蓋亦求放心之喻，非浪作也。」〔註 14〕明陳元之《全相西遊記序》、託名虞集所作《西遊證道書序》，均表露出與此相類的看法。至清人張書紳，則徑稱「《西遊》是把理學演成魔傳，又由魔傳演成文章。一層深以一層，一層奇似一層」〔註 15〕，且對當時學人「不外心猿意馬之舊套」〔註 16〕的研究狀況深致不滿。由此可知，《西遊記骨目》對小說的研究，似仍未脫明、清人之格局。作者又稱：「所謂若去女色，不著金銀器械者，是攘眼賊也；絲竹歌詠，是耳賊；蘭奢脂粉，是鼻賊；肴膳美味，是舌賊；柔軟細滑，是身賊，俱不可以不攘也。」（頁 3）此種表述方式，似由《列子·楊朱》「目之所欲見者美色」〔註 17〕衍化而來，又似受《智度論》有關「五欲」表述的影響。至於所謂「就識有四囟一猿譬。四囟，乃眼、耳、鼻、舌；一猿，乃意識」，「所謂眼見色，耳聞聲，鼻嗅香，舌嘗味，識其是非得失者，意識也。意識，乃心猿，故以心猿爲要，一切眾生，無不然矣」，（頁 4）「高宗父忌日，詣寺行香，見武氏泣，爾來心猿大亂，乘虛妖魔充宇宙，是其所以《西遊記》書出也」（頁 9），均在借小說以闡說佛理。

《西遊記》主旨混雜，實不好一言以蔽之。但頻繁出現的「心猿」，大概並非無意義的虛指。小說問世的明代中葉，陽明心學盛行，講學之士遍天下。這一社會主流思潮，對知識分子產生普遍的影響。通過小說的創作與改編去敷

〔註 14〕 朱一玄、劉毓忱編：《〈西遊記〉資料彙編》，中州書畫社，1983 年，第 214 頁。

〔註 15〕 《新說西遊記總批》，朱一玄、劉毓忱編：《〈西遊記〉資料彙編》，中州書畫社，1983 年，第 228 頁。

〔註 16〕 《西遊記總論》，朱一玄、劉毓忱編：《〈西遊記〉資料彙編》，中州書畫社，1983 年，第 220 頁。

〔註 17〕 《百子全書》下冊，浙江古籍出版社，1998 年，第 1418 頁。

衍一個關於「心性」的故事，並非不可能之事。加之心學本就融會佛、老之說，三者爲一，如有學者所言，「佛家的『明心見性』、道家的『修心煉性』和儒家的『存心養性』實在是一以貫之的等價概念」〔註18〕。筆者曾發現，孫悟空的性格特點，與明代思想家王畿所描述的「自信而是，斷然必行」〔註19〕、「自信而非，斷然必不行」〔註20〕、「蓋天蓋地，始是大丈夫所爲」〔註21〕約摸相似。且《西遊記》中某些情節，也酷似王門中所發生之事。悟空「求學經歷的描寫，說不定就參照了王艮的事跡」〔註22〕。

（二）題材、情節與人物

自魯迅始，人們往往視《西遊記》爲神魔小說，其實，此種歸類只是「賅括」〔註23〕，並不能囊括文本內容、思想意旨之全部。棘樹散人並不溺於作品玄幻之表象，而是著意於與中國歷史對接，進行對讀。人言：「此書甚多妖怪，恐人不信之。」棘樹散人答：「妖怪之多，未必止西天道路矣。則天皇后，如羅刹女；韋皇后，似天婚公主。李義府美而犯主君，李林甫佞而口蜜腹劍，並世人謂之『貓妖』。郭弘霸嘗糞嬌〔註24〕，時宰崔湜背恩附權要，四民皆謂之『妖犬』。二張美少年，而能跋扈朝廷，當名『紅孩兒』。楊國忠匹夫而握政權，釀馬嵬坡難，宜稱『牛魔王』。楊貴妃『白面狐』，安祿山『眞鹿兒』，僧懷義似『偷油之佛爺』，武三思類望駙馬之黃袍怪，來俊臣、索元禮以賄賂定罪科，實是金角、銀角兩魔王，其餘侯思止、王弘義、周興輩，無一不妖怪矣，多妖怪何足怪。」（頁3～4）將小說中妖魔鬼怪與唐代歷史人物一一對應，雖不無牽強之處，然以虛喻實，借書喻史，尚啓人思考。作者又曾言：「妖怪世間甚多，倘不早除之，恐有君王孤立於上，萬民塗炭於下，可畏可憂。」

〔註18〕 參看〔美〕浦安迪：《明代小說四大奇書》，沈亨壽譯，中國和平出版社，1993年，第180頁。

〔註19〕 黃宗羲：《明儒學案》卷一二《浙中王門學案二・郎中王龍溪先生畿》附《語錄》，《黃宗羲全集》第七冊，浙江古籍出版社，2005年，第276頁。

〔註20〕 黃宗羲：《明儒學案》卷一二《浙中王門學案二・郎中王龍溪先生畿》附《語錄》，《黃宗羲全集》第七冊，浙江古籍出版社，2005年，第277頁。

〔註21〕 黃宗羲：《明儒學案》卷一二《浙中王門學案二・郎中王龍溪先生畿》附《語錄》，《黃宗羲全集》第七冊，浙江古籍出版社，2005年，第286頁。

〔註22〕 趙興勤：《理學思潮與世情小說》，文物出版社，2010年，第54頁。

〔註23〕 魯迅：《中國小說史略》，吳俊編校：《魯迅學術論著》，浙江人民出版社，1998年，第104頁。

〔註24〕 案：此疑爲「橋」字，《舊唐書》卷186《酷吏傳》載，「洛陽橋壞，行李弊之」，至郭弘霸「自剒其腹」身死，橋成。此句後當有漏字。

（頁 13～14）這裡的「妖怪」，當與上同，亦非實指。在棘樹散人看來，「有望高位願官員者，同爲金銀兩魔所咒，失本體所爲」（頁 7），禍亂天下之徒、姦佞貪瀆之輩，與妖魔沒有什麼兩樣，均應及時清除，以解君憂、除民困。當然，這種認識，大約也緣於明治時期「毀釋排佛」的特殊背景。

清代張書紳在批語中說：「時藝之文，有一章爲一篇者，有一節爲一篇者，有數章爲一篇者，亦有一字一句爲一篇者。而《西遊》亦由是也。以全部而言，《西遊》爲題目，全部實是一篇。以列傳言，仁義禮智，酒色財氣，忠孝名利，無不各成其一篇。理精義微，起承轉合，無不各極其天然之妙。是一部《西遊》，可當作時文讀，更可當作古文讀。人能深通《西遊》，不惟立德有本，亦必用筆如神。《西遊》、《西遊》，其有裨於人世也，豈淺鮮哉？」〔註 25〕其實，《西遊記》不光可以作時文讀、作古文讀，還可以作一部世情大書來讀。棘樹散人亦看出此點。所以人問：「土產不有授無字經，其說淺劣然耶不？」其答曰：「是亦示人情而已。世有事供佛誦經，而不知人情者，雖淺劣，不可不示。」（頁 7）

關於小說情節，作者也有相應表述。如認爲火焰山事，似乎出於佛教。其言：「六祖曰：火主心也。火若失色不赤，是火之病。高祖曰：若舉身洪熱，骨節酸楚，噓吸頓乏，是火大病相。今地名火焰，悟空爲心猿。土地神曰：是孫大聖所自放，若不消此火，則不能到佛境界也。」（頁 4～5）可備一說。由於《西遊記》成書複雜，故事形成輾轉眾手，筆力不一，自有高下之判。棘樹散人反覆閱讀後認爲：「若鳥窠禪師事，與讀《事林廣記》者，必後人之所加，大減筆力。若十三塔上二妖打拳吞酒之說，稗史家贅語，更加一笑也耳。」（頁 1）洵爲有識之見。

對於孫悟空殺行劫，作者以爲「大是，不可不賞」（頁 8），並引佛教經典以爲據。講蜈蚣精金光之厲害，言「金光之可畏亦不可不知，昔者陳平放金氣斃范增，眞宗亦用此氣縛王且。王且雖端正士，尚不能脫金光；范增雖智謀，遂不得免此毒氣」，而「悟空入地中，千辛萬苦能脫之，可謂智謀有餘矣」。（頁 14）對於沙和尚，棘樹散人認爲「流沙河乃標生死，大海、西天乃標佛境界，九回被喰乃標女難，海和尚乃標婦人」（頁 16）。至於又黑又醜的海和尚何以標婦人，作者解釋曰：「世諺曰：外面如菩薩，內心如夜叉。若使內心

〔註 25〕《新說西遊記總批》，朱一玄、劉毓忱編：《〈西遊記〉資料彙編》，中州書畫社，1983 年，第 231 頁。

畫，則其醜豈減悟淨？」（頁 16）

（三）《西遊》、《三國》之比較

《西遊記骨目》中，多處涉及《西遊記》、《三國演義》兩部小說的比較。如：「悟空所問師，與《三國志》相似。然而孔明之輔玄德開蜀漢者，義基儒道，故云黑白榮辱；悟空之佐三藏到西天者，義基般若，故沒榮辱競爭。」（頁 2）認爲悟空拜師與《三國演義》三顧茅廬情節相似，但是《三國演義》基於儒家思想，而《西遊記》基於佛家思想，並不一致。「木魂」事，古書中往往有之。《西遊記》中「八戒以熊手突木根，鮮血淋漓」，而《三國志》云「曹操拔所佩劍，親自砍樹，錚然有聲，血濺滿身」，（頁 7）何其相似。作者又言：「比丘王求心肝時，悟空代師傅肯之。然而黑心乃噁心也。雖無噁心，人猶有名利心、嫉妒心、我慢心。智者貪名，愚者貪利，故名利心最難去。又有嫉妒心者，不能用英雄；有我慢心者，不能容英雄。周瑜巴丘死，全由我慢心；龐統落鳳坡死，偏出嫉妒心。二氏尚然，況碌碌徒，不可不愼也。」（頁 7～8）由是可見，棘樹散人對這兩部通俗文學作品均十分熟悉。

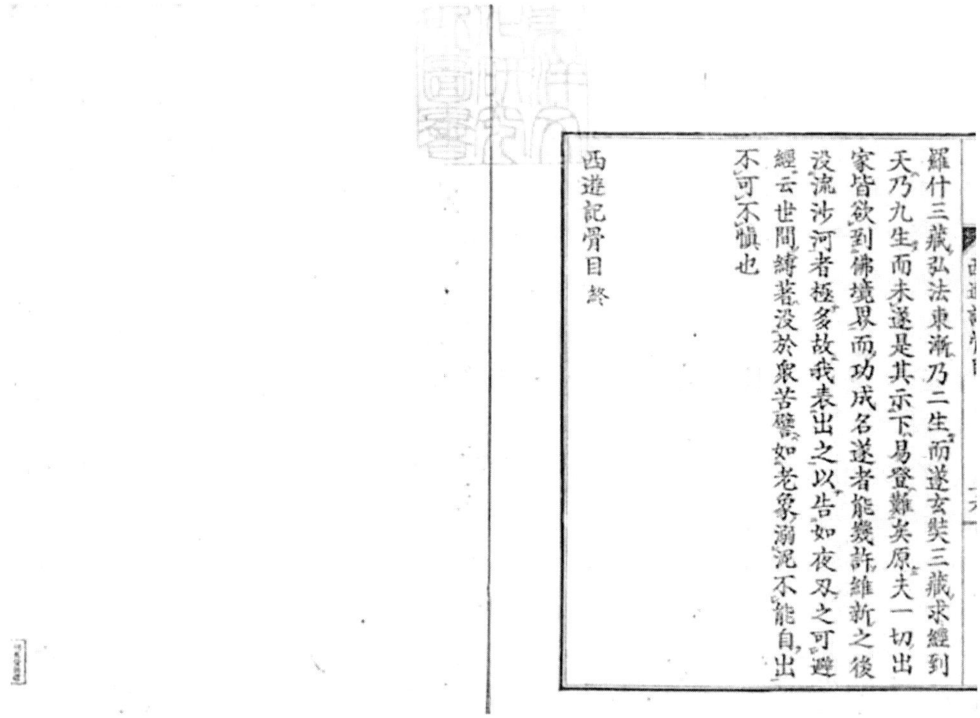
羅什三藏弘法東漸乃二生而遂玄奘三藏求經到
天乃九生而未遂是其示下易登難矣原夫一切出
家皆欲到佛境界而功成名遂者能幾許維新之後
没流沙河者極多故我表出之以告如夜叉之可避
經云世間縛著没於衆苦譬如老象溺泥不能自出
不可不愼也
西遊記骨目 終

圖 3：日本東京大學藏本《西遊記骨目》尾頁

　　從《西遊記骨目》的文本內容來看，作者無疑是一位有抱負、有識見的僧人，且熟諳中國傳統文化，受儒家思想影響較大。但是其所生活的時代，政治衰微，上層人物爭鬥不息，民間又頻頻發生敲詐、瞞騙、搶掠之事。政局的不穩，給棘樹散人帶來心靈的陰影，故其所評多爲借古人說事，如在論及「悟空不能出如來掌」時，謂：「我教仁義忠孝，世人愛污心穢行，而我勸清心潔行，是其所以我道之不行也。往昔孔夫子懷道吟七十餘國，伯夷、叔齊守道，餓於首陽之下，然而民到於今稱之。或曰：好惡出於一時，是非定於萬世。蓋遇不遇乃天，我何憂言之不行也。」（頁 10～11）當說到小說中「二心攪亂乾坤」時，又發揮道：「夫念不一，則百事不成。故大、小兩乘，俱制二心並慮。昔者漢高祖憎丁固二心，斬之，徇軍中曰：丁公爲項王臣，不忠。後爲人臣者，勿效丁公。梶原景時，亦懷二心。正治元年，鎌倉諸忠臣連署逐之。佛道修行者，不可以不一心也。」（頁 12～13）如此之類，均似有言外之意。如此看來，是書很難算得上嚴格意義上的小說研究。作者雖說遁跡塵外，但對國家時政、百姓處境、世道民風仍表現出很大的關注與掛慮，故借小說以說法，借古事以勸世化俗，承擔著國民所應有的責任。

附　錄

寄慨遙深　天成圓融^{〔註1〕}
——姜夔【揚州慢】解讀

內容摘要

　　姜夔不時揮灑「憂國淚」，從其二十二歲所作的【揚州慢】，到五十歲前後的【漢宮春】〈次稼軒韻〉、【漢宮春】〈次韻稼軒蓬萊閣〉、【洞仙歌】〈黃木香贈辛稼軒〉、【永遇樂】〈次稼軒北固樓詞韻〉，可以說感時傷亂的淑世情懷貫穿了詞人的一生。揚州盛衰之歎非由姜始，亦非由姜終，然其卻以寄慨遙深的筆調、天成圓融的意境拓展了詞這種文學體裁的審美的深度，並留下了【揚州慢】這一情淚浸透、彪炳詞壇的佳構，值得細細咀嚼和悠久回味。

　　淳熙三年（1176），二十二歲的姜夔離開漢陽沿江而下，路過揚州，寫下了傳唱千古的【揚州慢】。

　　　　淳熙丙申至日，余過維揚。夜雪初霽，薺麥彌望。入其城，則四顧蕭條，寒水自碧，暮色漸起，戍角悲吟。余懷愴然，感慨今昔。因自度此曲。千岩老人以為有《黍離》之悲也。

　　　　淮左名都，竹西佳處，解鞍少駐初程。過春風十里，盡薺麥青青。自胡馬窺江去後，廢池喬木，猶厭言兵。漸黃昏，清角吹寒，

〔註 1〕本文載《語文月刊》2003 年第 12 期。

都在空城。　　　杜郎俊賞，算而今重到須驚。縱豆蔲詞工，青樓夢好，難賦深情。二十四橋仍在，波心蕩、冷月無聲。念橋邊紅藥，年年知為誰生。〔註2〕

　　起首「淮左名都，竹西佳處」。淮左即指淮南東路，宋時揚州為其治所。竹西指竹西亭，乃揚州名勝之一，杜牧有詩云：「誰知竹西路，歌吹是揚州。」〔註3〕「解鞍少駐初程」，卸下馬鞍，暫作停留。然揚州名勝不計其數，如文選樓、隋宮、平山堂、九曲池、木蘭院、東閣等，歷代文人多有題詠，奈何唯遇竹西亭而停，並以之代維揚？此貌似無心，實則有心。揚州名氣甚大，自然贏得詞人的眷顧。然而在情緒的隱層，心高氣傲、「體貌清瑩，望之若神仙中人」〔註4〕的詞人更想做的，恐怕是與同樣風流倜儻的杜牧一較高下，不讓其專美揚州的詩名。其中多少帶著些年少的意氣，前面的疑問於此也便釋然了。

　　「過春風十里，盡薺麥青青。」杜牧有句「春風十里揚州路，卷上珠簾總不如」〔註5〕，極言揚州繁華。此處詞筆陡然逆轉，一個「盡」字，含味雋永，極盡轉捩之能事。前綴繁華語、後言淒冷，落差之大、衍而生悲，道出他人所不能道。無一處明指荒蕪，然十里長街、唯餘薺麥，則城池頹圮、屋宇蕩然可想而知。

　　滄海桑田，往日繁華如夢的揚州一去不返，歌舞臺榭、廢館頹樓俱化煙雲。什麼原因呢？「自胡馬窺江去後，廢池喬木，猶厭言兵」。原來是兵燹之禍。史載：金兵於宋高宗建炎三年（1129）、紹興三十一年（1161）和隆興二年（1164）數次南侵，這裡主要是指第二次，也是破壞最嚴重的一次。這一年，金兵伐宋，宋「朝臣震怖，爭遣家逃匿」〔註6〕。主和派將吏「手握兵符，而廣殖貨財，專事交結，奪民利、壞軍政，朝廷不言，道途側目」〔註7〕，無心

〔註2〕劉乃昌選注：《姜夔詩詞選注》，上海古籍出版社，1983年，第49頁。

〔註3〕杜牧：《題揚州禪智寺》，《全唐詩》卷五二二，上海古籍出版社，1986年，第1323頁。

〔註4〕張羽：《白石道人傳》，轉引自繆鉞：《論詞》，《詩詞散論》，上海古籍出版社，1982年，第64頁。

〔註5〕杜牧：《贈別二首》之一，《全唐詩》卷五二三，上海古籍出版社，1986年，第1328頁。

〔註6〕畢沅編著：《續資治通鑒》卷一三五「宋紀一百三十五」，上海古籍出版社，1987年，第742頁。

〔註7〕畢沅編著：《續資治通鑒》卷一三四「宋紀一百三十四」，上海古籍出版社，1987年，第729頁。

於抗敵，以致「人情洶懼，莫知死所」〔註8〕。揚州、楚州、鎮江、建康一帶，屢遭洗劫，百姓死傷慘重。時隔十餘年，不過是滄海一瞬，哪能抹得了戰爭的瘡痍？詞人身在江湖、心在廊廟，在感歎壯懷不得舒展，「士無五羖皮，沒世抱枯槁」〔註9〕的同時，對那些深受戰爭洗劫及官吏盤剝的苦難百姓不能忘懷，所謂「南鄰賣妻者，秋夜難爲情。長安買歌舞，半是良家婦」〔註10〕等等。白石來到揚州，見往昔「春風十里」已盡爲「廢池喬木」之荒涼景象所替代，豈不感慨萬千、悲愴頓生？「廢池喬木」，本不解風情，卻著一「猶」字，輔一「厭」字，讓人頓生物尚如此、人何以堪之感。陳廷焯云：「『猶厭言兵』四字，包括無限傷亂語。他人累千百言，亦無此韻味。」〔註11〕確非溢美之詞。回溯前句，亦可知「盡薺麥青青」，景語亦情語。堪與杜甫「城春草木深」〔註12〕句相比併，感時傷亂之情愈見深沉。「淮左名都，竹西佳處」更非應景鋪張之語，唯「名都」、「佳處」，愈顯「薺麥青青」、「廢池喬木」之衰瑟。此極有力之反襯耳。

「漸黃昏，清角吹寒，都在空城。」著一「漸」字，極言時間之慢。唯慢，更盡睹物之衰殘，觸動憂懷，又進一步點明荒寒景況。戍樓上響起了凄清的號角，日暮黃昏，四下裏彌散著淡淡的哀愁，一派清寒曠遠之景。往昔徹夜笙歌縈繞不絕，如今劫後空城，滿目斷井頹垣、闃無人跡，令人心生酸楚。此簡筆點染出質感。昔日「名都」，今朝「空城」，物是人非，非隻言片語所能道也，故貴蘊藉。唯寫雪後蕪城裏的凄惻之音，始更顯蒼茫天地之冷寂。

如果說在詞的上片作者以深沉抑鬱的筆觸描繪了一幅荒寒小品，著力在景，那麼在下片則重在寫情懷的舒展。「杜郎俊賞，算而今、重到須驚」。始明白點出杜牧。言杜公風流俊賞，欽佩之情出矣。然下句「算」字一折，「須」字又一折，「縱」字再一折，千折百回，境界全出。「豆蔻詞工，青樓夢好，難賦深情」。即使杜牧重生，直面此景，也只有黯然神傷、淚濕青衫了。

〔註 8〕畢沅編著：《續資治通鑒》卷一三四「宋紀一百三十四」，上海古籍出版社，1987 年，第 732 頁。

〔註 9〕姜夔：《以「長歌意無極，好爲老夫聽」爲韻，奉別沔鄂親友》十首之八，姜夔著、孫玄常箋注：《姜白石詩集箋注》，山西人民出版社，1986 年，第 10 頁。

〔註 10〕姜夔：《竺筱引》，姜夔著、孫玄常箋注：《姜白石詩集箋注》，山西人民出版社，1986 年，第 26 頁。

〔註 11〕陳廷焯：《白雨齋詞話》卷二，人民文學出版社，1959 年，第 29 頁。

〔註 12〕杜甫：《春望》，《全唐詩》卷二二四，上海古籍出版社，1986 年，第 545 頁。

「二十四橋仍在，波心蕩、冷月無聲。」一「仍」字，言縱景物猶在，而人事全非。前以音響寫靜，此處以動態寫靜，均不落窠臼，有異曲同工之妙。「波心蕩」，內心更不平靜。姜夔少年時隨父宦遊漢陽。父卒，雖依姐而居，又常流寓湘、鄂間，過著江湖飄零的清苦生活。孑然一身、孤苦無依，以致翩翩年少竟有如此之冷感與愁懷。「『無奈苕溪月，又喚我扁舟東下』，是喚字著力。『二十四橋仍在，波心蕩、冷月無聲』，是蕩字著力。所謂一字得力，通首光采，非鍊字不能，然鍊亦未易到」〔註13〕。姜夔詞清剛醇雅，上承周邦彥，下開吳文英、張炎一派，又能援詩筆入詞，以江西派瘦硬筆法矯正周的軟媚。其詞風神綿邈、自成一格，於此亦可見一斑。冷月籠江、寒波自蕩，詞人也許正青衫單薄、駐足橋上，萬般感慨交集心頭，人生空漠之感頓生。李白詩云，「舉頭望明月，低頭思故鄉」〔註14〕，蓋由仰角入俯角，由物及人，言盡鄉思之苦。姜夔此處似由俯角入仰角，寒波蕩漾位於下方，水中固明月一彎，然澹蕩不息，一時百感交集，旋即潸然。爲抑住淚水，弗免仰面望見明月，可那或圓或缺的尤物又哪裏懂得人世的滄桑呢？此情此景也許會觸發詞人「天邊有餅不可食，聞說饑民滿淮北」〔註15〕的憂世情懷和濟世之心。

人稱：「詩中的『詩性意義』『離不開從內部使之有生氣的詞語形式』，離不開使之存在的整個詞語結構」〔註16〕，以及由詞語「所傳達的意象」〔註17〕。詞中的「盡」、「猶」、「漸」、「須」、「仍」、「縱」諸詞，獨立地看，似乎沒有太多的實際意義，然而，一旦與後面的主幹詞相組合，便構成了意蘊豐富的「意象」。它不僅使詞作跌宕起伏、搖曳生姿，還曲折傳示出詞人感時傷亂的幽隱情懷。這是因爲，「詩性活動本身由於本質的需要而是超然性的。它使人的自我蘊含於它最深邃的幽隱處」〔註18〕。而這種深隱的自我意識，則主要

〔註13〕先著、程洪：《詞潔輯評》卷四，唐圭璋編：《詞話叢編》第二冊，中華書局，1986年，第1359頁。

〔註14〕李白：《靜夜思》，《全唐詩》卷一六五，上海古籍出版社，1986年，第390頁。

〔註15〕姜夔：《丁巳七月望湖上書事》，姜夔著、孫玄常箋注：《姜白石詩集箋注》，山西人民出版社，1986年，第88頁。

〔註16〕〔法〕雅克・馬利坦：《藝術與詩中的創造性直覺》，劉有元等譯，三聯書店，1991年，第202頁。

〔註17〕〔法〕雅克・馬利坦：《藝術與詩中的創造性直覺》，劉有元等譯，三聯書店，1991年，第202頁。

〔註18〕〔法〕雅克・馬利坦：《藝術與詩中的創造性直覺》，劉有元等譯，三聯書店，1991年，第118頁。

靠關鍵字詞得以呈現。

　　「念橋邊紅藥，年年知爲誰生！」吳調公先生言：「花愈絢爛，人愈哀愁」
〔註19〕，點出詞人淑世情懷。沈祖棻先生云：「花固不知，人亦不知也」〔註20〕，
更窺盡姜夔心中之曲奧及詞言語之妙。縱然多去春回，花開依舊，也是「寂寞
開無主」，不過徒增感傷而已！結句化實爲虛，蘊藉深沉。

　　【揚州慢】是現存白石編年詞中最早的作品，應該說從這裡最可窺見詞
人的原始風貌。詞人不時揮灑「憂國淚」〔註21〕，從其二十二歲所作的【揚
州慢】，到五十歲前後的【漢宮春】〈次稼軒韻〉、【漢宮春】〈次韻稼軒蓬萊閣〉、
【洞仙歌】〈黃木香贈辛稼軒〉、【永遇樂】〈次稼軒北固樓詞韻〉，可以說感時
傷亂的淑世情懷貫穿了詞人的一生。但這又不是姜夔詞作的主導風格。這主
要由於姜夔少年高才，性格沖淡，唯不見其用，難免耿耿終生，於是「酒祓
清愁、花消英氣」〔註22〕，在「文章信美知何用，漫贏得天涯羈旅」〔註23〕
的感喟中愴然度過一生。人云其詞「如野雲孤飛、去留無跡」〔註24〕，恰是
氣貌寓於詞中。少年羈旅，猶勝投老江湖。過早地感受世態炎涼，造就了詞
人纖細敏感的詞心，以致少年老成，悲吟黍離。

　　揚州盛衰之歎非由姜始，亦非由姜終。六朝鮑照感竟陵王劉誕之亂，廣
陵毀爲廢墟，曾作《蕪城賦》以傷之。【揚州慢】堪與之比照。姜夔稍後的劉
克莊、李好古、趙希邁等亦有【沁園春】〈維揚作〉、【八聲甘州】〈揚州〉、【八
聲甘州】〈竹西懷古〉問世，惜均不如姜詞的摯眞悲愴、綿邈情深。

　　【揚州慢】多處化用杜牧詩句。計有《題揚州禪智寺》、《贈別》、《遣懷》、
《寄揚州韓綽判官》四首。悵惘中寫下的揚州詞，也許更多的是流連自賞的
情懷和生不逢時的感喟。但蕭索慵怠的心情自然消磨了嚮往中的風流意緒，

〔註19〕吳調公：《「黍離之悲」的「餘味」──讀姜夔〈揚州慢〉》，《古典文論與審美
　　　　鑒賞》，齊魯書社，1985年，第474頁。
〔註20〕沈祖棻：《宋詞賞析》，上海古籍出版社，1980年，第163頁。
〔註21〕姜夔：《悼石湖》三首之二，姜夔著、孫玄常箋注：《姜白石詩集箋注》，山西
　　　　人民出版社，1986年，第125頁。
〔註22〕姜夔：【翠樓吟】，劉乃昌選注：《姜夔詩詞選注》，上海古籍出版社，1983年，
　　　　第64頁。
〔註23〕姜夔：【玲瓏四犯】，劉乃昌選注：《姜夔詩詞選注》，上海古籍出版社，1983
　　　　年，第94頁。
〔註24〕張炎：《詞源》卷下，唐圭璋編：《詞話叢編》第一冊，中華書局，1986年，
　　　　第259頁。

離亂的家國之悲是容不下風花雪月的文字的。姜夔以寄慨遙深的筆調、天成圓融的意境拓展了詞這種文學體裁的審美的深度，並留下了【揚州慢】這一情淚浸透、彪炳詞壇的佳構。

關漢卿《緋衣夢》雜劇之情節蛻變 [註1]

內容摘要

關漢卿的雜劇《緋衣夢》，雖然很難稱得上是一部優秀劇作，但卻被歷代藝術家所垂青，並對其進行了各不相同的改造與重構，使其與《竇娥冤》、《望江亭》一樣，一直活躍在舞臺且流傳至今。《緋衣夢》的第一次蛻變是在南戲階段，第二次蛻變乃是豫劇《大祭椿》。戲劇在傳播過程中的「變臉」，包含著對原型固有信息的剪裁刪汰，潛藏著閃光抑或灰暗的心理動機，深蘊著時代精神、大眾趣味、審美直覺與價值判斷。暸解這一動態過程，對於戲曲傳播史的構建以及傳播中介的研究當有積極意義。

元代著名劇作家關漢卿的雜劇《緋衣夢》（一名《四春園》），共四折。元人鍾嗣成《錄鬼簿》著錄爲《錢大尹鬼報緋衣夢》。天一閣本《錄鬼簿》著錄簡名《非衣夢》，題目爲「王閏香夜昂四春園」，正名作「錢大戶智勘非衣夢」。「閏」、「昂」、「戶」，當誤。《古名家雜劇》本「題目正名」作「王閏香夜鬧四春園，錢大尹智勘非衣夢。李慶安絕處幸逢生，獄神廟暗中彰顯報」。劇敘汴京巨富王得富，生女閏香，自幼許配給同城富豪李十萬之子慶安。後李家敗落，得富欲悔親，閏香執意不從。慶安所放風箏線斷，落在王家花園中的

〔註 1〕 本文與趙興勤教授合撰，載《古典文學知識》2006 年第 1 期。

梧桐樹上，遂上樹去取，信物鞋子爲閨香認出。閨香欲贈慶安銀兩錢物，以
便其備辦采禮前來求婚，並約定晚間再聚於花園。至晚，盜賊裴炎前來偷竊，
見財起意，殺死了前來接應慶安的丫鬟梅香。慶安後至，見梅香被殺，大爲
驚怕，慌忙歸家。祥符縣理刑官賈虛，僅聽王得富單方指證，便將慶安屈打
成招，押入死牢。開封府尹錢可複審此案，提筆欲判斬刑，因見有蒼蠅抱住
筆尖，故疑有冤情，遂將慶安置於獄神廟，以聽其睡中言語。因夢囈有「非
衣兩把火」諸語，錢大尹受此啓示，派人訪察，終將眞凶裴炎捉拿，慶安蒙
冤得白，與閨香成婚。

　　此作情節雖迂迴曲折，卻很難稱得上是優秀劇作。究其原因：關鍵在情
節的結撰與事理不合，帶有濃重的虛無成分，如蒼蠅報恩、囈語破案等，皆
荒誕不經，此爲其一；主人公王閨香、李慶安個性不夠鮮明突出，無法與同
爲作者塑造的竇娥、譚記兒、趙盼兒等人物相比併，此爲其二；愛情與公案
題材縮結，接榫欠嚴密，以致筆墨鬆散、主題晦澀，此爲其三。或許是上述
種種原因，《緋衣夢》除考據家略道一二外，較少爲研究者述及。

　　可是，我們又看到，這部瑕疵甚多的平庸之作，並沒有被時間之網過濾
掉，與之相反，歷代藝術家卻垂青於它，並對其進行了各不相同的改造與重
構，使《緋衣夢》與《竇娥冤》、《望江亭》一樣，一直活躍在舞臺且流傳至
今。這樣的傳播悖論，對於戲曲史研究學者來說，自然是不容錯過的一幕。
應該說，歷史的汰選沒有將《緋衣夢》湮沒，很大程度上依賴於後來者的承
襲與改編。

　　《緋衣夢》的第一次蛻變是在南戲階段，明代戲曲理論家徐渭，在其《南
詞敘錄》中，著錄有「宋元舊篇」65 種，據《緋衣夢》改編的《林招得三負
心》即其中之一。著名戲曲史專家錢南揚先生考證：「林招得並無負心事，『三
負心』三字當是衍文，乃涉上文《陳叔萬三負心》而衍的。」〔註2〕並根據《林
招得孝義歌》及部分佚曲，歸納其劇情曰：

> 陳州林百萬子招得，與黃氏女玉英指腹爲婚。不幸林氏屢遭災
> 禍，家道中落，招得只得以賣水度日。黃父嫌他貧窮，逼他退婚。
> 玉英知道此事，約招得夜間到花園裏來，要以財物相贈。事爲蕭裝
> 贊所知，冒充招得，先到花園裏去，把婢女殺死，搶了財物逃走。
> 黃父就以招得殺人訴官。招得受不起刑罰，只得招認，判決死罪。

〔註2〕錢南揚輯錄：《宋元戲文輯佚》，古典文學出版社，1956年，第87頁。

後來包拯巡按到陳州，辨明招得的冤枉，把他釋放。招得入京應試，
中了狀元，終與玉英團圓。〔註3〕

錢先生從《九宮正始》、《南曲全譜》等曲譜中輯得本劇佚曲三支。此作
未見傳本，《詞林一枝》、《八能奏錦》曾選錄《黃月英生祭彥貴》一齣。莊一
拂《古典戲曲存目彙考》卷十三「下編傳奇五·明清闕名作品」，收錄《賣水
記》一種，稱：「此劇清人《昆弋雅調》中收《生祭彥貴》一齣。」〔註4〕情
節未作敘述。

而最近幾年發現的存藏於西班牙埃斯科里亞爾（EL Escorial）的聖·勞倫
佐（San Lorenzo）皇家圖書館的《全家錦囊》續編，收有《林招得黃鶯記》
中花園相會一齣，有佚曲【步步嬌】、【降黃龍】十餘支，遠遠超出各家著錄，
且與《宋元戲文輯佚》所敘情節略有出入，與關劇《緋衣夢》更爲接近。孫
崇濤《風月錦囊考釋》稱：《王閨香夜月四春園》「亦與此同題材，男女主人
公相會地點也同作『四春園』。所不同者，雜劇男、女主人公名李慶安與王閨
香。」〔註5〕此作將關劇中的李慶安、王閨香，改爲林招得、黃閨香，將風筝
飄入四春園，改爲黃鶯飛入園中。所謂「只因遊賞豔陽春，走卻黃鶯入柳林。
跳入粉牆園內去，萬花深處自追尋」〔註6〕，基本情節一如關劇。閨香「見垂
楊之下，遺此鞋兒，心生疑慮」〔註7〕，故盤問招得。招得據實述說，閨香始
知「這是舊姻契，指腹佳婿」〔註8〕，因與之約定，「今夜三更，收拾金珠贈
君去，定約在此處」〔註9〕，使招得大爲感激。與《緋衣夢》大致相同。此劇
與《宋元戲文輯佚》中所收《林招得》，是否同一個傳本系統，因文獻匱乏，
尚難以定論。但由流傳於近世地方戲舞臺上的《蒼蠅救命》、《賣黃鶯》等劇
推斷，很可能大致保留了《緋衣夢》的關目。

《緋衣夢》的第二次蛻變乃是豫劇《大祭椿》。此前，有多種地方戲演出
同類題材劇目。據陶君起《京劇劇目初探》，漢劇、湘劇、滇劇、徽劇、晉劇、
秦腔、河北梆子、評劇、越劇等，皆有同類劇目。川劇有《喬子口》（又名《賣

〔註3〕錢南揚輯錄：《宋元戲文輯佚》，古典文學出版社，1956年，第87頁。
〔註4〕莊一拂編著：《古典戲曲存目彙考》下冊，上海古籍出版社，1982年，第1678
　　　頁。
〔註5〕孫崇濤：《風月錦囊考釋》，中華書局，2000年，第149頁。
〔註6〕孫崇濤、黃仕忠箋校：《風月錦囊箋校》，中華書局，2000年，第746頁。
〔註7〕孫崇濤、黃仕忠箋校：《風月錦囊箋校》，中華書局，2000年，第746頁。
〔註8〕孫崇濤、黃仕忠箋校：《風月錦囊箋校》，中華書局，2000年，第747頁。
〔註9〕孫崇濤、黃仕忠箋校：《風月錦囊箋校》，中華書局，2000年，第747頁。

黃鶯》）。著名京劇演員于連泉（藝名小翠花）曾演此劇。〔註10〕梆子系統各劇目，大都有此劇目，或更名爲《火焰駒》。豫劇名旦常香玉演出的陳憲章整理本《大祭椿》，即是此劇的一個片段。1997 年，中央新聞記錄電影製片廠攝製的由河南新鄉豫劇團演出的《大祭椿》，即是根據傳統劇目《火焰駒》及常香玉演出本《大祭椿》改編而成。

劇敘江南提學黃璋，借進京之機攀附權貴，欲將女兒桂英，許配吏部尚書李授之子彥貴爲妻。姦臣張彥本欲與李家聯姻，計劃落空，遂誣李授與金邦勾結，且派刺客前往刺殺。朝廷不察，派人查抄李府，並將其全家驅出京城，趕回蘇州。張彥升任宰相，幫兇劉進得任蘇州知府。桂英與彥貴自幼相識，兩小無猜，情投意合，聞結姻好，高興萬分。彥貴回蘇州，寄身破廟，賣水度日，求岳父黃璋代申冤屈。黃璋贈以銀兩，圖謀退婚。彥貴怒甚，拒收銀兩，拂袖而去。桂英惱恨父親負約，拒絕丞相府提親，並以買水爲名，與彥貴私會於花園，表明心跡，並贈以信物，約其晚間相會，以贈送銀兩。事爲惡奴黃良所知，將丫鬟春紅殺死，並誣稱乃公子彥貴所爲。彥貴身陷囹圄，被判斬刑。桂英聞知此事，不顧禮教約束，毅然走出閨閣，赴法場祭椿，代夫申訴冤情，使婆母、未婚夫消除誤解。在即將動斬刑之際，其父蒙冤得白，奉旨前來救人，張彥等姦臣受到懲治。情節曲折跌宕，扣人心弦。

與原作及同類題材之劇目相比較，本作有如下幾個特點：一是刪去了蒼蠅救命、獄神啓示等與生活事理相悖的荒誕情節，使之具有了生活的眞實。《緋衣夢》中王得富的賴婚，只是基於嫌貧愛富，還缺乏更深廣的社會內容。而且，賴婚時贈以十兩銀子及閨香親手縫製的一雙鞋兒，稱：「這雙鞋兒是罷親的鞋兒，著慶安踏斷線腳兒，便罷了這門親事也。」〔註11〕說法牽強，與情理不合。而此劇則改作黃璋爲攀緣富貴而求婚。同樣，賴婚也是爲了「直上青雲登天梯」，「鳳凰本該登高枝」，使得官場中趨炎附勢小人之嘴臉暴露無遺，加大了對統治階層人物險惡心理的批判力度。且退婚時贈送銀兩，初以助其度飢寒爲名，後則吐露本意，使得人物性格刻畫具有一定的層次感，符合生活邏輯。其次，情節安排一波三折，使該作戲劇性大爲增強。《緋衣夢》展示的是王閨香之癡情、李慶安之冤情、梅香被殺之案情。愛情與公案雜糅，

〔註10〕 參看陶君起編著：《京劇劇目初探（增訂本）》，中國戲劇出版社，1963 年，第 221 頁。

〔註11〕 關漢卿：《錢大尹智勘緋衣夢》第一折，王季思主編：《全元戲曲》第一卷，人民文學出版社，1990 年，第 154 頁。

但情節連接的空隙較多。由於筆墨過於分散，使得作品重心不突出，缺乏對戲劇高潮的鋪墊與渲染，難以給人留下深刻印象。而本作將李、黃結姻置於金兵入侵、義軍蜂起且朝中眾臣矛盾深重的大背景下，使得婚事、家事、國事緊相縮結，加大了反映社會人生的深度。在情節安排上，黃璋借聯姻而為仕進鋪展道路。而李授，因允親而遭姦臣讒害，舉家蒙難，兒子淪落市井。桂英因其父賴婚而生恨，以致親赴法場祭椿。所有情節，都圍繞聯姻事而生發，環環緊扣，層層深入，使得劇情曲折多變、搖曳生姿，具有較強的可看性。再次，塑造起性格鮮明的人物形象。《緋衣夢》中的王閏香，後園訂約表現得較為癡情。然而，由於是「指腹為婚」，感情基礎自然值得推究。所以，面對梅香被殺、父親誣陷李慶安，她表現得很無奈，稱：「敢不是麼」、「則怕不是他麼。」〔註12〕當真凶捉拿歸案後，閏香在公堂上並未表現出太多的驚喜，只是為救父而央告李家父子。而改作則寫，貴英自幼與李彥貴相識，「兩顆無邪純真的心，一縷情思繫至今」。一旦得知允婚，便「滿心喜悅關不住」。父親的悔親，激起她很大義憤，故有私贈銀兩之舉。其父誣陷彥貴，更使她由不滿而生仇恨，以致離家出走，頂風冒雨，歷盡艱辛，前往法場祭椿，多層面地展示了桂英的性格特徵。她追求不為利祿所左右的真情，「不求富貴高門第，只求患難兩相依」，主張正義，「恨爹爹聽信姦佞忘故舊」，趨炎附勢，另攀高枝。為了伸張正義，她敢於衝破封建禮教的束縛，以一閨閣弱女，毅然去法場祭夫。改作以濃墨重彩，生動勾勒出黃桂英純真豐滿的藝術形象，較原作有了較大改進。原作中少不更事、懵懵懂懂的李慶安，已轉換成血肉豐滿、個性鮮明、性格倔強的李彥貴。

戲劇在傳播過程中的「變臉」，包含著對原型固有信息的剪裁刪汰，潛藏著閃光抑或灰暗的心理動機，深蘊著時代精神、大眾趣味、審美直覺與價值判斷。瞭解這一動態過程，相信對於戲曲傳播史的構建以及傳播中介的研究當有積極意義。交代一下《緋衣夢》的前世今生，目的亦不外如此。

〔註12〕關漢卿：《錢大尹智勘緋衣夢》第二折，王季思主編：《全元戲曲》第一卷，人民文學出版社，1990年，第163頁。

關漢卿《望江亭》雜劇品探 [註1]

內容摘要

　　封建時代的女性，本是被侮辱與被損害的典型，而在關漢卿《望江亭》一劇中，卻成爲難得一見的大寫的主角。這樣一種「異端」的風采，燭照了三綱五常籠罩下的漫漫黑夜。作家筆下的譚記兒，不是暗夜裏的偶發覺醒，不是沉疴裏的靈光乍現，而是自始至終都以自由融通的生命爲人生的理想追求。這位「佳人領袖」、「美女班頭」，在散溢女性特有的細膩、縝密與柔情的同時，也散射出按照性別屬性，當時本不應具備的英雄肝膽。關漢卿塑造的譚記兒形象，完成了女性人物由共性符號到個性凸顯的轉向，在喜劇的喧鬧裏爲我們留下了沉寂的思考。

　　《望江亭》是關漢卿的優秀作品，其間沒有紅粉飄零的離愁別緒，沒有碧草池塘的香閨春夢，沒有戰雲壓境的宗社安危，也沒有血染桃花的亡國之慟，有的只是一個鮮活的生命，傾注出的熱辣辣的對於愛情的追求。劇作家沒有讓筆下的人物成爲理學思想籠罩下一枚空洞的時代戳記，而是成功塑造出譚記兒這一光彩照人的女性形象，爲中國戲曲人物畫廊留下了一尊永不褪色的鮮活面容，至今仍爲人們津津樂道。

　　劇中女主角譚記兒是學士李希顏的遺孀，膝下無兒無女，只有每日前往清安觀與住持白姑姑攀話，以打發時光。如此一位閨閣名媛，本應謹守閨訓，

〔註 1〕本文與趙興勤教授合撰，載《古典文學知識》2007 年第 1 期。

不料，甫一上場，唱出的卻是：「做婦人的沒了丈夫，身無所主，好苦人也呵！」〔註2〕並用曲子表明心跡：「我則爲錦帳春闌，繡衾香散；深閨晚，粉謝脂殘，到的這日暮愁無限！」〔註3〕這一內心表白，看似無足輕重，但卻眞實地透現出譚記兒對寡居處境的深刻反思，字面下蘊含的是對未來人生的熱切憧憬與深情企盼。所謂「香閨少女」，「都只愛朝雲暮雨，那個肯鳳只鸞單」、「怎守得三貞九烈，敢早著了鑽懶幫閒」。〔註4〕這既是對當時閨情的深刻體認，又是內在眞實心理的婉曲傳示，顯得自然而眞實，正如馬克思所言：「男女之間的關係是人與人之間的直接的、自然的、必然的關係。」〔註5〕這樣的開場白，閃耀著鮮亮的人性之光，也爲譚記兒改嫁白士中埋下了伏筆。

　　白姑姑在劇作中可謂是個穿針引線的人物，作家賦予了她鮮明的個性。她身爲方外人，非但沒有扯斷世事糾葛、塵緣羈絆，反而欲做「撮合山」，專醫「枕冷衾寒」。當譚記兒言「有心跟的姑姑出家」時，白姑姑作答：「你那裏出得家？這出家無過草衣木食，熬枯受淡，那白日也還閒可，到晚來獨自一個，好生孤恓。夫人只不如早早嫁一個丈夫去好。」〔註6〕話雖說到譚記兒心坎裏，可這聰明美人兒卻偏要喬模喬樣，說甚麼「世味親嘗，人情識破，怕甚麼塵緣羈絆」〔註7〕，表示要罷掃蛾眉、淨洗粉臉、卸下雲鬟，甘心捱「粗茶淡飯」。白姑姑卻說：「夫人，你平日是享用慣的，且莫說別來，只那一頓素齋，怕你也熬不過哩。」〔註8〕話語往返，幾近揶揄與嘲弄。被戳中心事的譚記兒聲稱：「從今把心猿意馬緊牢拴，將繁華不掛眼。」〔註9〕言之鑿鑿，

〔註2〕關漢卿：《望江亭中秋切鱠》第一折，王季思主編：《全元戲曲》第一卷，人民文學出版社，1990年，第132頁。

〔註3〕關漢卿：《望江亭中秋切鱠》第一折，王季思主編：《全元戲曲》第一卷，人民文學出版社，1990年，第132頁。

〔註4〕關漢卿：《望江亭中秋切鱠》第一折，王季思主編：《全元戲曲》第一卷，人民文學出版社，1990年，第132頁。

〔註5〕〔德〕馬克思：《1844年經濟學哲學手稿》，人民出版社，1979年，第72頁。

〔註6〕關漢卿：《望江亭中秋切鱠》第一折，王季思主編：《全元戲曲》第一卷，人民文學出版社，1990年，第132頁。

〔註7〕關漢卿：《望江亭中秋切鱠》第一折，王季思主編：《全元戲曲》第一卷，人民文學出版社，1990年，第132頁。

〔註8〕關漢卿：《望江亭中秋切鱠》第一折，王季思主編：《全元戲曲》第一卷，人民文學出版社，1990年，第132頁。

〔註9〕關漢卿：《望江亭中秋切鱠》第一折，王季思主編：《全元戲曲》第一卷，人民文學出版社，1990年，第133頁。

卻未必有力，「從今」二字，不經意間承認了自己的「心猿意馬」。白道姑乘勢而進，虛與委蛇，一番恰到好處的恭維之後，譚記兒的防線崩潰，終於吐露出真心話：「這終身之事，我也曾想來：若有似俺男兒知重我的，便嫁他去也罷。」〔註10〕至此，劇情又作轉折，與登場之初所稱「都只愛朝雲暮雨，那個肯鳳只鸞單」〔註11〕遙相呼應，托出了譚記兒的內心隱秘。如此看來，譚記兒早就作好了再嫁的準備，她根本無意做什麼「三貞九烈」的節婦，封建禮教的藩籬，已爲她胸中點燃的追求新生活的烈火焚燒殆盡，她不是不嫁，所擔心的是「著了鑽懶幫閒」〔註12〕，所嫁匪人，上當受騙。故而，若嫁，便以前夫人品、性格爲參照，找一個「似俺男兒知重我的」〔註13〕。這一在嫁什麼樣的人上的愼重抉擇，無疑是自我保護的關鍵一著，反映出她在人生轉折之際的理智與清醒、沉著與謹愼。這一切，均爲她以後智鬥楊衙內作了情節上的鋪墊，也爲即將發生的與白士中的表面衝突暗作提示。

正當譚記兒與白姑姑攀話之時，白士中突然出現，使譚記兒大爲意外，無所措手足，以爲白士中將她看作任人攀折的牆花路柳，嗔怒頓生，急欲回轉，並聲稱欲與白姑姑斷交。這說明譚記兒既有著追求新生活的滿腔熱情，又無時無刻不在維護著本身作爲女性的尊嚴。她需要眞純的愛情，而痛恨任何藝瀆與不恭；她要做一個堂堂正正的女人，而不是任人擺弄的寵物。正因爲她對生活有著明確而堅定的追求，故而，一旦惡勢力危及這種理想生活，她就會挺身抗爭，不屈不撓，爲捍衛自身幸福而不惜蹈危履險。直至白士中祖露心跡，有了欲做「一心人」的承諾，譚記兒始相信白士中不是尋花問柳的輕薄之徒，故樂得順水推舟，不自覺地將自己與白士中聯在了一起，稱：「既然相公要上任去，我和你拜辭了姑姑，便索長行也」。「這行程則宜疾，不宜晚。休想我著那別人絆翻，不用追求相趁趕，則他這等閒人怎得見我容顏？姑姑也，你放心安，不索恁語話相關。收了纜，撅了樁，蹺跳板；掛起這秋

〔註10〕 關漢卿：《望江亭中秋切鱠》第一折，王季思主編：《全元戲曲》第一卷，人民文學出版社，1990年，第133頁。

〔註11〕 關漢卿：《望江亭中秋切鱠》第一折，王季思主編：《全元戲曲》第一卷，人民文學出版社，1990年，第132頁。

〔註12〕 關漢卿：《望江亭中秋切鱠》第一折，王季思主編：《全元戲曲》第一卷，人民文學出版社，1990年，第132頁。

〔註13〕 關漢卿：《望江亭中秋切鱠》第一折，王季思主編：《全元戲曲》第一卷，人民文學出版社，1990年，第133頁。

風布帆,試看那碧雲兩岸,落可便輕舟已過萬重山。」〔註14〕既顯示出沐浴
愛情的喜悅,又爲下文楊衙內的出場作了必要的暗示和鋪墊。這段戲一波三
折,層層推進,譚記兒的青春寂寞、欲說還休,白姑姑的深諳風情、圓熟老
練,都表現得淋漓盡致。

一段美好姻緣,似乎開始了它浪漫的旅程,然而事情卻非一帆風順。譚
記兒的「顏色」,爲她贏得了愛情,也爲其招惹了禍端。第二折伊始,反面
人物楊衙內出場,這個垂涎譚記兒美色已久的姦佞小人,爲奪美而一心要標
取白士中性命。讓人噴飯的是,自稱「花花太歲爲第一,浪子喪門世無對;
普天無處不聞名」〔註15〕的權豪勢要楊衙內,竟然是蝨子、狗鼈滿頭,污穢
不堪。「戲劇中的人物激發了我們的同情心,他們像我們所認識的人、通常
像我們所愛的和所恨的人」〔註16〕。任何一個有良知的讀者(觀眾),看到
剛剛找尋到幸福的譚記兒又要身陷泥淖,都會激射出對愛的惜護,對恨的憎
惡,對良善的同情,對醜惡的厭棄。關漢卿通過對楊衙內這一「丑」的形象
的誇飾描述,使角色契合了讀者(觀眾)的心理期待,大大滿足了讀者(觀
眾)對於「丑」的貶低欲求。在嘲笑醜的同時,也埋藏下對於眞善美的執著
渴求。正如車爾尼雪夫斯基所言:「在滑稽中醜態是使人不快的;但是,我
們是這樣明察,以至能夠瞭解醜之爲醜,那是一件愉快事情。我們既然嘲笑
醜態,就比它高明。」〔註17〕

雖然作家賦予「丑」以類比化的外觀形象,但是並沒有按照臉譜簡單機
械地模印人物。作品所寫楊衙內,非但不是一個頭腦簡單的笨蛋,反而處處
機關算盡。他誣奏白士中「貪花戀酒,不理公事」〔註18〕得逞後,手握文書、
勢劍、金牌這些王權標誌物,請旨「親自到潭州,取白士中首級覆命」〔註19〕,

〔註14〕 關漢卿:《望江亭中秋切鱠》第一折,王季思主編:《全元戲曲》第一卷,人
民文學出版社,1990 年,第 135 頁。

〔註15〕 關漢卿:《望江亭中秋切鱠》第二折,王季思主編:《全元戲曲》第一卷,人
民文學出版社,1990 年,第 137 頁。

〔註16〕 〔奧〕維特根斯坦:《遊戲規則:維特根斯坦神秘之物沉默集》,唐少傑等譯,
陝西師範大學出版社,2003 年,第 54 頁。

〔註17〕 〔俄〕車爾尼雪夫斯基:《論崇高與滑稽》,《美學論文選》,繆靈珠譯,人民
文學出版社,1957 年,第 118 頁。

〔註18〕 關漢卿:《望江亭中秋切鱠》第二折,王季思主編:《全元戲曲》第一卷,人
民文學出版社,1990 年,第 137 頁。

〔註19〕 關漢卿:《望江亭中秋切鱠》第二折,王季思主編:《全元戲曲》第一卷,人
民文學出版社,1990 年,第 137 頁。

力求萬無一失。並唯恐他人知曉，一路輕車簡從，只帶「聰明乖覺」的兩名心腹，在望江亭歇息也不忘令惡奴趕開民船。楊衙內拒絕親隨的果酒之請，收斂起欽差的排場。這一切舉止，都是爲的實現他醜惡歹毒的最終目的。見到譚記兒化裝的張二嫂，他色心頓起，但又不失防範。我們從其怒斥走漏此行目的的李稍、不輕易將勢劍與張二嫂看諸細節，便可窺知一二。關漢卿通過事實表明，楊衙內不是一個草包，而是頗有心計的狡詐之徒，對付他決非易事。這種善惡力量上的對比以及由此所形成的巨大反差，構成了強烈的戲劇衝突。

當丈夫白士中面對即將到來的覆巢之災一籌莫展、長籲短歎之時，瞭解了事情原委的譚記兒卻從容唱道：「你道他是花花太歲，要強逼的我步步相隨。我呵怕甚麼天翻地覆，就順著他雨約雲期。這椿事你只睜眼兒覷者，看怎生的發付他賴骨頑皮！」〔註20〕「呀，著那廝得便宜翻做了落便宜，著那廝滿船空載月明歸。你休得便乞留乞良搥跌自傷悲，你看我淡妝不用畫蛾眉。今也波日，我親身到那裏，看那廝有備應無備。」〔註21〕這席話，猶如一支金色的響箭，力貫蒼穹，錚錚作鳴。譚記兒這種面對強敵的冷靜以及所表現出的令一般人難以置信的無畏勇氣，已經超出了社會對於其性別的規束與範圍，引導著戲劇情節逐步走向高潮，引燃了讀者（觀眾）抵達情感高潮的導火索。這時的白士中，也許注入了幾許振奮，但仍是猶疑的，他僅把妻子的話當作一次無力的安慰，當作一次善意的欺瞞，當作一個美好的希望，當作一個隨時可能墜入現實的理想泡影，因而理智與愛情要求他極力阻攔妻子隻身赴險。譚記兒不爲所動，高唱「我著那廝磕著頭見一番，恰便似神羊兒忙跪膝；直著他船橫纜斷在江心裏，我可便智賺了金牌，著他去不得」〔註22〕，充滿自信地決然而去。直到這時，白士中才半是安慰半是信服地說上一句：「據著夫人機謀見識，休說一個楊衙內，便是十個楊衙內，也出不得我夫人之手。」〔註23〕

〔註20〕關漢卿：《望江亭中秋切鱠》第二折，王季思主編：《全元戲曲》第一卷，人民文學出版社，1990年，第140頁。

〔註21〕關漢卿：《望江亭中秋切鱠》第二折，王季思主編：《全元戲曲》第一卷，人民文學出版社，1990年，第140頁。

〔註22〕關漢卿：《望江亭中秋切鱠》第二折，王季思主編：《全元戲曲》第一卷，人民文學出版社，1990年，第140頁。

〔註23〕關漢卿：《望江亭中秋切鱠》第二折，王季思主編：《全元戲曲》第一卷，人民文學出版社，1990年，第140頁。

這裡提出一個值得玩味的細節：白姑姑對譚記兒的第一描述是「生的模樣過人」〔註24〕，並無性格、背景等其他任何的描述。在聽知侄兒白士中喪妻鰥居後，即欲把譚記兒配與他做夫人。白士中聞知之後，急不可耐，欣然應允，又暗自擔心：「莫非不中麼？」〔註25〕可以說，一開始，譚記兒對白士中構成吸引的，只有「顏色」二字，至於「聰明智慧」、「事事精通」，「世上無雙」、「人間罕比」諸類性格、品質的評述，那都是後話了。眞不知道白士中如果一開始就知道娶了譚記兒會惹上殺身之禍，還會不會有春風得意之感。這樣的佈局，這種類似反諷的手法，也許正暗喻著那個風雲激蕩的年代裏，作者對於英雄缺失的無限憾恨。「野夫怒見不平處，磨損胸中萬古刀」〔註26〕，關漢卿呼喚可以頡頏以傲世的英雄知己，視泰山如彈丸的女主角，正是符號化了的作者心靈的映像。

扁舟輕棹、喬扮漁婦的譚記兒，在中秋之夜，以風情假獻殷勤，灌醉了楊衙內及其親隨，賺取了勢劍、金牌及捕人文書。這一段描寫，淋漓痛快、精彩非常。誰也不曾想，一個弱女子隻身赴虎穴，竟然還能鎮定自若、談笑風生，且能利用敵人的弱點頻施計略，巧妙週旋於調笑與逢迎之間，把楊衙內一撥人灌得個爛醉如泥。關漢卿用傳神之筆，寫透了一個精靈女子的權變智慧與百變風情！時而溫婉，時而癲絕，時而嬌嗔，時而頑豔，譚記兒用自己的潑辣與智慧，用自己的果敢與聰穎，用自己的勇氣與機變，出色化解了一場生死攸關的危局。瀾翻泉湧的戲劇高潮戛然而止，原先蓄成的那種張勢，那種在不平衡中四處衝撞著的力，即得以消解。在這理想的結局中，譚記兒不無自豪地調侃道：「我且回身將楊衙內深深的拜謝，您娘向急颭颭船兒上去也。到家對兒夫盡分說、那一番周折。」〔註27〕「從今不受人磨滅，穩情取好夫妻百年喜悅。俺這裡美孜孜在芙蓉帳笑春風，只他那冷清清楊柳岸伴殘月。」〔註28〕言辭間的鄙夷與笑謔，大概也是關漢卿本人對兇殘暴虐的統治

〔註24〕 關漢卿：《望江亭中秋切鱠》第一折，王季思主編：《全元戲曲》第一卷，人民文學出版社，1990年，第131頁。

〔註25〕 關漢卿：《望江亭中秋切鱠》第一折，王季思主編：《全元戲曲》第一卷，人民文學出版社，1990年，第131頁。

〔註26〕 劉叉：《偶書》，《全唐詩》卷三九五，上海古籍出版社，1986年，第985頁。

〔註27〕 關漢卿：《望江亭中秋切鱠》第三折，王季思主編：《全元戲曲》第一卷，人民文學出版社，1990年，第147頁。

〔註28〕 關漢卿：《望江亭中秋切鱠》第三折，王季思主編：《全元戲曲》第一卷，人民文學出版社，1990年，第147頁。

者的冷嘲吧！

值得我們關注的是，關漢卿塑造的譚記兒並沒有如北朝民歌《木蘭詩》裏的木蘭那樣進行性別偽裝，也沒有唐傳奇裏紅線的那種非凡的工夫，其自始至終以女性面目出現，是真實可感的普通女子。沒有對於才名功業的渴求，要的只是「一心人」這句簡簡單單的對於愛情的承諾。在第二折裏，白士中接到家書，知楊衙內前來標取自己首級，煩惱不已。不明就裏的譚記兒，見每日坐罷早衙便來攀話的丈夫遲遲不歸，心生疑竇，誤以為他家有前妻，醋意頓生，唱道：「把似你則守著一家一計，誰著你收拾下兩婦三妻？你暢好是七八下裏不伶俐。堪相守留著相守，可別離與個別離；這公事合行的不在你。」〔註29〕滿腹委屈溢於言表，誤以為丈夫「一心人」的承諾不過是自己的一廂幻夢，前塵舊事一齊湧出：「棄舊的委實難，迎新的終容易。新的是半路裏姻眷，舊的是縮角兒夫妻。我雖是個婦女身，我雖是個裙釵輩，……等的恩斷意絕，眉南面北，怎時節水盡鵝飛。」〔註30〕酸楚中帶著決絕，落寞中帶著悲憤，並半真半假幾欲尋死，活脫脫一幅市井女兒態。而一旦得知此全係誤會，怒氣登時消散，無論面對甚麼勢力豪強，「天翻地覆」，她都能鎮定應對，從容不迫。

可以說，《望江亭》是一曲徹底的女性的勝利之歌，至於男性形象，則處於不斷被消解的尷尬境地。反派自不必言，即便同樣作為主角的白士中，為官為宦，有安邦之志，頗得眾心，使「一郡黎民，各安其業」，但相較流光溢彩的譚記兒，仍不免黯然失色，淪為事實上的綠葉陪襯。至於另一男角色——都御史（也有一些別本如息機子本、顧曲齋本作「府官」）李秉忠——的出現，也不過是高潮過後的收煞，為的是給人物結局一個明朗的安排，以符合正統的是非取捨與世俗的審美觀念，在戲劇衝突設置中並不起主要作用。關漢卿有意令事情的結局回歸到一度背離的制度中去，這是時代加給他的思想局限。劇作家努力表達了意志律令的完整，也不失自由存在的尊嚴，清官的出場，使譚記兒用「不合理」的行為獲得的「合理」內容在制度內得到認可，最終表現出的，不過是理想化了的與上層建築的精神和解。

〔註29〕關漢卿：《望江亭中秋切鱠》第二折，王季思主編：《全元戲曲》第一卷，人民文學出版社，1990年，第139頁。

〔註30〕關漢卿：《望江亭中秋切鱠》第二折，王季思主編：《全元戲曲》第一卷，人民文學出版社，1990年，第139頁。

　　戲劇，是一定時代社會心靈結構物態化的結果。當然，這其中有民族共性的東西會超出時代本身得以流傳，形成所謂傳統。元代的戲劇，已經完成了歷史演進的更迭，由神巫而現實，走進了瓦肆街衢、歌臺廟會，走進了普通市民的日常生活，成爲一種方興未艾的文化消費。「人畢竟是生物存在的人，同時也是社會現實的人，他要求瞭解、觀賞與自己有關的時代、生活、生命和人生」〔註31〕。正是因爲譚記兒是世間的人，才顯出別一番的卓絕來。她的「傳奇」故事，因爲實現了現實中缺失的公平、正義與眞理的勝利，所以滿足了觀賞者（閱讀者）的善良憧憬，彌補了謝幕後的生活缺失，勾連起人們永不消歇的欣賞與愛慕。封建時代的女性，本是被侮辱與被損害的典型，而在《望江亭》一劇中，卻成爲難得一見的大寫的主角。這樣一種「異端」的風采，燭照了三綱五常籠罩下的漫漫黑夜。作家筆下的譚記兒，不是暗夜裏的偶發覺醒，不是沉疴裏的靈光乍現，而是自始至終都以自由融通的生命爲人生的理想追求。這位「佳人領袖」、「美女班頭」，在散溢女性特有的細膩、縝密與柔情的同時，也散射出按照性別屬性，當時本不應具備的英雄肝膽。這樣的肝膽與魄力，又豈是那一干封建王庭尸位素餐的厚祿庸臣所能比併的？關漢卿塑造的譚記兒形象，完成了女性人物由共性符號到個性凸顯的轉向，在喜劇的喧鬧裏爲我們留下了沉寂的思考。

〔註31〕李澤厚：《美學四講》，天津社會科學院出版社，2001年，第295頁。

元雜劇團圓心理的文化省察 ^{〔註1〕}

內容摘要

　　元雜劇中的「團圓」，不是一般意義上輕佻的喜劇結尾，而是一種鬱結於內、流瀉於外的深沉的自我意識在作品中的反映。作家構設「團圓」，更多不是為了逃遁現實，而是希冀求得心靈上的超脫與解惑。正是這樣的終極靶標，使「團圓」具備了較為深刻的精神接納意義和美學意蘊。對「大團圓」這一文學現象和「團圓」心理，沒有必要進行徹底的肯定或否定。中國古典戲劇傳統的結局方式，確實在客觀上消釋了悲劇固有的深刻性，不符合西方經典戲劇理論中「悲劇」的定義，但敘述者的主觀姿態還是值得我們深思的。儘管帶有諸多虛幻成分，可看作文人一廂情願的「白日夢」，但又何嘗不能析出一縷現實人生的無奈、一聲肮髒不平的吶喊。「團圓」在這個意義層面上，正是時代映像的矯正、既定現實的反撥，折射出的恰恰是作家理想的人性觀以及對美好未來的憧憬。

　　法籍捷克裔作家米蘭·昆德拉認為，小說是「關於存在的詩意的沉思」^{〔註2〕}。筆者分析，要點有三：一是事關現實生存，二是有著審美化的觀照，三是存在沉潛的、形而上的思考。其實不惟小說，一切文學樣式，都飽含著

〔註 1〕 本文與趙興勤教授合撰，載《審美文化叢刊》第 2 期（2003 年號），當代中國出版社，2003 年 9 月。發表時題作《元雜劇團圓心理的美學文化學觀照》。
〔註 2〕 〔捷〕米蘭·昆德拉：《小說的藝術》，孟湄譯，三聯書店，1992 年，第 33 頁。

作家對審美化生存的審視，都蘊藉著深沉的價值探尋。戲曲更不例外。文學的終極性質是面向精神存在的敘說，關注的永遠是精神深度，不管外表包裹多少層世俗的外衣，其目的都無外乎用話語建構回答精神上的焦灼與疑慮，以最終實現自我與外部世界的雙向救贖。本文所要指出的是：「團圓」不是一般意義上輕佻的喜劇結尾，而是一種鬱結於內、流瀉於外的深沉的自我意識在作品中的反映。作家構設「團圓」更多不是爲了逃遁現實，而是希冀求得心靈上的超脫與解惑。正是這樣的終極靶標，使「團圓」具備了較爲深刻的精神接納意義和美學意蘊。

囈語：夢尋中的心靈祭奠

文明的嬗變有同於生理學，「男女同姓，其生不蕃」〔註 3〕，只有異質文明的因子由相互碰撞到融合，才會在這一漸進過程裏衍生出有著旺盛生命力的別一種樣態的新鮮面孔。元代由少數民族建立政權，其以金戈鐵馬的彪悍雄姿打破了儒家溫情脈脈的陰柔姿態下的文人的統治，用武力實現了原始的游牧文明對先進的農耕文明的征服。

馬克思講：「野蠻的征服者總是被那些他們所征服的民族的較高文明所征服。」〔註 4〕表面上的建立政權、統轄、臣服，只不過是形而下層面、器物上的征服。而在意識形態領域，卻表現爲形而上層面的被馴化、被滲透。儒家正統文明逐漸彰顯其思想領域、精神方面的優勢，從而構成不可思議又理所當然的另一層面的逆向征服。這種落後民族、落後文明的被同化才是眞正的征服，是符合生產力發展的客觀要求的，也是歷史規律的必然性使然。但在這種雙向征服與駕馭中，卻潛移默化完成了一次新舊文化的積纍。元雜劇在急劇的文明碰撞中，不斷汲取異域文明的營養（如元劇中蒙古語的運用，有別於傳統的直露潑辣的風格的形成），如一隻浴火的鳳凰，衝天而出，成爲新生的市民階層的寵兒。

一個「並西域、平西夏、滅女眞、臣高麗、定南詔，遂下江南，而天下爲一」〔註 5〕的龐大帝國，有著無堅不摧的鐵騎、氣吞山河的氣勢、粗獷豪

〔註 3〕 《左傳・僖公二十三年》，《十三經注疏》下冊，中華書局，1980 年，第 1815 頁。

〔註 4〕 〔德〕馬克思：《不列顛在印度統治的未來結果》，《馬克思恩格斯選集》第二卷，人民出版社，1972 年，第 70 頁。

〔註 5〕 宋濂：《元史》卷五八《志第十・地理一》，中華書局，1976 年，第 1345 頁。

邁的民族個性，但在帝國的精神領域方面卻是落後的。儘管他們自稱：「握乾符而起朔土，以神武而膺帝圖，四震天聲，大恢土宇，興圖之廣，歷古所無」〔註6〕，但又取《易》「大哉乾元」之意，「法《春秋》之正始，體大《易》之乾元」〔註7〕，以為國號，表現出對漢文化明智的認同。高明的統治者往往不會囿於狹隘的民族偏見，而大膽地吸收先進文化。元世祖忽必烈制定的綱要是，「稽列聖之洪規，講前代之定制」〔註8〕，體現了一個政治家的遠見。但以武力起家的蒙古貴族，是無法理解領袖的良苦用心的。史載：從蒙古滅金（1234）起，到元仁宗皇慶元年（1312），如此長的時間只在元太宗九年（1237）舉行過一次科舉考試。雖然元仁宗皇慶二年（1313）末，元朝發佈行科舉詔，但在科舉中又存在強烈的民族偏見與不公平待遇。作為文人進身主要途徑的科舉被堵塞，往昔「狀元登第，雖將兵數千萬，恢復幽薊，逐強虜於窮莫（漠），凱歌勞還，獻捷太廟，其榮亦不可及也」〔註9〕的風光無限一去不返，甚至落得位居娼妓之下的可憐下場。〔註10〕隨著精英階層的淪落失位，讀書人地位一落千丈；沒有了進身之階，作家便將現實生活中淪落閭巷等坎坷遭際導致的鬱憤不平之氣灌輸入作品中，染著了較多的悲愍色彩。

弗洛伊德在《精神分析五講》（第五講）中說：

> 我們普遍地發現現實並不令人滿意，出於這個原因便熱衷於一種幻想的生活，從中我們編織出種種願望滿足的情景來彌補現實中的缺憾。這些幻想中包含大量的構成一個人人格的真正要素和那些涉及現實而被壓抑的衝動。有能力和有成就的人是那些能夠憑自己的努力把願望的幻想轉變成現實的人。如果由於外部世界的抵抗和個人自身的弱點而使這種努力遭到失敗，他就開始逃離現實而退縮到那個更令其滿意的幻想世界中。〔註11〕

元代文人在文學世界裏執著地構建自己的理想：因國破家亡而建構家國

〔註6〕 宋濂：《元史》卷七《本紀第七·世祖四》，中華書局，1976年，第138頁。

〔註7〕 宋濂：《元史》卷四《本紀第四·世祖一》，中華書局，1976年，第65頁。

〔註8〕 宋濂：《元史》卷四《本紀第四·世祖一》，中華書局，1976年，第65頁。

〔註9〕 田況：《儒林公議》卷上，中華書局，1985年，第3頁。

〔註10〕 宋·謝枋得《疊山集》卷六《送方伯載歸三山序》、明·江用世《史評小品》卷二二「元」、清·計大受《史林測義》卷三七「元」、《（乾隆）福州府志》卷六三、清·王士禎《居易錄》卷三、清·趙翼《廿二史箚記》卷三〇「元季風雅相尚清」條、《陔餘叢考》卷四二「九儒十丐」條等，均有相關記載，可參看。

〔註11〕 車文博主編：《弗洛伊德文集》第3卷，長春出版社，1998年，第38～39頁。

之夢，以抒黍離之悲，如《漢宮秋》、《趙氏孤兒》；因現實的不平而建構清官之夢，僅包公斷案的故事，元雜劇中便有十餘種之多，如關漢卿的《包待制三勘蝴蝶夢》、《包待制智斬魯齋郎》，無名氏的《包待制陳州糶米》、《包龍圖智賺合同文字》、《包待制斷丁丁當當盆兒鬼》、《包龍圖智賺三件寶》、《包龍圖智賺生金閣》，鄭廷玉的《包龍圖智勘後庭花》等等；因姻緣際會無法滿足而建構才子佳人之夢，如《才子佳人菊花會》、《關盼盼春風燕子樓》、《賽花月秋韆記》、《才子佳人拜月庭》等；因不堪現實重負而建構超脫之夢，多表現為一些神仙道化劇，如《張果老度脫啞觀音》、《韓湘子三度韓退之》、《呂洞賓三醉岳陽樓》等；因建功立業的渴求而建構英雄之夢，如《薛仁貴衣錦還鄉》、《趙太子創立天子班》、《漢高祖斬白蛇》、《虎牢關三戰呂布》等等。

此類情節建構，皆是作家「團圓」情結在劇作中的不同形式的反映。其中，有的蘊涵了政治理想的追求，有的包容進生活情趣與處世態度，有的則追求事功及人生的圓滿。所有這一切，皆與作家創作的潛在動機緊密關聯，即借助藝術作品中所描繪的人生境界，來慰藉那累受創痕的悲苦心理。亦如有人所云：「藝術本身就是一種補償的手段，藝術家就是去尋找那種能滿足他內在欲望的代替物，他把那些不現實的要求，轉換為似乎能現實地感覺到的目的中去，至少在精神上能達到這一目的。」〔註 12〕這就如同心靈的囈語，執著地在夢中祭奠現實的悲苦、尋找靈魂的安宿。

演繹：悲劇情節的三度解構與建構

戲劇藝術是表演藝術，更是一門綜合藝術。從劇本創作到演員演出再到觀眾欣賞，構成了藝術審美的三個維度。

先看創作者。有元一代，文人地位一落千丈，不可與宋時同日而語。隨著價值理想的失落，肯定自我，實現傳統修身、齊家、治國、平天下價值的途徑被堵塞，哭訴：「十載攻書，半生埋沒。學干祿，誤殺我者也之乎，打熬成這一付窮皮骨」〔註 13〕的讀書人，再也找尋不到一脈相承、延續千年的精神支撐，被肯定、被重視的渴望與熱忱，促使他們把目光轉向實現自身價值的另一維度——藝術創作。反映在作品中，又必然鬱結現實生存的苦痛、包

〔註 12〕 朱狄：《當代西方美學》，人民出版社，1984 年，第 24 頁。
〔註 13〕 無名氏：《朱太守風雪漁樵記》第一折，王季思主編：《全元戲曲》第六卷，人民文學出版社，1990 年，第 384 頁。

含人生際遇的不甘、蘊藉理想中的完滿。

　　如《凍蘇秦》中的蘇秦，曾稱：「胸中豪氣三千丈，筆下文才七步章」〔註14〕，「憑著我七尺身軀八斗才，那怕他十謁朱門九不開」〔註15〕，對個人才情耿耿自信，遂告別父母，外出進取功名。在他看來，值此七國紛爭，正是用人之際，「三寸舌爲安國劍，五言詩作上天梯。青雲有路終須到，金榜無名誓不歸」〔註16〕。然而，一旦來至秦國界之弘農店中，又染重病，衣單天寒、困苦不堪，以致慨歎：「整整的二十年窗下學窮經。苦了我也青燈黃卷，誤了我也白馬紅纓。本待做大鵬鳥高搏九萬里，卻被這惡西風先摧折了六梢翎」〔註17〕，且又「心高氣傲惹人憎，因此上空囊那討一文剩」〔註18〕，深爲「直恁般時乖運蹇不通亨」〔註19〕而悲慨，甚至想到了拋棄書生本業，去另覓出路，然而，「待要去做莊農又怕誤了九經，做經商又沒個本領。往前去賺入坑，往後來褪入井，兩下裏怎據憑」〔註20〕，處於進退維谷的兩難境地。儘管如此，他仍以初遭困厄後終顯貴的伊尹、傅說、馮驩、寧戚諸古賢自礪，決計「去那虎狼叢裏覓前程」〔註21〕。然而，理想畢竟不能代替現實。當王長者所贈盤纏用盡之後，他流落無著，只得身著襤褸衣衫、滿面羞愧、頂風冒雪返回故鄉。本來，父母對蘇秦進取功名並不支持，只是希望他做一個深諳「若要富、土裏做；若要饒，土裏刨」〔註22〕農家之道的莊農而已，之所

〔註14〕　無名氏：《凍蘇秦衣錦還鄉》第三折，王季思主編：《全元戲曲》第六卷，人民文學出版社，1990 年，第 262 頁。

〔註15〕　無名氏：《凍蘇秦衣錦還鄉》楔子，王季思主編：《全元戲曲》第六卷，人民文學出版社，1990 年，第 244 頁。

〔註16〕　無名氏：《凍蘇秦衣錦還鄉》楔子，王季思主編：《全元戲曲》第六卷，人民文學出版社，1990 年，第 244 頁。

〔註17〕　無名氏：《凍蘇秦衣錦還鄉》第一折，王季思主編：《全元戲曲》第六卷，人民文學出版社，1990 年，第 246 頁。

〔註18〕　無名氏：《凍蘇秦衣錦還鄉》第一折，王季思主編：《全元戲曲》第六卷，人民文學出版社，1990 年，第 246 頁。

〔註19〕　無名氏：《凍蘇秦衣錦還鄉》第一折，王季思主編：《全元戲曲》第六卷，人民文學出版社，1990 年，第 247 頁。

〔註20〕　無名氏：《凍蘇秦衣錦還鄉》第一折，王季思主編：《全元戲曲》第六卷，人民文學出版社，1990 年，第 248 頁。

〔註21〕　無名氏：《凍蘇秦衣錦還鄉》第一折，王季思主編：《全元戲曲》第六卷，人民文學出版社，1990 年，第 249 頁。

〔註22〕　無名氏：《凍蘇秦衣錦還鄉》楔子，王季思主編：《全元戲曲》第六卷，人民文學出版社，1990 年，第 243～244 頁。

以放他出行，似乎只是爲「省的在我耳朵根邊，終日子曰子曰，伊哩鳥蘆的這般鬧吵」〔註23〕。結果，蘇秦一旦落魄而歸，父親訓斥責罵、嫂嫂譏誚挖苦、妻子冷嘲熱諷、兄長厲聲驅趕，使他無顏自立，重新走上飢寒交加、流落異鄉之途。可是，他後來功名成就，身任六國都元帥之要職，父母及家人，則「牽羊擔酒，直至驛亭」〔註24〕迎見。這一巨大的反差，融進了多少難以訴說的人情冷暖。

作品中的前半部分情節，眞實地透現出元代讀書人懷才不遇的悲愴心境，與《薦福碑》所稱：「這壁攔住賢路，那壁又擋住仕途。如今這越聰明越受聰明苦」〔註25〕，則是意脈融通的。而後一部分，則折射出作者人生的理想。作者的理想與追求，受到客觀形勢的擠壓而不得舒展，便寄希望於筆下虛構之幻境。在這種情境下，「由某種未得到滿足的願望所產生的幻想和錯覺的生活居支配地位」〔註26〕，並外化爲功成名就、舉家團圓的虛擬情節。這是因爲，「一個人當他不能通過自我本身得到滿足時，就有可能從那個已從自我中分化出來的自我典範中尋得滿足」〔註27〕。

藝術創作再也不是士大夫之間唱和侑酒的趣尚雅玩，而趨向於一種有別於儒家傳統詩教觀念的目的性狀。市井凡塵裏的宣洩寄託、嬉笑怒罵諸原始格範，則幻化成文人情志的重要載體。藝術不再孤立於普通人民之外，絕緣大眾的純雅化藝術已不能適應時代的需要，更不能引起大多數人的關注。藝術家轉而追求與下層民眾間的共鳴，並以化雅爲俗的方式，吸引更多注意的目光，以證明自己價值的存在。「人言居富貴之中者，則能道富貴語，亦猶居貧賤者工於說飢寒也」〔註28〕。身份角色的轉變也促成了傳統文人由廟堂文化向民間審美維度的轉向。

〔註23〕 無名氏：《凍蘇秦衣錦還鄉》楔子，王季思主編：《全元戲曲》第六卷，人民文學出版社，1990年，第244頁。

〔註24〕 無名氏：《凍蘇秦衣錦還鄉》第四折，王季思主編：《全元戲曲》第六卷，人民文學出版社，1990年，第263頁。

〔註25〕 馬致遠：《半夜雷轟薦福碑》第一折，王季思主編：《全元戲曲》第二卷，人民文學出版社，1990年，第82頁。

〔註26〕 〔奧〕西格蒙德·弗洛伊德：《集體心理學和自我的分析》，《弗洛伊德後期著作選》，林塵等譯，上海譯文出版社，1986年，第85頁。

〔註27〕 〔奧〕西格蒙德·弗洛伊德：《集體心理學和自我的分析》，《弗洛伊德後期著作選》，林塵等譯，上海譯文出版社，1986年，第118頁。

〔註28〕 葛立方：《韻語陽秋》卷一，何文煥輯：《歷代詩話》下冊，中華書局，1981年，第490頁。

　　再看演員。元代演員出身卑微，大多爲妓女出身，隸屬教坊，地位低下。「店戶、倡優、官私奴婢，謂之賤」〔註29〕。此類情況，在《紫雲亭》、《謝天香》、《金線池》諸劇作中更多有敘及。如《金線池》中杜蕊娘，儘管是鴇母親生，但仍逼她送舊迎新。「他只待夜夜留人夜夜新，殷勤、顧甚的恩！不依隨，又道是我女孩兒不孝順。今日個漾人頭廝摔，捨熱血廝噴，定奪俺心上人」〔註30〕。鴇母還責令丫頭，「拿鑷子來，鑷了鬢邊的白髮，還著你覓錢哩」〔註31〕，眼裏只有金錢，何嘗有母女情分？《謝天香》則敘及官妓的不幸身世，官府傳喚，「立地剛一飯間，心戰夠兩炊時」〔註32〕。「會彈唱的，日日官身」〔註33〕，「每日常差使」〔註34〕，毫無自由可言。受盡蹂躪摧殘。

　　最後看受眾。這一時期文學消費的群體——普通市民（當然，也許他們並不把這看作文學消費。換種說法，他們的意識裏尚未有太多自覺的文學消費意識，更多的是對藝術的陌生），他們關注的只是與他們近似或相類的生活在舞臺上悲歡離合的演繹，希圖在別人身上執著地找尋一點自己生活的影子，然後悲天憫人地哀歎一番抑或在壓抑沉重的生活之餘尋覓一點歡樂的種子。對他們來說，熟悉的市井俚語、平凡的日常瑣事、眞善的完滿統一，才是眞正的貼近他們的藝術，才符合樸素的民間審美觀，才會最大限度地激起他們情感的趨同。

　　一方面，創作主體以自己的切身際遇作爲藝術藍本，構造出一系列才華橫溢而仕途淹蹇、飽經磨難的士人形象，以換取更多的喟歎來證明己身的不幸；另一方面，演員作爲戲劇藝術傳播的中介，承擔著藝術的二度創作。人物的內心世界、文字無法言傳的深層感觸、情感兩極的迴環往復，酣暢淋漓的表演中往往化合了諸多自身感情的元素，她們以抑揚頓挫的唱

〔註29〕徐元端：《吏學指南》，浙江古籍出版社，1988 年，第 103 頁。

〔註30〕關漢卿：《杜蕊娘智賞金線池》，王季思主編：《全元戲曲》第一卷，人民文學出版社，1990 年，第 113 頁。

〔註31〕關漢卿：《杜蕊娘智賞金線池》，王季思主編：《全元戲曲》第一卷，人民文學出版社，1990 年，第 114 頁。

〔註32〕關漢卿：《錢大尹智寵謝天香》，王季思主編：《全元戲曲》第一卷，人民文學出版社，1990 年，第 215 頁。

〔註33〕關漢卿：《錢大尹智寵謝天香》，王季思主編：《全元戲曲》第一卷，人民文學出版社，1990 年，第 215 頁。

〔註34〕關漢卿：《錢大尹智寵謝天香》，王季思主編：《全元戲曲》第一卷，人民文學出版社，1990 年，第 215 頁。

腔、一唱三歎的形式，在反覆的詠歎中，在時而高昂時而低沉的傾訴裏，撥動觀眾情緒的琴弦，引起演員（實）——角色（虛）——觀眾（實）之間心理上的共鳴，視、聽覺的相互補充，使欣賞者獲得更強烈的美感；再一方面，接受主體（觀眾）在領略優雅蒼涼的唱腔、悲歡離合的故事的同時，不斷地傾注自己的熱情，這在客觀上，又無意中進一步渲染了戲劇的氣氛。戲劇強大的包容性，使觀眾在劇中典型身上看到了點點滴滴自己的際遇，看到了濃縮的社會生活畫卷，小小的「壺中天地」，內裏卻「玉堂嚴麗，旨酒甘肴盈衍其中」〔註 35〕。在某一層面趨同的心理模式，使處於戲劇藝術三維的他們同樣渴望現實中的不完滿在理想世界中變爲完滿，爲自己描摹一點虛幻的希望。於是，一種類似宗教迷狂般的虔誠便迅速蔓延，衍而成爲一種無意識的群體意識和大眾心理，從而造成了這種文學消費的社會趨同性。這種奇特的心理補償機制，使作品營造的浪漫主義氣象有了心理上的依託，而不至於顯得過份地突兀。

丹納曾稱：「群眾思想和社會風氣的壓力，給藝術家定下一條發展的路，不是壓制藝術家，就是逼他改弦易轍。」〔註 36〕而在元代，我們看到的這種面向市井的創作以及夢幻般對現實的改良，卻有著更多創作主體的主動成分。創作主體（一度創作與二度創作）與欣賞主體通過不斷的解構現實、建構理想，體現各自同中有異的審美價值觀念。而這種雙向建構是因爲他們能找到心理契合的依據，顯出頗多顧影自憐的樣態。

還有一點值得注意，元代文人和倡優的關係與宋時有了很大不同。在宋代，即使是淪落下僚的文人，在倡優面前也有一種居高臨下的優越感，就連生平流連秦樓楚館，卒後無以下葬，伎者安之的柳永，可以說與倡優關係已相當密切，且有一定的情誼，但還是主要把這視爲文人士大夫的風流趣尚，其詞作多停留在「秦樓鳳吹，楚臺雲約」〔註 37〕的外顯層面，很難說與下層女子已達到心靈的高度契合。而元代，相類的社會地位，書會場館的頻繁接觸，使他們在情感和藝術上找到了相通處，從而擺脫了主流文學與民間話語的游離，進而使這一民間藝術以獨立的文學姿態贏得了後世人的關注。

〔註 35〕 范曄：《後漢書》卷一一二下《方術列傳・費長房》，《二十五史》第二冊，上海古籍出版社、上海書店，1986 年，第 1041 頁。

〔註 36〕 〔法〕丹納：《藝術哲學》，傅雷譯，安徽文藝出版社，1991 年，第 79 頁。

〔註 37〕 柳永：【西平樂】，朱彝尊、汪森編：《詞綜》上冊，上海古籍出版社，1978 年，第 109 頁。

破立：正統文學的僭越與復歸

在中國傳統文論中，儒家正統佔據了主流地位。從孔子的「興、觀、群、怨」說，到王充的文「有益於化，化有補於正」，蕭統的「有助於風教」說，再到白居易的「上可裨教化」、「下可理情性」，一直到吳融的「頌善刺惡」，皮日休的「詩足以觀乎功、戒乎政」，顧炎武的「文須有益於天下」，可謂貫穿整個封建時代的始終。〔註38〕

被黑格爾稱之為「正反合」的「肯定～否定～否定之否定」三段式邏輯，為唯物辯證法所認為的事物的發展變化規律。藝術也逃脫不了這個規律，自有其獨特的藝術辯證法。

沿著先民圖騰崇拜——「天人合一」——人定勝天的思維邏輯，我們可以清楚地看到人的地位的提升。李澤厚講：「人的現實地位愈渺小，膜拜的佛的身軀便愈高大。」〔註39〕如果我們把神、佛看作是一種具有能指意義的精神符號，那麼可以理解，「團圓」心理便正是另一層面上芸芸眾生對人生終極關懷與理想價值的頂禮膜拜。

在元雜劇中，主人公對綱常倫理的反叛往往只是奪目的一瞬，很快人性的復歸就會湮沒在強大的理想漩渦中。如關漢卿《玉鏡臺》中倩英性格的陡轉，馬致遠《薦福碑》中張鎬歷經磨難後的功名姻緣，鄭光祖《王粲登樓》裏王粲的後來發跡，無不體現出作者強烈的團圓意識。尤其是《玉鏡臺》，年輕貌美的劉倩英，於新婚之際，始發覺自己受騙，嫁給了既老又醜的表兄溫嶠，故拒不認可這門親事，不容他進入洞房，並稱：「兀那老子，若近前來，我抓了你那臉！教他外邊去」〔註40〕，還叫媒人傳話，「他再休想到我跟前。若是他來時節，我抓了他那老臉皮，看他好做得人！」〔註41〕溫嶠與倩英把盞敬酒，倩英將酒潑灑於地。官媒以「小姐則管不就親，做得個違宣抗敕」〔註42〕相威脅，倩英越是「煩天惱地」〔註43〕，毫不理會。照此情節發展，當是勞燕分飛、

〔註38〕 參看朱樺：《文學社會化的當代探索》，學林出版社，1994年，第135頁。
〔註39〕 李澤厚：《美的歷程》，天津社會科學院出版社，2001年，第181頁。
〔註40〕 關漢卿：《溫太眞玉鏡臺》第三折，王季思主編：《全元戲曲》第一卷，人民文學出版社，1990年，第248頁。
〔註41〕 關漢卿：《溫太眞玉鏡臺》第三折，王季思主編：《全元戲曲》第一卷，人民文學出版社，1990年，第248～249頁。
〔註42〕 關漢卿：《溫太眞玉鏡臺》第三折，王季思主編：《全元戲曲》第一卷，人民文學出版社，1990年，第249頁。
〔註43〕 關漢卿：《溫太眞玉鏡臺》第三折，王季思主編：《全元戲曲》第一卷，人民文學出版社，1990年，第249頁。

不歡而散。不料,僅憑王府尹區區一席水墨宴,情節急轉而下,使得劉倩英徹底改變了對溫的態度,並與之和好。正是在這一不諧和的進程中,灌注了作家對事情結局的良好願望。

縱觀元雜劇的一般創作,大多遵循以下創作模式和心理態勢:

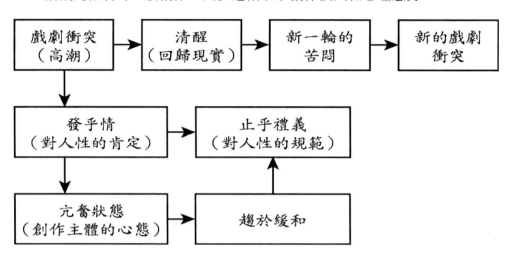

現實中順應生命流程的自我受到理想自我的招引,開始解構原有的秩序。而由秩序的解構(大膽的突破)到秩序的重構(「團圓」的結局),又回到了起點。不敢對社會理性和規範作徹底地顛覆,徒作戀人式的無奈的悲劇意識的流露。周而復始的閉合式結構,畫出了一個可笑又可悲的「圓」。由此可見,其根本目的並不是爲瓦解秩序本身,而是希望通過理想的方式建構起自己所希望的「合理」的秩序,這是解構的終極目的。也就是說,解構是爲了重構,打破是爲了重塑,而不是拋棄原有的價值觀念和精神依託。這實質上並無多大的精神革新意義,更缺乏直面支離破碎的生活本眞的勇氣。落拓的現實地位與自負的心理狀態形成深層的心理矛盾,不滿於現狀而骨子裏卻維護傳統秩序,強大的心理張力會導致脆弱的精神防線的崩潰,壓抑的心態迫切需要自慰的溫床來進行救治和療養。以執著而不切實際的幻想導瀉情感,固然可以緩解一時的精神心理壓力,但如果以此作爲拯救社會的手段,則形成一個荒謬的悖論。心懷濟世之志,但道塞途窮,這一群體性的文化困境導致游離於政治中心話語的士子的性格的兩重性及人格分裂。

魔咒：悲喜的文化讖語

「善戲謔兮，不爲虐兮」〔註44〕、「樂而不淫，哀而不傷」〔註45〕。形成於春秋戰國時期的儒家思想，把人的情感從神學桎梏中解放了出來，但這種以倫理爲本位的文化規範，要求謔而不虐的抒情方式以及哀而不傷的審美心理，在一定程度上又限制了悲喜的無限擴張與拉大，最終沉澱爲民族歷史審美流程上相類的情感因子。

《呂氏春秋·序意》謂：「有大圜在上，大矩在下」〔註46〕，《莊子·說劍》道：「尙法圓天，以順三光」〔註47〕，朱熹《太極圖說解》謂：「○者，無極而太極也」〔註48〕，王夫之《周易內傳發例》補充說：「太極，大圓者也。」〔註49〕就連佛家也崇尙事理無礙、體用如一的「圓融」之美，高僧過逝叫「圓寂」，佛典又稱「圓常」。無不對「圓」情有獨衷。佛、儒、道構成中國歷史上思想哲學、美學、文化學的三維複式結構，互相採納與吸收，佔據了思想領域的主流，其審美觀直接影響甚至支配文化的走向。

恩格斯在《英國狀況》裏指出：「宗教是竊取人和自然的一切內涵，轉賦於一個彼岸的神的幻影。」〔註50〕馬克思《〈黑格爾法哲學批判〉導言》也說：「宗教裏的苦難既是現實的苦難的表現，又是對這種現實的苦難的抗議。宗教是被壓迫生靈的歎息。」〔註51〕中國沒有眞正意義上的宗教，更沒有狂熱的宗教徒。而儒家文化以它強大的包容性和吸附力成爲中國思想文化傳統裏的一種奇特的亞宗教形態，不管是本土的道教還是外來的佛教，在強大的儒家文化面前，都只能融合吸收而無法取代。眞正的宗教裏的神靈是讓人敬而遠之的，而由於儒家強烈的事功傾向和現世意義，佛教只能用世俗認可的美去描繪天國、佛祖，對原教義加以改良，在中國抽離了宗教的部分神性、注入了人性成分，完成了它的改造，才得以立足。作爲佛教中國化產物的「禪宗」，則以其「頓悟」的便捷方式吸引了世人的目光。雖然道家思想作爲儒家

〔註44〕《詩·衛風·淇奧》，朱熹：《詩集傳》，上海古籍出版社，1980 年，第 35 頁。
〔註45〕《論語·八佾》，《十三經注疏》下冊，中華書局，1980 年，第 2468 頁。
〔註46〕《百子全書》下冊，浙江古籍出版社，1998 年，第 800 頁。
〔註47〕《百子全書》下冊，浙江古籍出版社，1998 年，第 1402～1403 頁。
〔註48〕元·李道純《中和集》卷一《太極圖頌》亦持此說。
〔註49〕王夫之：《船山全書》第一冊，嶽麓書社，1996 年，第 658 頁。
〔註50〕《馬克思恩格斯論宗教》，武劍西譯，人民出版社，1954 年，第 3 頁。
〔註51〕《馬克思恩格斯選集》第一卷，人民出版社，1972 年，第 2 頁。

思想的邏輯反撥，一直力圖把個體生命從倫理桎梏中解放出來，追求一種樸野的自由，但並沒有與儒家教義的基本觀念發生過多牴觸。因爲，儒、道俱導源於《易》，本身便有相通處，只是對相同的話語資源作出了符合自己意願傾向的不同的邏輯闡釋。而在儒學的自我改良過程中，不管是漢代的讖緯之學，還是儒學後學明確提出的「天人合一」，無論是外在的「理」，還是內在的「心」，框架結構的重構與整合都不是哲學建構的終極目的。思想家的高聲呼籲，只是爲使原本建立在宗法血緣關係之上的儒家倫理道德獲得更高層面上的邏輯證明。而「中庸」則是一以貫之的儒學標的。所謂「喜怒哀樂之未發，謂之中；發而皆中節，謂之和。中也者，天下之大本也；和也者，天下之達道也。致中和，天地位焉，萬物育焉」〔註52〕。

尙「圓」、中庸，儘管文學不是哲學的附會，但不可否認，意識形態對普遍的審美情愫有著制約作用。在中國傳統文化裏，悲喜不再是對立的兩極，而是陰陽交會的統一體。悲喜間不會作出過份的疏離，而互相穿引構成傳統敘事的模式。

即以《薦福碑》而論，劇中張鎬，「幼小父母雙亡」〔註53〕，境況孤苦，後又「飄零湖海、流落天涯」〔註54〕，可謂「一介寒儒，半生埋沒紅塵路」〔註55〕，雖以教書爲生，但生計日拙，「似阮籍般依舊哭窮途」〔註56〕。這一淒涼的生活境況，使得他不得不感歎：「六經中枉下了死工夫。凍殺我也《論語》篇、《孟子》解、毛《詩》注，餓殺我也《尙書》云、《周易》傳、《春秋》疏」〔註57〕，「問黃金誰買《長門賦》，好不值錢也者也之乎！」〔註58〕由於結拜兄弟現任翰林學士的范仲淹舉薦，他先去投奔洛陽黃員外，以求資助，

〔註52〕《禮記・中庸》，《十三經注疏》下冊，中華書局，1980年，第1625頁。

〔註53〕馬致遠：《半夜雷轟薦福碑》第一折，王季思主編：《全元戲曲》第二卷，人民文學出版社，1990年，第79頁。

〔註54〕馬致遠：《半夜雷轟薦福碑》第一折，王季思主編：《全元戲曲》第二卷，人民文學出版社，1990年，第79頁。

〔註55〕馬致遠：《半夜雷轟薦福碑》第一折，王季思主編：《全元戲曲》第二卷，人民文學出版社，1990年，第79頁。

〔註56〕馬致遠：《半夜雷轟薦福碑》第一折，王季思主編：《全元戲曲》第二卷，人民文學出版社，1990年，第80頁。

〔註57〕馬致遠：《半夜雷轟薦福碑》第一折，王季思主編：《全元戲曲》第二卷，人民文學出版社，1990年，第81頁。

〔註58〕馬致遠：《半夜雷轟薦福碑》第一折，王季思主編：《全元戲曲》第二卷，人民文學出版社，1990年，第82頁。

然黃員外已死；又去黃州團練副使劉仕林處求助，劉仕林亦亡。范仲淹好不容易為其請得吉陽縣令之職，又為張浩冒名頂替去，而且，張浩恐事情敗露，還誣以罪名，差人追殺。張鎬至薦福寺棲身，長老憐其際遇，令其拓寺中顏真卿碑文真跡賣錢以充川資，然夜半又雷轟碑文，厄運似處處與他相隨，看不到一點生的希望，以致張鎬欲撞槐身死。正當山窮水盡之時，情節陡轉，柳暗花明，范仲淹突然來此，將他救下，帶往京師。張鎬高中狀元，並得偕秦晉，以團圓、美滿作結。

元劇的情節構成方式大致如此，如《薛仁貴》、《秋胡戲妻》、《牆頭馬上》、《王粲登樓》、《柳毅傳書》、《張生煮海》等。在這裡，悲（憂）、喜並不是絕然對立，而往往由悲衍發出喜，或悲喜由對立走向內在的統一（當然，這並不意味著消泯悲喜之間固在的差異性），形成交替的圓周構圖。

「團圓」心理，如魔咒一般，成為一道縈繞不散的文化讖語。

結　語

對於「五四」時期魯迅、胡適等新文化運動的先驅對「大團圓」的強烈批判，在接受過程中，應加以理性的分析思考。時代巨變、風雲際會之時的吶喊，往往需要以橫掃一切的勇氣來突破舊體制的藩籬，故出語或有些偏激。只要明白不破不立，新文學的建立是迫切需要文學觀念的革新和一切障礙的掃除這一道理，他們的用意便不難理解了。

面對日益成熟的新文學和洶湧而來的西方文藝批評理論，余竊以為，對「大團圓」這一文學現象和「團圓」心理沒有必要進行徹底的肯定或否定。中國古典戲劇傳統的結局方式，確實在客觀上消釋了悲劇固有的深刻性，不符合西方經典戲劇理論中「悲劇」的定義，但敘述者的主觀姿態還是值得我們深思的。儘管帶有諸多虛幻成分，可看作文人一廂情願的「白日夢」，但又何嘗不能析出一縷現實人生的無奈、一聲骯髒不平的吶喊。「團圓」在這個意義層面上，正是時代映像的矯正、既定現實的反撥，折射出的恰恰是作家理想的人性觀以及對美好未來的憧憬。

一個有著先進思想武裝的現代讀者，在解讀中國式悲劇時，應更多立足於本民族的傳統審美文化心理，對其進行多方面的藝術觀照。在洞悉其圓滿結局可能流於單薄的「美」與「善」，損傷作品藝術價值、悲劇氣氛的同時，如果換一個角度，那麼這一種現象則從另一側面彰顯了創作者面對社會真實

的孱弱的心理抗打擊力，使我們更多地看到隱藏在劇本背後的游離於作品本身的悲劇，即作家普遍的性格悲劇（明明底氣不足，卻偏偏見不得一悲到底，固執地爲自己樹立起弱不禁風的勝利招牌，以望梅止渴，把內心的渴求、虛妄的癡想看成觸手可及的現實，囈語般迫不及待地製造這樣或那樣的明證，以換取欣賞者同情或自悼的淚水，來自我欺騙與陶醉其中，並樂此不疲）和深刻的社會性悲劇因素。其所反映的社會母題，正是不知悲、不敢正視悲劇的群體性閉縮，這才是眞正的悲劇，心靈上的悲劇！

倫理精神的強化與明前期戲曲傳播的特點〔註1〕

內容摘要

倫理，在或隱或顯揳入戲曲靈魂的同時，也扮演著戲曲傳播支點的角色。這一現象，在明前期表現得尤為突出。戲曲與倫理，就像兩個相交的圓環，既不適宜完全疊合，也決不可能判然隔離。伴隨著這一不斷糾葛牽連過程的，恰是戲曲傳播歷時形態中內蘊的演進、審美的消長以及話語權力的偏移。

作為社會契約的傳統倫理，是中國文化深層結構的內核，具有特定的意義，規範著政治、生活、家庭以及個體生命秩序的方方面面，同樣，也影響著文化層的累積與運動。戲曲作為傳統文化的重要樣式之一，它所塑造的人物形象，它所編織的故事情節，均離不開某個時代、某一社會層面特定的倫理道德語境。倫理，在或隱或顯揳入戲曲靈魂的同時，也以戲曲傳播為重要載體而廣為流佈。這一現象，在明前期表現得尤為突出。戲曲與倫理，就像兩個相交的圓環，既不適宜完全疊合，也決不可能判然隔離。伴隨著這一不斷糾葛牽連過程的，恰是戲曲傳播歷時形態中內蘊的演進、審美的消長以及話語權利的偏移。

一、倫理的揳入與戲曲的道德化

文化是藝術賴以滋生的土壤，任何藝術的生存、發展，都離不開母體文

〔註 1〕本文載澳門《澳門文獻信息學刊》第九期，2013 年 10 月。

化的哺育，戲曲當然也不例外。如果引申李澤厚的觀點，中國文化是「儒釋道互補」的，道家、釋家都是儒家的對立的補充者。〔註2〕其實，任何宗教歸根結蒂都是不同倫理價值系統在哲學思想以及實踐層面的反映。儒家以倫理爲行爲處事的根本律令自不必言，釋家爲了實現人生解脫的最高理想，也設定了去惡從善的道德準則，不管是小乘佛教的「戒、定、慧」三學還是大乘佛教的「布施、持戒、忍辱、精進、禪定、智慧」六度，無不包含道德修養的內容。除此之外，道家也並不避諱對倫理道德的倚重：

> 欲求仙者，要當以忠孝、和順、仁信爲本，若德行不修，而但務求玄道，無益也。……人欲地仙，當立三百善；欲天仙，當立千二百善；若有千一百九十九善，而忽復中行一惡，則盡失前善，乃當復更起善數耳。〔註3〕

如此看來，不管是儒家的篤信倫理還是釋、道的看似超倫理、反倫理，也不管是儒家的入世還是釋、道的遁世、出世，外在形式的不同，並不代表精神旨趣的殊異。在以儒家思想爲主的傳統思想哺育下成長起來的古代知識分子，頻頻稱述的「文以載道」、「文以明道」、「文以貫道」、「文道合一」，申述的都是「詩教」這一古老的傳統。文學功用觀，早已融入文人思想的血脈，倫理滲透於戲曲之中，成爲一種歷史的必然。如關漢卿《包待制三勘蝴蝶夢》，敘王老漢爲皇親葛彪坐騎衝撞，反被打致死。王老漢三個兒子失手把葛彪打死。包拯審案，稱須由三子中一人償命。三子均欲攬過於己，王婆則求以己出之第三子抵罪。故事雖然以王氏母子四人皆得保全結局，但其間的倫理抉擇還是頗沉重而不乏傷感的。康進之的《李逵負荊》，敘李逵聞知杏花村酒店主王林之女滿堂嬌爲宋江、魯智深搶去，怒不可遏，大鬧聚義堂，後真相大白，乃負荊請罪，並擒住賊人，使王林父女團聚。喜劇的背後也有深刻的倫理衝突，一方是深深敬重、「半生來豈有些嫌隙」〔註4〕的山寨頭領宋江哥哥，一方是素不相識的酒店主王林，一旦聞知哥哥禍害普通老百姓，人間正義感

〔註2〕李澤厚在《美的歷程》一書中，提出了「儒道互補」這個概念，又在《華夏美學》中列專章《儒道互補》對這一觀點進行了引申、補充和完備。參看李澤厚：《美學三書》，天津社會科學院出版社，2003年。

〔註3〕葛洪：《抱朴子·內篇》卷一《對俗第三》，《百子全書》下冊，浙江古籍出版社，1998年，第1426頁。

〔註4〕康進之：《梁山泊李逵負荊》第二折，王季思主編：《全元戲曲》第三卷，人民文學出版社，1990年，第194頁。

登時戰勝了兄弟之誼，「磨拳擦掌，行行裏，按不住莽撞心頭氣」〔註5〕，甚至要砍倒杏黃旗，聲稱一旦查實，要將魯智深「一斧分開兩個瓢」〔註6〕，等待宋江的則是「一隻手揪住衣領，一隻手揝住腰帶，滴留撲摔個一字，闊腳板踏住胸脯」〔註7〕，板斧「覷著脖子上，可又」〔註8〕。且揚言就是跳出「七代先靈」，也勸他不得。紀君祥的《趙氏孤兒》，人物事跡本脫胎《史記》等史籍，劇作將史書所載的「二人（筆者案：此指公孫杵臼、程嬰）謀取他人嬰兒負之」〔註9〕改爲「（程嬰）甘將自己親生子，偷換他家趙氏孤」〔註10〕，情節元素的改換，無非是以此舉博得倫理道德上的純粹。〔註11〕以上劇作在善與惡、眞與假的爭鬥表象下，大多反映的是官方倫理與世俗道德間的衝突與糾結。至於高明的《琵琶記》，則徑直宣稱「不關風化體，縱好也徒然」。由於該劇本藝術上的包容性，使之具有中國傳統倫理社會「百科全書」式的特徵。「從中可見夫婦、父子、婆媳、鄰里、君臣等一系列複雜而微妙的關係，窺見家庭倫常生活的眞相，體察到『孝子賢婦』的內心痛苦，甚至正是從對孝子賢婦的歌頌之中尋繹到對於禮教倫常本身表示否定的證據。它不像《西廂記》、《牡丹亭》、《桃花扇》、《長生殿》以『永恒』的愛情故事而表現得哀豔動人，但它切入到傳統中國人的生活底裏，成爲中國傳統倫理文化與中國人的生活情狀的眞實寫照」〔註12〕。倫理的揳入，似乎有意無意中提高了戲曲的歷史地位，以致有人認爲：

「院本」大率不過譃浪調笑，「雜劇」則不然，君臣如：《伊

〔註5〕康進之：《梁山泊李逵負荊》第二折，王季思主編：《全元戲曲》第三卷，人民文學出版社，1990年，第194頁。

〔註6〕康進之：《梁山泊李逵負荊》第二折，王季思主編：《全元戲曲》第三卷，人民文學出版社，1990年，第197頁。

〔註7〕康進之：《梁山泊李逵負荊》第二折，王季思主編：《全元戲曲》第三卷，人民文學出版社，1990年，第198頁。

〔註8〕康進之：《梁山泊李逵負荊》第二折，王季思主編：《全元戲曲》第三卷，人民文學出版社，1990年，第198頁。

〔註9〕《史記》卷四三《趙世家》，《二十五史》第一冊，上海古籍出版社、上海書店，1986年，第213頁。

〔註10〕紀君祥：《趙氏孤兒大報仇》第二折，王季思主編：《全元戲曲》第三卷，人民文學出版社，1990年，第616頁。

〔註11〕參看趙興勤、趙韡：《〈金瓶梅詞話〉與傳統倫理的錯軌》，《金瓶梅研究》第八輯，中國文史出版社，2005年12月。

〔註12〕黃仕忠：《〈琵琶記〉與中國倫理社會》，《文學遺產》1996年第3期，第96頁。

尹扶湯》、《比干剖腹》，母子如：《伯瑜泣杖》、《剪髮待賓》，夫
婦如：《殺狗勸夫》、《磨刀諫婦》，兄弟如：《田眞泣樹》、《趙禮
讓肥》，朋友如：《管鮑分金》、《范張雞黍》，皆可以厚人論，美
風化。又非唐之「傳奇」，宋之「戲文」，金之「院本」，所可同
日語矣。〔註13〕

到了明代，戲曲的社會功用逐漸爲人重視，陳洪綬嘗言：「今有人爲聚徒
講學，莊言正論，禁民爲非，人無不笑且詆也，伶人獻俳，喜歡悲啼，使人
之性情頓易，善者無不勸，而不善者無不怒，是百道學先生之訓世，不若一
伶人之力也。」〔註14〕而封建統治者對此既忌恨又懼怕，以致使出慣用的兩
面手段。一方面，是設置層層障礙，嚴令禁止，「凡樂人般做雜劇、戲文，不
許妝扮歷代帝王后妃、忠臣烈士、先聖先賢神像，違者杖一百。官民之家容
令妝扮者，與同罪」〔註15〕；另一方面，又留出了疏導的出口，「其神仙道扮
及義夫、節婦、孝子、順孫、勸人爲善者，不在禁限。」〔註16〕朱元璋就曾
侃侃而談：「《五經》、《四書》如五穀，家家不可缺；《琵琶記》如珍羞百味，
富貴家其可缺耶？」〔註17〕非常重視倫理教化劇的現實功用。大學士邱濬所
作《伍倫全備記》，在「開場詞」中宣稱「若於倫理無關緊，縱是新奇不足傳」。
劇敘北宋末年，太平郡伍太守亡故，繼室范氏撫三子，毫無偏倚：長子倫全
爲前妻生，次子倫備爲親生，三子克和爲收養之義子。伍氏兄弟友愛，克和
傷人致死，三兄弟爭相認罪，願意償命，後終得免。塾師施善教撫有二女，
與倫全、倫備定有婚約。倫全、倫備遵母命赴試，分別中狀元、探花，相府
派媒說親，兩兄弟以有婚約而拒之。後倫全爲諫議大夫，因犯顏直諫，被貶
爲撫州團練使，遭胡兵襲擊被俘，然氣節亢直，胡人感動，竟歸順。倫備爲
郡守，亦教民有方。最後伍氏闔家升仙。這樣一部圖解五倫的道德劇，自然
爲有識者所詬病。王世貞《曲藻》評曰：「《伍倫全備》是文莊元老大儒之作，

〔註13〕 夏庭芝：《〈青樓集〉志》，蔡毅編：《中國古典戲曲序跋彙編》第一冊，齊魯
　　　　書社，1989年，第16頁。
〔註14〕 陳洪綬：《〈節義鴛鴦冢嬌紅記〉序》，《孟稱舜集》，中華書局，2005年，第
　　　　618頁。
〔註15〕 《明會典》卷一四二《刑部十七·般做雜劇》，《文淵閣四庫全書》本。
〔註16〕 《明會典》卷一四二《刑部十七·般做雜劇》，《文淵閣四庫全書》本。
〔註17〕 吳景旭：《歷代詩話》卷六一《辛集下之下·宋詩·蔡中郎》，《文淵閣四庫全
　　　　書》本。

不免腐爛。」〔註18〕徐復祚《曲論》評曰：「《伍倫全備》，純是措大書袋子語，陳腐臭爛，令人嘔穢。」〔註19〕祁彪佳《遠山堂曲品》評曰：「一記中盡述伍倫，非酸則腐矣；乃能華實並茂，自是大老之筆。」〔註20〕呂天成《曲品》評曰：「大老鉅筆，稍近腐。」〔註21〕其間或亦閃爍肯定之辭，但不約而同地指出了該劇「腐」的一面。及後出之邵璨《香囊記》，亦沿襲邱作路徑，敷演倫理道德，關目多與《琵琶記》、《拜月記》雷同，麗語藻句，奪魄刺眼，爲戲曲史上駢儷派之濫觴。其後諸多明代戲曲，如《躍鯉記》、《十孝記》、《埋劍記》、《忠孝記》、《三元記》、《節孝記》、《白蛇記》等，亦多如是。平心而論，《伍倫全備記》與《香囊記》，雖說在戲曲如何承荷教育的使命方面有一定的探索意義，但由於對倫理的極端渲染，違礙了人物性格發展的內在理路，傷害了藝術的本眞生命，因而敘事顯得滯澀壅堵而又空洞乏味，缺乏元雜劇人物瀟灑脫略、朗潤雅健的人格精神，戲曲的道德化走到了審美的另一層。

二、倫理精神與戲曲審美的消長

美國學者雷德爾和傑蘇普指出，在藝術與道德的關係討論中，可以區分出兩種極端的見解：即絕對的道德主義與唯美主義。「前者堅信，藝術要麼直接與道德判斷相關，要麼最終受制於道德判斷，因此，審美不過是道德上善的一個類型而已。後者則堅持認爲，藝術與道德判斷全然無關。」〔註22〕明初劇壇的整體黯淡，大概緣於戲曲創作對「絕對的道德主義」的追捧，其原因大致有以下幾個方面：

一是統治者的高壓政策。國祚初定，百廢待興，元蒙之兵雖然退居塞外，但仍虎視眈眈，伺機反撲，政局急需鞏固。朱元璋於洪武元年冬天即下令纂修《元史》，多少有在思想上作古前朝的意圖。在對內政治文化政策上，他屠

〔註18〕王世貞：《曲藻》，中國戲曲研究院編：《中國古典戲曲論著集成》第四冊，中國戲劇出版社，1959年，第34頁。

〔註19〕徐復祚：《曲論》，中國戲曲研究院編：《中國古典戲曲論著集成》第四冊，中國戲劇出版社，1959年，第236頁。

〔註20〕祁彪佳：《遠山堂曲品》，中國戲曲研究院編：《中國古典戲曲論著集成》第六冊，中國戲劇出版社，1959年，第46頁。

〔註21〕呂天成：《曲品》卷下，中國戲曲研究院編：《中國古典戲曲論著集成》第六冊，中國戲劇出版社，1959年，第228頁。

〔註22〕Rader，M，&Jessup，B.，Art and Human Vlues，New Jersey：Prentice-Hall，1976，p.212.轉引自周憲：《超越文學——文學的文化哲學思考》，上海三聯書店，1997年，第290頁。

戮功臣，廢除丞相，興文字獄，倡八股取士，汲取元代敗亡教訓，以教化、善俗、致治爲治國要策。洪武時，曾下詔褒獎「長幼至千餘人」，「十世不異爨」的「浦江義門鄭氏」〔註23〕，以敦勵世風。同時，又對奢靡之風嚴加過制。據說，「元時人多恒舞酣歌，不事生產。明太祖於中街立高樓，令卒偵望其上，聞有絃管飲博者，即縛至，倒懸樓上，飲水三日而死」〔註24〕，在京軍官、軍人，但有學唱的，便要割了舌頭。無處不在的禁忌，使得戲曲創作的小溪，只能順著當時統治者挖好的渠漕緩慢流淌。

二是強化風教。要求戲曲按照統治階層的喜好發展，幾乎是歷代王朝共同的文藝政策。元代就有論者聲稱：「士之操觚於是者，文墨之遊耳。其以聲文，綴於君臣夫婦仙釋氏之典故，以警人視聽，使癡兒女知有古今美惡成敗之勸懲，則出於關、庾氏傳奇之變。」〔註25〕明代也不例外。史載：

> 當太祖時，前後稍有增損。樂章之鄙陋者，命儒臣易其詞。二郊之作，太祖所親製。後改合祀，其詞復更。太社稷奉仁祖配，亦更製七奏。嘗諭禮臣曰：「古樂之詩，章和而正。後世之詩，章滔以誇。故一切諛詞豔曲皆棄不取。」嘗命儒臣撰《回鑾樂歌》，所奏《神降祥》、《神貺》、《酣酒》、《色荒》、《禽荒》諸曲，凡三十九章，命曰《御鑾歌》，皆寓諷諫之意。〔註26〕

朱元璋「一切諛詞豔曲皆棄不取」的文藝觀以及對「諷諫」的重視，注定了其對戲曲譏諷戲謔、蔑視權貴的民間文化特質的厭惡與唾棄。然而，他又諳熟戲曲發展的潛在能量。既然戲曲「閭閻小巷，家傳人誦」，有著開闊的傳播空間，那麼，秉承「治國之要，教化爲先」〔註27〕文化政策的朱元璋，對戲曲的查禁自然要與疏導相結合，以求得事半功倍之效。

三是文人內心的憂懼與責任。鼎革之際，一度沉淪草野的文人，似乎又活躍起來，自願／不自願地走出「山林」，或爲謀取進身之階，或爲免除性命之虞。然而，「士之在山林，與在朝廷異，其於述作也亦然」，「今吾人挾其山

〔註23〕吳乘權等輯：《明鑒易知錄》卷二，《綱鑒易知錄》第八冊，中華書局，1960年，第 2628 頁。

〔註24〕李光地：《榕村語錄》卷二二《歷代》，《文淵閣四庫全書》本。

〔註25〕楊維楨：《〈沈氏今樂府〉序》，《東維子集》卷一一，《文淵閣四庫全書》本。

〔註26〕張廷玉等：《明史》卷六一《志第三十七·樂一》，中華書局，1975 年，第 1057頁。

〔註27〕谷應泰編：《明史紀事本末》卷一四《開國規模》，《歷代紀事本末》第二冊，中華書局，1997 年，第 2173 頁。

林之學，以登於朝廷之上，則其茫然自失，凜然不敢自放者，豈無所懼而然哉？」〔註28〕趙汸表達的這種心理焦慮，無疑帶有一定的普遍性。此時，倫理早已滲透進社會生活的各個環節，而戲曲，也以她遒勁的生命力在歷史的夾縫中蓬勃生長，不再僅僅是一個單純提供娛樂消遣的藝術創造過程，而成爲世人歷史、政治以及倫理道德的啓蒙教科書，成爲一種無論得意與坎坷、康泰與災亂、清醒與混沌都必不可少的「精神與信仰的維繫物」。《伍倫全備記》第一齣云：「近世以來，作成南北戲文，用人搬演，雖非古禮，然人人觀看，皆能通曉，尤易感動人心，使人手舞足蹈，亦不自覺。」〔註29〕知識分子自然不願捨棄這種曾給予其困頓中的個體生命以無邊的同情、慰藉和溫暖的藝術，礙於文網，若想實現拯救或逍遙，也許只有在該藝術形式中揳入倫理這一條途徑。思想家王守仁認爲，戲曲與古樂意思相近，嘗言：

> 《韶》之九成，便是舜的一本戲子，《武》之九變，便是武王的一本戲子。聖人一生實事，俱播在樂中。所以有德者聞之，便知他盡善盡美，與盡美未盡善處。若後世作樂，只是做些詞調，於民俗風化絕無關涉，何以化民善俗？今要民俗反樸還淳，取今之戲子，將妖淫詞調俱去了；只取忠臣孝子故事，使愚俗百姓，人人易曉，無意中感激他良知起來，卻於風化有益。然後古樂漸次可復矣。〔註30〕

就表現出對戲曲創作的高度關注。

美國芝加哥大學人類學家雷德雯（Robert Redfield）在《鄉民社會與文化》（*Peasabi Society and Culture*）一書中提出「大傳統」與「小傳統」這一對概念，「用以說明在較複雜的文明之中所存在的兩個不同層次的文化傳統。所謂大傳統是指一個社會裏上層的士紳、知識分子所代表的文化，這多半是經由思想家、宗教家反省深思所產生的精英文化；而相對的，小傳統則是指一般社會大眾，特別是鄉民或俗民所代表的生活文化」〔註31〕。新儒家的代表人物余英時亦指出：「大體來說，大傳統或精英文化是屬於上層知識階層的，而小傳統或通俗文化則屬於沒有受過正式教育的一般人民。由於人類學家和歷

〔註28〕趙汸：《東山存稿》卷二《文·送操公琬先生歸番陽序》，《文淵閣四庫全書》本。

〔註29〕邱濬：《伍倫全備記》，《古本戲曲叢刊·初集》影印本。

〔註30〕王守仁：《王文成全書》卷三《語錄三·傳習錄下》，《文淵閣四庫全書》本。

〔註31〕李亦園：《人類的視野》，上海文藝出版社，1996年，第143頁。

史學家所根據的經驗都是農村社會，這兩種傳統或文化也隱涵著城市與鄉村之分。」〔註 32〕其實，倫理這一維度，未嘗沒有「大傳統」與「小傳統」之分。筆者認為，作為「大傳統」的倫理，指的是佔據封建思想主流的官方意識形態；作為「小傳統」的倫理，則隱喻著民間的生存智慧和道義取捨。「大傳統」的倫理講究等級森嚴的制度、嚴格穩固的秩序以及不可逾越的禮數，一定意義上是去審美化的純粹道德踐履；「小傳統」的倫理，則包孕正義、誠懇、樸實、小人物的處世態度以及世俗的價值觀念，在一定意義上則是去中心化的產物。任何一部戲曲作品，都有對於社會／人、人／社會以及人際關係的或顯或隱、或直或曲的反映，都映照著人類道德的美與醜、高與下，都避不開倫理的投射和映照。「大傳統」的倫理與「小傳統」的倫理，一定程度地存在著道德判斷上的反差，但又循環滲透，總是由文化勢能高的一方流向文化勢能低的一方，是兩種既相互排斥又彼此汲取的根源性動力。

元雜劇集中表現的多為「小傳統」的倫理，明代前期戲曲極力鋪染的則是「大傳統」的倫理。兩者審美觀念在明代前期的的風雲交錯，實際上是官方對民間話語權力的侵奪與蠶食。西哲康德眼中的藝術形象，應成為一種理性觀念的最完美的感性形象顯現，這就要求倫理等「理性理念」的反映必須有審美力量（完美的感性形象）的支撐。元人紀君祥的《趙氏孤兒》雜劇，大約是最早翻譯為外文、流傳於歐洲的中國戲曲。〔註 33〕1754 年，法國思想家伏爾泰根據《趙氏孤兒》改作的五幕三十一場歌劇《中國孤兒》問世，雖然劇情、人物已面目全非，但我們仍可注意一個細節，那就是劇本名下特為注明的——「五幕孔子的倫理」。《趙氏孤兒》一劇的《元曲選》本及《酹江集》本均題作「公孫杵臼恥勘問」（題目）、「趙氏孤兒大報仇」（正名），可見「復仇」是它的主題。值得注意的是，該劇潛伏著儒家倫理在實踐意義上的巨大困境，並通過個體的惶惑和取捨體現出來。鉏麑的身份是刺客，其任務是要替主人清除前進路上的障礙——趙盾。刺客的身份是社會/主人/倫理對他的規範和命名。他「手攜利刃暗藏埋」〔註 34〕，是對主人的「忠」。然而，事情進展得並不順利，原因卻不是防守嚴密、無從下手，而是「因見忠良卻悔

〔註 32〕余英時：《士與中國文化》，上海人民出版社，1987 年，第 129 頁。

〔註 33〕陳銓《中德文學研究》（遼寧教育出版社，1997 年，第 53 頁）稱：「1735 年，杜哈爾德的《中國詳志》第一次出現了《趙氏孤兒》的法文譯本。」

〔註 34〕紀君祥：《趙氏孤兒大報仇》第四折，王季思主編：《全元戲曲》第三卷，人民文學出版社，1990 年，第 625 頁。

來」〔註35〕，自己打了退堂鼓。「若刺了這個老宰輔，便是逆天行事，斷然不可；若回去見那穿紅的，少不得是死」〔註36〕。在一番道德推斷、價值權衡之後，只能「自觸槐」〔註37〕，以主動結束自己生命的方式，完成了對「義」的實踐詮釋以及對倫理的終極調和。正因為這種滲入性格層的複雜性、選擇性與不可逆性，因而醞釀出深刻而不乏世俗性、人間性的悲劇因子。至於《伍倫全備記》中的母子、兄弟、師生、妯娌，則明顯缺乏主體意識以及自由個性。他們的大仁大義、大忠大孝，沒有完整的人格為依襯，激不起情感的波瀾，疏離了心緒的律動，終成審美的贋品，為歷史的流塵遮蔽。明代前期的其他教化劇，皆拾《伍倫》、《香囊》之餘唾，蹈陳習舊，致使道德判斷代替審美判斷成了藝術產品的唯一參數，使讀者（觀眾）厭見。魯迅在《中國小說的歷史的變遷》第四講《宋人之「說話」及其影響》中曾尖銳地指出：「唐人大抵描寫時事；而宋人則極多講古事。唐人小說少教訓；而宋則多教訓。大概唐時講話自由些，雖寫時事，不至於得禍；而宋時則諱忌漸多，所以文人便設法迴避，去講古事。加以宋時理學盛極一時，因之把小說也多理學化了，以為小說非含有教訓，便不足道」〔註38〕，用以解釋明代前期倫理大量滲入戲曲這一現象，也是一樣妥帖與深刻。

三、作為支點的倫理與明前期戲曲傳播的特點

　　媒介介於傳播者與接受者之間，用以負載、擴大、延伸、傳遞特定的傳播符號。麥克盧漢甚至認為，媒介即萬物，萬物皆媒介。任何傳播都離不開媒介的作用。戲曲傳播的歷史過程，並不是一個媒介與另一個媒介依次取代的過程，而是一個逐層疊加和強弱變化的過程。所以，我們在討論每一個時代文學的傳播手段以及方式的時候，只能考慮這一時段的文學主流傳播手段以及方式。戲曲的大眾傳播，大致可以分為場上傳播、文本傳播、口頭傳播幾種，在明代前期戲曲傳播的多重書寫中，倫理無疑是一個重要的觸媒。值

〔註35〕紀君祥：《趙氏孤兒大報仇》第四折，王季思主編：《全元戲曲》第三卷，人民文學出版社，1990年，第625頁。

〔註36〕紀君祥：《趙氏孤兒大報仇》第四折，王季思主編：《全元戲曲》第三卷，人民文學出版社，1990年，第625頁。

〔註37〕紀君祥：《趙氏孤兒大報仇》第四折，王季思主編：《全元戲曲》第三卷，人民文學出版社，1990年，第625頁。

〔註38〕吳俊編校：《魯迅學術論著》，浙江人民出版社，1998年，第228頁。

得注意的是，這一時段的傳播媒介一定程度上均遭到作為支點的倫理的鉗制，以致呈現出新的傳播特點。

首先，從傳播主體來看。「國初之制，伶人常戴綠頭巾，腰繫紅搭膊，足穿布毛豬皮靴，不容街中走，止於道旁左右行。樂婦布皂冠，不許金銀首飾。身穿皂背子，不許錦繡衣服」〔註 39〕。洪武二年詔令中，禁止優人應試。伶人地位的卑下可想而知。而且，劇作的內容、主題以及所演人物等都受到這樣或那樣的限制，舞臺傳播空間被人為縮小，束縛了演員的手腳和藝術的再創造。而文人士大夫，則告別了沉抑下僚、終老布素的冷寂局面，在新朝獲得科舉晉身、伸展抱負的臺階，不必再寄寓聲歌之末，抒發怫鬱孤慨的牢騷和感憤，「致君堯舜上，再使風俗淳」的思想重新佔據了主流。於是乎，他們紛紛在皇帝面前拍著胸脯表態：「臣等讀儒書，窮聖道，道家邪妄之說未嘗究心，至於鄙褻詞曲，尤所不習。」〔註 40〕正因為士大夫的「恥留心詞曲」，以致「雜劇與舊戲文本皆不傳」。〔註 41〕至於在明初大出風頭乃至獨秀一時的兩位戲劇家寧獻王朱權和周憲王朱有燉，乃是洪武皇帝的兒孫，他們的作用不過是強化了倫理在戲曲傳播中的價值，把形而下的娛樂屬性導向形而上的專制風教工具。因此，與前代相較，文化權力開始慢慢向上收攏，統治者對於戲曲的傳播走向進行著有意識的規約和牽引。

其次，從傳播環境來看。有明一代，封建專制趨於強化，統治者對王權集中和鞏固的要求愈加強烈。由於戲曲對民間社會具有巨大的傳播影響力，起於草莽的朱元璋，發跡之前很可能在這方面有過親身的經驗和體會，因而更容易引起其在身份轉換之後對戲曲的嫌隙和不滿。據王利器輯錄的《元明清三代禁燬小說戲曲史料（增訂本）》（上海古籍出版社 1981 年版）得知，明代「中央法令」中禁燬小說戲曲的文本有 12 條，而僅太祖、成祖兩朝便有 6 條，占比為 50%；明代「中央法令」中禁燬戲曲（含歌舞、詞曲、演唱）的內容有 7 條，而前期便有 5 條，占比為 71.4%。明代前期戲曲的傳播環境於此可見一斑。

〔註 39〕徐復祚：《曲論》，中國戲曲研究院編：《中國古典戲曲論著集成》第四冊，中國戲劇出版社，1959 年，第 243 頁。

〔註 40〕俞汝楫編：《禮部志稿》卷八四《神祀備考·祭三清樂章》，《文淵閣四庫全書》本。

〔註 41〕何良俊：《四友齋叢說》卷三七《詞曲》，中華書局，1959 年，第 337 頁。

明代中央法令禁燬戲曲小說統計表

分類	明代 法令	明 太祖朝	明 成祖朝	明 英宗朝	明 神宗朝	明 思宗朝	合計
禁燬 條數	1	5	1	2	1	2	12
禁戲 條數	1	4	1	1	0	0	7

　　再次，從傳播渠道來看。一方面，明前期的統治者，對倫理風化劇以外的戲曲場上傳播，設立了普遍而嚴苛的高壓線。一旦越軌，動輒「法司拿究」、「拿送法司究治」、「全家殺了」。另一方面，明代前期，印刷出版基本上以「官刻」為主，「私刻」及「坊刻」尚未蔚成風氣。「國初書版，惟國子監有之，外郡縣疑未有。觀宋潛溪《送東陽馬生序》可知矣。宣德、正統間，書籍印版尚未廣」〔註42〕，「其時天下惟王府官司及建寧書坊乃有刻版。其流佈於人間者，不過《四書》、《五經》、《通鑑》、性理之書。他書即有刻者，非好古之家不能蓄」〔註43〕。可見，書籍刊刻幾乎為官府全部壟斷，戲曲的文本傳播必然經過官方傳播渠道的咀嚼、過濾與消化，致使民間的詩性智慧和審美理想在公共傳播領域幾乎很難存在，戲曲喪失了一部分發展的活力。場上傳播和文本傳播，均無法暢達地表現戲曲作為民間藝術臧否人物/事件/歷史的那種無所顧忌的樸野的審美特質，戲曲中的傳播符號、傳播訊息被利用、扭曲甚至改換，統治階級在思想領域展開了一場沒有硝煙的戰爭。而明代中期以後，思想上王學左派煊赫一時，經濟上商業貿易活躍，政治上戲曲之禁已較前期寬鬆許多，蓄養家樂在文人士大夫中漸成時尚。另外，「所在書版，日增月益」〔註44〕。嘉靖以後，活字印刷術真正成為書坊的主導印刷技術，促發了出版局面的繁盛。而至萬曆年間，「套印術」則被廣泛運用，多色印刷開始出現。明代中期以後刻本，有上圖下文，文中鑲圖乃至整頁附圖的，琳瑯滿目，真正做到了圖文並茂。如凌濛初自刻的《琵琶記》評點本，就印有朱紅的眉批及夾批，印製堪稱精良。戲曲、小說之類俗文學傳播大盛，

〔註42〕 陸容：《菽園雜記》卷一○，中華書局，1985年，第128～129頁。
〔註43〕 顧炎武：《抄書自序》，轉引自張舜徽：《中國文獻學九講》，中華書局，2011年，第128頁。
〔註44〕 陸容：《菽園雜記》卷一○，中華書局，1985年，第129頁。

與此有很大關係。

最後，從傳播對象和傳播效果來看。李漁在《閑情偶寄》中講，戲曲是「做與讀書人與不讀書人同看，又與不讀書之婦人小兒同看」〔註45〕，可見受眾之廣。李調元則認爲，二十四史，即是一部大傳奇。「夫人生，無日不在戲中，富貴、貧賤、夭壽、窮通，攘攘百年，電光石火，離合悲歡，轉眼而畢，此亦如戲頃刻而散場也」〔註46〕，也表達了受眾密合而複雜的審美感受。正因爲戲曲和社會生活有著密切、深遠、廣泛甚至是舉足輕重的關係，十六世紀以降，不管身處社會哪一個階層，幾乎沒有人能完全拒絕戲曲對個人生活的介入和影響。而戲曲與生俱來的雙重性格，決定了其在高雅與通俗之間，在藝術化與商業化之間離合往復、遊移徘徊。倫理，在明代前期的戲曲傳播過程中，其實更多地扮演著「成也蕭何，敗也蕭何」的雙重角色。一方面，高居廟堂之上的創作者，不可能超越生活經歷和處境的局限。要麼爲儒家的詩教傳統和倫理本位思想深深浸潤，渴望「上可裨教化，舒之濟萬民；下可理情性，卷之善一身」〔註47〕，進而影響整個戲曲結撰的過程；要麼出於生存策略的無奈選擇，不得已屈從權勢，著力構造道德的至善、人倫的典範，甚至不惜在戲曲中圖解倫理，充任政治教化的傳聲筒。朱權、朱有燉、邱濬之類曲壇執牛耳者，或爲皇親貴冑，或爲當道大僚，他們的介入，在客觀上確實提高了戲曲的本體地位，從傳播層次的角度上說，使戲曲得以向上「攀援」，擴大了戲曲的傳播空間；另一方面，倫理的極端化，使個性孱弱、內涵空虛的臉譜化人物不斷出現，傷害了戲曲作爲審美藝術的本質屬性。而且，戲曲道德內涵的無限擴張，也減弱了戲曲傳播影響人心的力度。按照一般常理，作爲傳播對象和接受主體的市民百姓，戲曲所表現出的鮮明的民間倫理智慧，的確直接影響著他們的世俗信仰與利義取捨。在知識薪火微弱的市井／鄉村社會，「家歌戶唱尋常事，三歲孩子識戲文」，看戲就是惡其惡，美其美，褒獎良善，鞭撻醜惡，就是要於戲中尋覓社會公平，以獲取心理上的認同感、愉悅感和滿足感。而在專制者設定的發展軌道里，戲曲卻爲官方倫理

〔註45〕李漁：《閑情偶寄》卷一《詞曲部・詞采第二・忌塡塞》，中國戲曲研究院編：《中國古典戲曲論著集成》第七冊，中國戲劇出版社，1959年，第28頁。
〔註46〕李調元：《劇話》，中國戲曲研究院編：《中國古典戲曲論著集成》第八冊，中國戲劇出版社，1959年，第35頁。
〔註47〕白居易：《讀張籍古樂府》，《全唐詩》卷四二四，上海古籍出版社，1986年，第1035頁。

的極端道德尺度凌駕與踩踏，以致民間性逐漸被「漂白」和「淨化」，湮沒了生活本來的多彩與真實、沉重與歎息，這未免不是一件憾事。

主要參考文獻

（按書名音序排列）

A

1. 《愛晚廬隨筆》，張舜徽撰，華中師範大學出版社，2005 年。
2. 《安陽集》，宋·韓琦撰，《文淵閣四庫全書》本。

B

1. 《白雨齋詞話》，清·陳廷焯撰，人民文學出版社，1959 年。
2. 《百子全書》，浙江古籍出版社，1998 年。
3. 《抱經堂文集》，清·盧文弨撰，清乾隆六十年刻本。
4. 《碑傳集》，清·錢儀吉纂，中華書局，1993 年。
5. 《北河紀》，明·謝肇淛撰，《文淵閣四庫全書》本。
6. 《本草綱目》，明·李時珍撰，北方文藝出版社，2007 年。
7. 《本朝分省人物考》，明·過庭訓撰，明天啓刻本。
8. 《別號錄》，清·葛萬里撰，《文淵閣四庫全書》本。
9. 《補續全蜀藝文志》，明·杜應芳輯，明萬曆刻本。

C

1. 《常州畫派研究》，葉鵬飛撰，江蘇人民出版社，2008 年。
2. 《超越文學——文學的文化哲學思考》，周憲撰，上海三聯書店，1997 年。
3. 《朝野僉載》，唐·張鷟撰，中華書局，1979 年。
4. 《程文恭公遺稿》，明·程文德撰，明萬曆十二年程光裕刻本。
5. 《疇人傳四編》，清·黃鍾駿編，清光緒留有餘齋叢書本。

6. 《楚紀》，明・廖道南撰，明嘉靖二十五年何城李桂刻本。

7. 《處實堂集》，明・張鳳翼撰，明萬曆刻本。

8. 《船山全書》，王夫之撰，嶽麓書社，1996 年。

9. 《詞話叢編》，唐圭璋編，中華書局，1986 年。

10. 《詞綜》，清・朱彝尊、清・汪森編，上海古籍出版社，1978 年。

D

1. 《當代西方美學》，朱狄撰，人民出版社，1984 年。

2. 《道古堂全集》，清・杭世駿撰，清乾隆四十一年刻光緒十四年汪曾唯修本。

3. 《（道光）濟南府志》，清・王贈芳修，清道光二十年刻本。

4. 《（道光）昆新兩縣志》，清・張鴻、清・來汝緣修，清・王學浩等纂，江蘇古籍出版社，1991 年。

5. 《（道光）上元縣志》，清・武念祖修，清道光四年刻本。

6. 《（道光）歙縣志》，清・勞逢源修，清道光八年刻本。

7. 《丁孟談銅器》，丁孟撰，山東美術出版社，2006 年。

8. 《東山存稿》，元・趙汸撰，《文淵閣四庫全書》本。

9. 《東維子集》，元・楊維楨撰，《文淵閣四庫全書》本。

10. 《杜曲集》，明・戴澳撰，明崇禎刻本。

11. 《杜詩詳注》，唐・杜甫撰、清・仇兆鰲注，中華書局，1979 年。

E

1. 《二十五史》，上海古籍出版社、上海書店，1986 年。

F

1. 《樊榭山房集》，清・厲鶚撰，四部叢刊景清振綺堂本。

2. 《方志著錄元明清曲家傳略》，趙景深、張增元編，中華書局，1987 年。

3. 《風月錦囊箋校》，孫崇濤、黃仕忠箋校，中華書局，2000 年。

4. 《風月錦囊考釋》，孫崇濤撰，中華書局，2000 年。

5. 《馮夢龍全集》，明・馮夢龍撰，江蘇古籍出版社，1993 年。

6. 《弗洛伊德後期著作選》，〔奧〕西格蒙德・弗洛伊德撰、林塵等譯，上海譯文出版社，1986 年。

7. 《弗洛伊德文集》，車文博主編，長春出版社，1998 年。

8. 《負苞堂文選》，明・臧懋循撰，明天啓元年臧爾炳刻本。

G

1. 《改亭存稿》，明·方鳳撰，明崇禎十七年方士驤刻本。

2. 《改亭續稿》，明·方鳳撰，明崇禎十七年方士驤刻本。

3. 《綱鑒易知錄》，清·吳乘權等輯，中華書局，1960年。

4. 《工藝美術手冊》，張金庚主編，山東科學技術出版社，1988年。

5. 《古本戲曲劇目提要》，李修生主編，文化藝術出版社，1997年。

6. 《古典文論與審美鑒賞》，吳調公撰，齊魯書社，1985年。

7. 《古典戲曲存目彙考》，莊一拂編撰，上海古籍出版社，1982年。

8. 《古今譚概》，明·馮夢龍編撰，中華書局，2007年。

9. 《骨董瑣記全編》，鄧之誠撰，北京出版社，1996年。

10. 《骨董瑣記全編》，鄧之誠撰，中華書局，2008年。

11. 《（光緒）奉化縣志》，清·李前泮、清·張美翊纂，清光緒三十四年刊本。

12. 《（光緒）重修安徽通志》清·吳坤修纂，清光緒四年刻本。

13. 《廣東歷代方志集成·惠州府部（三）》，廣東省地方史志辦公室輯，嶺南美術出版社，2009年。

14. 《廣清碑傳集》，錢仲聯主編，蘇州大學出版社，1999年。

15. 《廣輿記》，明·陸應陽撰，清康熙刻本。

16. 《歸有光評傳·年譜》，沈新林撰，安徽文藝出版社，2000年。

17. 《歸有光與嘉定四先生研究》，黃霖主編，上海古籍出版社，2007年。

18. 《國朝獻徵錄》，明·焦竑撰，明萬曆四十四年徐象橒曼山館刻本。

19. 《國榷》清·談遷撰，清鈔本。

H

1. 《漢學研究》第七集，閻純德主編，中華書局，2002年。

2. 《黃宗羲全集》，清·黃宗羲撰，浙江古籍出版社，2005年。

3. 《喙鳴詩文集》，明·沈一貫撰，明刻本。

4. 《蕙風詞話輯注》，清·況周頤撰、屈興國輯注，江西人民出版社，2000年。

J

1. 《（嘉靖）惠州府志》，明·楊宗甫纂，明嘉靖刻本。

2. 《（嘉靖）六合縣志》，明·董邦政修、明·黃紹文纂，明嘉靖刻本。

3. 《（嘉慶）長興縣志》，清·錢大昕等纂，清嘉慶十年刊本。

4. 《姜白石詩集箋注》，宋・姜夔撰、孫玄常箋注，山西人民出版社，1986年。

5. 《姜夔詩詞選注》，劉乃昌選注，上海古籍出版社，1983年。

6. 《金明館叢稿二編》，陳寅恪撰，上海古籍出版社，1980年。

7. 《京劇劇目初探（增訂本）》，陶君起編撰，中國戲劇出版社，1963年。

8. 《靜觀堂集》，明・顧潛撰，清玉峰雍里顧氏六世詩文集本。

9. 《矩園餘墨》，葉恭綽撰，遼寧教育出版社，1997年。

K

1. 《（康熙）常州府志》，清・于琨修，清康熙三十四年刻本。

2. 《（康熙）雲南府志》，清・謝儼纂，清康熙刊本。

3. 《孔尚任詩文集》，清・孔尚任撰、汪蔚林編，1962年。

4. 《崑山人物傳》，明・張大復撰，明刻清雍正二年汪中鵬重修本。

L

1. 《賴古齋文集》，清・湯修業撰，《續修四庫全書》本。

2. 《禮部志稿》，明・俞汝楫編，《文淵閣四庫全書》本。

3. 《理學思潮與世情小說》，趙興勤撰，文物出版社，2010年。

4. 《歷代曲話彙編・清代編》，俞為民、孫蓉蓉編，黃山書社，2009年。

5. 《歷代詩話》，清・何文煥輯，中華書局，1981年。

6. 《歷代詩話》，清・吳景旭撰，《文淵閣四庫全書》本。

7. 《歷代詩話續編》，丁福保輯，中華書局，1983年。

8. 《歷代職官表》，清・黃本驥編，上海古籍出版社，1980年。

9. 《歷史紀事本末》，中華書局，1997年。

10. 《吏學指南》，元・徐元端撰，浙江古籍出版社，1988年。

11. 《梁白泉文集・博物館卷》，南京博物院編，文物出版社，2013年。

12. 《列朝詩集》，清・錢謙益撰集，中華書局，2007年。

13. 《烈皇小識》，明・文秉撰，清鈔明季野史彙編前編本。

14. 《魯迅學術論著》，吳俊編校，浙江人民出版社，1998年。

15. 《駱臺晉先生文集》，明・駱日升撰，力行印刷所，1945年。

M

1. 《馬克思恩格斯論宗教》，武劍西譯，人民出版社，1954年。

2. 《馬克思恩格斯選集》，〔德〕馬克思、〔德〕恩格斯撰，人民出版社，1972年。

3. 《馬隅卿小説戲曲論集》，馬廉著、劉倩編，中華書局，2006 年。

4. 《眉廬叢話》，清・況周頤撰，山西古籍出版社，1995 年。

5. 《美的歷程》，李澤厚撰，天津社會科學院出版社，2001 年。

6. 《美學論文選》，繆靈珠譯，人民文學出版社，1957 年。

7. 《美學三書》，李澤厚撰，天津社會科學院出版社，2003 年。

8. 《美學四講》，李澤厚撰，天津社會科學院出版社，2001 年。

9. 《孟稱舜集》，明・孟稱舜撰，中華書局，2005 年。

10. 《（民國）歙縣志》，石國柱修，民國二十六年鉛印本。

11. 《民國詩話叢編》，張寅彭主編，上海書店，2002 年。

12. 《明代傳奇全目》，傅惜華撰，人民文學出版社，1959 年。

13. 《明代後期士人心態研究》，羅宗強撰，南開大學出版社，2006 年。

14. 《明代小説四大奇書》，〔美〕浦安迪撰、沈亨壽譯，中國和平出版社，1993 年。

15. 《明代職官年表》，張德信編著，黃山書社，2009 年。

16. 《明會典》，《文淵閣四庫全書》本。

17. 《明清傳奇編年史稿》，程華平撰，齊魯書社，2008 年。

18. 《明清傳奇綜錄》，郭英德編撰，河北教育出版社，1997 年。

19. 《明清江蘇文人年表》，張慧劍撰，人民文學出版社，2008 年。

20. 《明清進士錄》，潘榮勝主編，中華書局，2006 年。

21. 《明清戲曲家考略全編》，鄧長風撰，上海古籍出版社，2009 年。

22. 《明清娛情小品擷珍》，李保民、胡建強、龍聿生主編，學林出版社，1999 年。

23. 《明三元考》，明・張弘道等輯，明刻本。

24. 《明史》，清・萬斯同撰，清鈔本。

25. 《明史》，清・張廷玉等撰，中華書局，1974 年。

26. 《明武宗實錄》，「中央」研究院歷史語言研究所，1964 年。

N

1. 《倪小野先生全集》，明・倪宗正撰，清康熙四十九年倪繼宗清暉樓刻本。

O

1. 《甌香館詩》，清・惲格撰，中華書局，1985 年。

Q

1. 《棲眞館集》，明・屠隆撰，明萬曆十八年刻本。

2. 《齊魯文化大辭典》，車吉心、梁自潔、任孚先主編，山東教育出版社，1989 年。

3. 《千頃堂書目》，清‧黃虞稷撰，上海古籍出版社，2001 年。

4. 《(乾隆) 杭州府志》，清‧鄭澐修、清‧邵晉涵纂，清乾隆四十九年刻本。

5. 《(乾隆) 江寧新志》，清‧袁枚修，清乾隆十三年刻本。

6. 《(乾隆) 曲阜縣志》，清‧潘相修，清乾隆三十九年刻本。

7. 《(乾隆) 騰越州志》，清‧屠述濂修，清光緒二十三年重刊本。

8. 《(乾隆) 武進縣志》，清‧王祖肅修，清乾隆刻本。

9. 《(乾隆) 兗州府志》，清‧覺羅曾爾泰修，清乾隆二十五年刻本。

10. 《欽定四庫全書總目 (整理本)》，清‧紀昀等撰，中華書局，1997 年。

11. 《琴隱園詩集》，清‧湯貽汾撰，清同治十三年曹士虎刻本。

12. 《清代科舉考試述錄及有關著作》，商衍鎏撰，百花文藝出版社，2004 年。

13. 《清代人物生卒年表》，江慶柏撰，人民文學出版社，2005 年。

14. 《清代散見戲曲史料彙編 (方志卷‧初編)》，趙興勤、趙韡編，臺灣花木蘭文化出版社，2016 年。

15. 《清代散見戲曲史料彙編 (詩詞卷‧初編)》，趙興勤、趙韡編，臺灣花木蘭文化出版社，2014 年。

16. 《清代散見戲曲史料彙編 (詩詞卷‧二編)》，趙興勤、趙韡編，臺灣花木蘭文化出版社，2015 年。

17. 《清代戲曲史》，周妙中撰，中州古籍出版社，1987 年。

18. 《清惠集》，明‧劉麟撰，清文淵閣四庫全書補配清文津閣四庫全書本。

19. 《清人別集總目》，李靈年、楊忠主編，安徽教育出版社，2000 年。

20. 《清人室名別稱字號索引：增補本》，楊廷福、楊同甫編，上海古籍出版社，2001 年。

21. 《清儒學案》，徐世昌等編纂，中華書局，2008 年。

22. 《清詩話續編》，郭紹虞編選，上海古籍出版社，1983 年。

23. 《清詩紀事》，錢仲聯主編，江蘇古籍出版社，1987、1989 年。

24. 《清詩紀事初編》，鄧之誠撰，上海古籍出版社，1984 年。

25. 《曲阜的歷史名人與文物》，孔繁銀撰，齊魯書社，2002 年。

26. 《曲海總目提要補編》，北嬰編撰，人民文學出版社，1959 年。

27. 《曲品校注》，明‧呂天成撰、吳書蔭校注，中華書局，1990 年。

28. 《全金元詞》，唐圭璋編，中華書局，1979 年。

29. 《全遼金詩》，閻鳳梧、康金聲主編，山西古籍出版社，1999 年。

30. 《全明散曲》，謝伯陽編，齊魯書社，1994 年。

31. 《全宋詞》，唐圭璋編，中華書局，1999 年。

32. 《全唐詩》，上海古籍出版社，1986 年。

33. 《全元戲曲》，王季思主編，人民文學出版社，1990 年。

34. 《闕里詩選》，孔祥林、郭平選注，山東友誼書社，1989 年。

35. 《闕里文獻考》，清・孔繼汾撰，清乾隆刻本。

R

1. 《人類的視野》，李亦園撰，上海文藝出版社，1996 年。

2. 《日藏中國戲曲文獻綜錄》，黃仕忠撰，廣西師範大學出版社，2010 年。

3. 《榕村語錄》，清・李光地撰，《文淵閣四庫全書》本。

4. 《儒林公議》，宋・田況撰，中華書局，1985 年。

S

1. 《善本書室藏書志》，清・丁丙撰，清光緒刻本。

2. 《升菴集》，明・楊慎撰，清文淵閣四庫全書補配清文津閣四庫全書本。

3. 《詩詞曲語辭彙釋》，張相撰，中華書局，1953 年。

4. 《詩詞散論》，繆鉞撰，上海古籍出版社，1982 年。

5. 《詩集傳》，朱熹撰，上海古籍出版社，1980 年。

6. 《詩藪》，明・胡應麟撰，上海古籍出版社，1979 年。

7. 《施注蘇詩》，宋・蘇軾撰、宋・施元之注，《文淵閣四庫全書》本。

8. 《十三經注疏》，中華書局，1980 年。

9. 《石倉歷代詩選》，明・曹學佺編，清文淵閣四庫全書補配清文津閣四庫全書本。

10. 《士與中國文化》，余英時撰，上海人民出版社，1987 年。

11. 《釋家藝文提要》，周叔迦撰，北京古籍出版社，2004 年。

12. 《菽園雜記》，明・陸容撰，中華書局，1985 年。

13. 《睡庵稿》，明・湯賓尹撰，明萬曆刻本。

14. 《四庫全書總目》，清・永瑢等撰，中華書局，1965 年。

15. 《四友齋叢說》，明・何良俊撰，中華書局，1959 年。

16. 《宋詞賞析》，沈祖棻撰，上海古籍出版社，1980 年。

17. 《宋高僧傳》，宋・贊寧撰，中華書局，1987 年。

18. 《宋詩紀事》，清・厲鶚輯撰，上海古籍出版社，1983 年。

19. 《宋十五家詩選》，清・陳訐輯，清康熙刻本。

20. 《宋元戲文輯佚》，錢南揚輯錄，古典文學出版社，1956 年。

21. 《蘇東坡全集》，宋・蘇軾撰、鄧立勳編校，黃山書社，1997 年。

22. 《隨園詩話》，清・袁枚撰，人民文學出版社，1982 年。

T

1. 《太平廣記》，宋・李昉等編，中華書局，1961 年。

2. 《太平御覽》，宋・李昉等撰，中華書局，1960 年。

3. 《湯顯祖評傳》，徐朔方撰，南京大學出版社，1993 年。

4. 《湯顯祖全集》，明・湯顯祖著、徐朔方箋校，北京古籍出版社，1999年。

5. 《塘棲志》，清・王同纂，浙江攝影出版社，2006 年。

6. 《(同治) 贛縣志》，清・黃德溥、清・崔國榜修，清・褚景昕纂，清同治十一年刻本。

7. 《(同治) 蘇州府志》，清・馮桂芬修，清光緒九年刊本。

W

1. 《晚明曲家年譜》，徐朔方撰，浙江古籍出版社，1993 年。

2. 《(萬曆) 湖州府志》，明・栗祁修，明萬曆刻本。

3. 《(萬曆) 紹興府志》，明・張元忭修，明萬曆刻本。

4. 《萬曆野獲編》，明・沈德符撰，中華書局，1959 年。

5. 《汪廷訥戲曲集》，明・汪廷訥撰，巴蜀書社，2009 年。

6. 《王國維詩詞全編校注》，王國維撰、陳永正校注，中山大學出版社，2000年。

7. 《王國維文集》，姚淦銘、王燕主編，中國文史出版社，2007 年。

8. 《王文成全書》，明・王守仁撰，《文淵閣四庫全書》本。

9. 《文天祥全集》，宋・文天祥撰，江西人民出版社，1987 年。

10. 《文物養護工作手冊》，首都博物館編，文物出版社，2008 年。

11. 《文學社會化的當代探索》，朱樺撰，學林出版社，1994 年。

12. 《無類生詩選》，明・郎兆玉撰，臺灣新文豐出版公司，1988 年。

13. 《吳梅》，王衛民等編撰，中國文史出版社，1998 年。

14. 《吳梅村全集》，清・吳偉業撰、李學穎集評標校，上海古籍出版社，1990年。

15. 《吳興藝文補》，明・董斯張輯，明崇禎六年刻本。

X

1. 《〈西遊記〉資料彙編》，朱一玄、劉毓忱編，中州書畫社，1983 年。

2. 《戲曲小說叢考》，葉德均撰，中華書局，1979 年。

3. 《香豔叢書》，蟲天子編，人民文學出版社，1992 年。

4. 《小草齋集》，明‧謝肇淛撰，明萬曆刻本。

5. 《小說的藝術》，〔捷〕米蘭‧昆德拉撰、孟湄譯，三聯書店，1992 年。

6. 《小說考證》，蔣瑞藻編，古典文學出版社，1957 年。

7. 《徐文長逸稿》，明‧徐渭撰，明天啓三年張維城刻本。

8. 《續藏經》，臺灣新文豐出版公司，1993 年。

9. 《續資治通鑒》，清‧畢沅編撰，上海古籍出版社，1987 年。

Y

1. 《嚴石溪詩稿》，明‧嚴怡撰，明萬曆五年劉效祖刻本。

2. 《弇州山人四部續稿》，明‧王世貞撰，《文淵閣四庫全書》本。

3. 《楊升菴叢書》，王文才、萬光治主編，天地出版社，2002 年。

4. 《1844 年經濟學哲學手稿》，〔德〕馬克思撰，人民出版社，1979 年。

5. 《遺山樂府校注》，金‧元好問撰、趙永源校注，鳳凰出版社，2006 年。

6. 《藝林散葉續編》，鄭逸梅撰，黑龍江人民出版社，1991 年。

7. 《藝術與詩中的創造性直覺》，〔法〕雅克‧馬利坦撰、劉有元等譯，三聯書店，1991 年。

8. 《藝術哲學》，〔法〕丹納撰、傅雷譯，安徽文藝出版社，1991 年。

9. 《（雍正）河南通志》，清‧王士俊修，《文淵閣四庫全書》本。

10. 《（雍正）江西通志》，清‧謝旻修，《文淵閣四庫全書》本。

11. 《（雍正）雲南通志》，清‧鄂爾泰修，《文淵閣四庫全書》本。

12. 《遊戲規則，維特根斯坦神秘之物沉默集》，〔奧〕維特根斯坦撰、唐少傑等譯，陝西師範大學出版社，2003 年。

13. 《御選歷代詩餘》，清‧沈宸垣等編，浙江古籍出版社，1998 年。

14. 《元好問全集（增訂本）》，姚奠中主編、李正民增訂，山西古籍出版社，2004 年。

15. 《元詩選》，清‧顧嗣立編，上海古籍出版社，1993 年。

16. 《元史》，明‧宋濂撰，中華書局，1976 年。

17. 《元遺山詩集箋注》，金‧元好問撰、清‧施國祁注，人民文學出版社，1958 年。

18. 《元遺山新論》，降大任撰，北嶽文藝出版社，1988 年。

19. 《元稹集》，唐·元稹撰，中華書局，1982 年。

20. 《雲南史料叢刊》，方國瑜主編，雲南大學出版社，2001 年。

Z

1. 《張家玉集》，明·張家玉撰，廣東高等教育出版社，1992 年。

2. 《浙江古今人物大辭典》，單錦珩總主編，江西人民出版社，1998 年。

3. 《震川先生集》，明·歸有光撰，上海古籍出版社，2007 年。

4. 《鄭振鐸全集》，鄭振鐸撰，花山文藝出版社，1998 年。

5. 《治史三書》，嚴耕望撰，遼寧教育出版社，1998 年。

6. 《中德文學研究》，陳銓撰，遼寧教育出版社，1997 年。

7. 《中國傳統工藝全集·金屬工藝》，譚德睿、孫淑雲主編，大象出版社，2007 年。

8. 《中國傳統工藝全集·歷代工藝名家》，田自秉、華覺明主編，大象出版社，2008 年。

9. 《中國工藝美術史》，姜松榮主編，湖南美術出版社，2004 年。

10. 《中國古代手工藝術家志》，周南泉、馮乃恩編撰，紫禁城出版社，2008 年。

11. 《中國古典戲曲論著集成》，中國戲曲研究院編，中國戲劇出版社，1959 年。

12. 《中國古典戲曲序跋彙編》，蔡毅編，齊魯書社，1989 年。

13. 《中國劇目辭典》，王森然遺稿，河北教育出版社，1997 年。

14. 《中國美術家大辭典》，趙祿祥主編，北京出版社，2007 年。

15. 《中國民間美術藝人志》，錢定一編著，人民美術出版社，1987 年。

16. 《中國曲學大辭典》，齊森華等主編，浙江教育出版社，1997 年。

17. 《中國書畫藝術辭典·篆刻卷》，王崇人主編，陝西人民美術出版社，2002 年。

18. 《中國文物大辭典》，中國文物學會專家委員會編，中央編譯出版社，2008 年。

19. 《中國文獻學九講》，張舜徽撰，中華書局，2011 年。

20. 《中國文學大辭典》，錢仲聯等總主編，上海辭書出版社，1997 年。

21. 《中國文學家大辭典》，譚正璧編，上海書店，1981 年。

22. 《中國文學家大辭典·清代卷》，錢仲聯主編，中華書局，1996 年。

23. 《中國戲曲志·浙江卷》，中國 ISBN 中心，2000 年。

24. 《中國學研究》第四輯，吳兆路等主編，濟南出版社，2001 年。

25. 《中國早期戲曲生成史論》，趙興勤撰，北京大學出版社，2015 年。

26. 《朱熹年譜長編》，束景南撰，華東師範大學出版社，2001 年。

27. 《宗伯集》，明・孫繼皋撰，《文淵閣四庫全書》本。

後　記

　　明代詩人王越在《贈蔣郎中》一詩中曾謂：「一席共談憂國話，十年不負讀書心。」〔註1〕遙想十多年前，我躺在大學集體宿舍的木板床上，和室友聊天。我們都是初生牛犢，口無遮攔，毫無顧忌，自己沒什麼水平，卻肆意評論著從圖書館借來的一摞摞專著，都希冀有朝一日，也能有那麼一冊自己署名的著作。又幻想著樣書拿到手裏，不知要愛撫多久；立在架上，心旌又該怎樣搖動。

　　出本自己的書，是很多讀書人一輩子的夢想。而今，校樣擺在面前，我的這一宏願很快就要實現了。雖然已出過十餘冊大大小小的著作，但單獨署名還是第一次。就像一隻雛燕，在經歷過一次次試飛之後，終於要離巢去找尋自己的天地了。和體制內的專業研究者不同，我輩沒有晉升職稱、評導師、完成各種各樣學術考核指標的壓力，更多的是興趣使然，致力於尋求一種社會肯定與自我滿足。雖然沒有什麼可以一鳴驚人的宏文，但嚮慕讀書、敬惜字紙，總是要勝過吃喝玩樂、渾渾噩噩。

　　2001 年，我邁入徐州師範大學（今江蘇師範大學）的校門，所讀專業是心儀已久但熱度已無法與八十年代相提並論的漢語言文學。雖然中文系人才輩出，一句「中文人，紙筆走天下」風行全校，但「中文無用論」在當時亦頗有市場。「百無一用是書生」，未來的出路在哪裏，是擺在每一名同學面前的一道必答題。而我，除了每日孜孜不倦地看看閒書，就是寫些不著調的文字。用今天的眼光來看，正是因為不成熟，所以表現得像一個「憤青」。其實，

<hr>

〔註 1〕王越：《王越集》，趙長海校注，中州古籍出版社，2009 年，第 246 頁。

青春期的孩子，種種心理上的叛逆和行為上的怪誕，恰是為尋求外在關注與肯定的一種方式。

那時，周圍或有人，四年學業只為混一紙文憑，並不時表現出對母校的偏見。我雖然讀書不算用功，但對學校卻忠貞不二，有著與同學們大不一樣的情感。這座坐落於徐州的老牌師範院校，是我生命中一個溫情的細節，不僅僅因為它是我的母校，更因為我生於斯、長於斯。那些高山仰止的學界名流，我自幼便看慣了他們匆匆來去的身影。他們中不少人都曾拉著我蹣跚學步之時的小手，在走廊上踱來踱去，陪著我嬉戲玩耍。這裡，承載了我童年所有的喜怒哀樂。難忘古樸典雅的雲龍校區，青磚黛瓦、綠樹濃蔭；亦難忘雍容大度的泉山校區，碧水環繞、曲徑通幽。它們，一個雅淡中點綴著鮮豔，可曉起憑欄遠眺；一個清秀中包蘊著雄健，可晚來對景感懷。那夾岸柳色，柔條千縷；碧塘秋荷，因風飄香。母校的表情，永遠是那樣和藹可親、那般嫵媚動人。

然而，更令我難以忘懷的，還是由一輩輩學人支撐起的母校的風骨。他們，就像可供倚靠的大山那樣，厚重而篤實。對於老一輩學人來說，學術研究帶來的愉悅，是精神生活中最為美好的段落。先生們或才藻橫溢，莫可涯涘；或知人論世，細密鉤沉，為文無不卓犖高迥、氣肆才雄。字裡行間，往往性情與學理交相激蕩，又因「道問學」與「尊德性」交相輝映，讀後令人感發奮起。

「流光容易把人拋」，轉瞬已十餘年。十年，即使對人的整個生命來說，也已是不短的歷程。可以催生鬢角的華髮，可能改變一生的軌跡。十餘年之讀書，我也從年少時的文學愛好者，逐漸躋身於青年文史研究者行列，走上了所謂的學術研究之路。這看似因緣巧合的偶然，其實也是一種宿命般的必然。這是因為，家庭濃重的學術氛圍，還有那高及房頂的一架架藏書，讓我不自覺地產生敬畏之情。對我人生影響最大的是我的父親，但青春期的我卻從不願意承認這一點。梳理自己十餘年來的學術歷程，儘管每個階段的側重點並不相同，但每一樁、每一件重要的學術經歷，都與他老人家息息相關。

或許是性格原因，讀大學時，校園詩歌、散文炙手可熱，我卻毫不猶豫地選擇了在當時冷到無人問津的文學批評。而自己看重的作品，也大多比較邊緣和隨性。一些看法，亦不敢苟同於所謂的主流意見。彼時的我，由於中學時便發表過不少文章，所以很容易就在校內各個文學社團站穩腳跟，同時

擁有主編、編輯、記者等一大堆稱號，「豆腐塊」三天兩頭出現在校內外媒體上，所以自視甚高，明明「根底淺」、「腹中空」，卻不願承認，追求著華麗的句子、浮誇的滄桑以及被簇擁的感覺。又不願意躲在父親的羽翼下生活，所以刻意迴避了他的研究方向，而選擇現當代文學研究作為主業，相繼發表過《市井的悲咽與哀鳴》、《地火依然運行──印象・校園詩歌現場》、《賈平凹九十年代城市背景長篇小說的文化解讀──以〈廢都〉、〈白夜〉為中心》、《在沉重中飛翔──昌耀逝世五週年祭》等論文，其中一篇還獲得了江蘇省高校優秀本科畢業論文二等獎。

　　然而，隨著閱歷的加深，對現當代文學作品的閱讀體驗已逐漸不能滿足我日益膨脹的內心。「我只覺得自己是座沒有爆發的火山，火燒得我痛，卻始終沒有能力炸開那禁錮我的地殼，放射出光和熱來」〔註 2〕。那些遙遠的歷史和優雅、精鍊、飽滿、詩性且至今仍帶有溫度的文字，似乎時時在向我招手，呼喚我與它們來一次命中注定的邂逅。遂改弦更張，溯流而上，一頭扎進古籍中。那些在圖書館裏消磨掉的時光，在人看來迂疏落寞，在己卻是詩意盎然。

　　那時讀書，其實真的沒有什麼目的，就是簡單的喜歡。但是為重振中文雄風聊盡綿薄之想，在我的腦海裏卻一直存在。而且，在讀書的過程中，竟然還找到了不少隔代的知音。1916 年 5 月 17 日，十七歲的聞一多在《清華周刊》第 77 期發表《論振興國學》一文，謂：

> 國於天地，必有與立，文字是也。文字者，文明之所寄，而國粹之所憑也。……吾國漢唐之際，文章彪炳，而郅治躋於咸五登三之盛。晉宋以還，文風不振，國勢披靡。洎乎晚近，日趨而僞，亦日趨而微。維新之士，醉心狄鞮，麾麾古學。學校之有國文一科，只如告朔之餼羊耳。致有心之士，三五晨星，欲作中流之柱，而亦以杯水車薪，多寡殊勢，卒莫可如何焉。嗚呼！痛孰甚哉！痛孰甚哉！〔註 3〕

想年紀彷彿時的我，尚如墜夢中，而五四時期的學術前輩已經致力於「為往聖繼絕學」，振臂高呼了。當然，聞先生當年所強調的振興國學，決不是泥古不化，甘當一條故紙堆中的「蠹魚」，而是對「日趨而僞，亦日趨而微」的文

〔註 2〕聞一多：《致臧克家》，《聞一多全集》第 12 卷《書信・日記・附錄》，湖北人民出版社，1993 年，第 381 頁。

〔註 3〕聞一多：《聞一多全集》第 2 卷《文藝評論・散文雜文》，湖北人民出版社，1993 年，第 282 頁。

風深致不滿,對「麼麼古學」的短視行為表達不屑。彼時之清華,「國文一科,只如告朔之餼羊耳」,更遑論他校?

「告朔之餼羊」,語出《論語‧八佾》。是書謂:「子貢欲去告朔之餼羊。子曰:『賜也!爾愛其羊,我愛其禮!』」鄭玄注曰:「牲生曰『餼』。禮,人君每月告朔,於廟有祭,謂之朝享。魯自文公始不視朔。子貢見其禮廢,故欲去其羊。」〔註4〕「餼(xì)羊」,祭祀用的活羊。按照周禮,古時諸侯每月朔日(農曆初一),要親自到祖廟殺活羊祭祀。可是到了魯文公的時候,這種禮制已經名存實亡,所以子貢認為應去除這種流於形式的「禮」。可在孔夫子看來,相沿已久的這一禮儀,縱然已沒有多少實際意義,但象徵意義同樣重要。因為這種儀式感,可以令後人藉此而明時令,知道「告朔」之禮的存在,所以才會說「爾愛其羊,我愛其禮」。

一百年之前,包括聞一多在內的很多有識之士,目睹外有列強橫肆、內則禮淪樂弛的衰頹國勢,在中西文化的激盪中,為中華文明之前途、中華國粹之興衰而深深憂慮,不時發出「痛孰甚哉」的切切哀鳴!其實,不管是固守傳統的矜持還是鼓吹西化的矯激,大多數人的出發點,還是對民族命運的深沉擔憂、對國運昌盛的殷切企盼。中西學之爭,這場曠日持久的論辯,並不是一道可以擁有標準答案的或是或非的選擇題。因此,立志振興國學的聞氏,也會感慨「賦一詩不能退虜,撰一文不能送窮」〔註5〕。能從他的《死水》裏感覺出「火」來的畢竟是少數,誤解也就在所難免。聞一多在 1943 年 11 月 25 日致臧克家的信中寫道:「你想不到我比任何人還恨那故紙堆,正因恨它,更不能不弄個明白。你誣枉了我,當我是一個蠹魚,不曉得我是殺蠹的芸香。雖然二者都藏在書裏,他們作用並不一樣。」〔註6〕所以,聞氏號召「不忘其舊,刻自濯磨」〔註7〕,其真實目的乃是「葆吾國粹,揚吾菁華」〔註8〕,讓文化的血脈流淌下去。

〔註4〕《論語注疏》卷三,《十三經注疏》下冊,中華書局,1980 年,第 2467 頁。
〔註5〕聞一多:《聞一多全集》第 2 卷《文藝評論‧散文雜文》,湖北人民出版社,1993 年,第 282 頁。
〔註6〕聞一多:《致臧克家》,《聞一多全集》第 12 卷《書信‧日記‧附錄》,湖北人民出版社,1993 年,第 381 頁。
〔註7〕聞一多:《聞一多全集》第 2 卷《文藝評論‧散文雜文》,湖北人民出版社,1993 年,第 283 頁。
〔註8〕聞一多:《聞一多全集》第 2 卷《文藝評論‧散文雜文》,湖北人民出版社,1993 年,第 282 頁。

一百年之後，國黯民弱的日子早已成爲歷史，但閱讀經典似乎離生活越來越遠。「國學」在大眾化的浪潮下成爲了一個筐，什麼都敢往裏裝，以致越來越時尚化、表淺化、粗鄙化。有的人熱衷於以「媚雅」的形式來媚俗，羼雜著功利、金錢、厚黑、臆想以及各種欲望而成的各味「雞湯」，在個別不負責任媒體的不斷放大下所受到的追捧，儼然已遠遠大於經歷過千百年時光淘洗、汰選的經典。浮躁似乎比霧霾的天氣還要多一些。人們可能會因爲一名演員的離婚或一個體育明星的出軌而熱鬧個小半年，卻很少關注學術史上的重大發現或者學術名家的生老病死。這樣的笑話，在「國學熱」的背景下，更多顯現的是一種酸苦與無奈。人也許無力改變環境，但可以改變自己。宋人方逢辰有言：

> 變氣質於有生之初，絕物欲於有知之後，必資師友之講明、方冊之誦習，然後能開其心術，見於躬行。然其殫日夜之力，嚴理欲之辯，使朝有所詢，夕有所考，晝有所作，夜有所思，則志於緝熙，功無間斷，人心之罅隙不開、本體之虛靈不昧矣。其或玩物弛心，廢時亂日，於學問思辯不能致，耳目手足無所加，至於時弛歲去，老死無聞，豈不重可惜也？爲學之道，若陟遐必自邇，若升高必自卑，故當自強不息，勉勉循循。〔註9〕

「玩物弛心，廢時亂日」的生活，眞的是我們想要的嗎？要想避免陷入「時弛歲去，老死無聞」的窘境，有賴於「師友之講明、方冊之誦習」。而不改初心，矢志以學，勉勉循循，自強不息，積跬步，聚小流，由邇至遐，由卑至高，才是問學之正道。

這些年，我雖然不敢說學有所得，但「志於緝熙，功無間斷」基本上能夠做到。在陶潛、姜夔、元好問、趙翼等人身上，都留下了深深淺淺的研究足跡。這其中，對於陶淵明和姜白石的喜愛，包含一種年輕時特有的懵懂，頗有一見鍾情的感覺，細回想，其實更多的是對其已符號化的人格的嚮慕。而對元遺山與趙甌北，則基本上是作爲助手，對父親治學的延續，《元遺山研究》（臺灣文津出版社 2011 年版）、《趙翼研究資料彙編》（臺灣花木蘭文化出版社 2013 年版）等著作，就是我們父子倆合作的結晶。

古人看重家學，父親雖未刻意指導我爲學，但他的治學方法、治學態度、治學路徑等，無不對我產生深刻的影響。其爲學之特點，如名諱，首在一個

〔註9〕 方逢辰：《蛟峰集》文集卷七《講義》，清順治刻本。

「勤」字。晴天讀書作文，雨天讀書作文，終日埋首於書案。讀書，寫書，教書，是他生活的全部。書，已與他的人生完全交融在一起。言談舉止間，所有能激起他興趣的話頭，也全都在書上。而最奢侈的休閒活動，就是乘車到市中心購書。他可以「十年不把武昌酒」（宋·陸游《南樓》），可以「十年不寄一枝梅」（宋·劉定《謝章子厚》），可以「十年不作滬上游」（清·齊學裘《丁卯五月二十三日重遊上洋，訪應敏齋廉訪，爲留數日，快慰無似，作詩留別》），但如古人般，一日不讀書，卻心荒如廢井，自以爲面目可憎。父親常教導我，古往今來，縱然駿發踔厲、天資超絕，若離開一個「勤」字，也不可能在事業上取得成就，更遑論普通人！他所有成功的秘訣，唯在此一字耳！明代方弘靜《千一錄》曾謂詩仙李白曰：「太白讀書匡山，十年不下山，潯陽獄中猶讀《留侯傳》，以彼仙才，苦心如此。今忽忽白日，而嘐嘐古人，是自絆而希千里也。」〔註10〕聞一多青年時「每暑假返家，恒閉戶讀書，忘寢饋。每聞賓客至，輒踧踖隅匿，頓足言曰：『胡又來擾人也！』所居室中，橫臚群籍，榻幾恒滿」〔註11〕。後來在聯大教書時，還曾被同事戲稱爲「何妨一下樓主人」〔註12〕，意謂其終日閉門讀書，不知外出瀟灑。而著名學者錢穆，「年十七，負笈金陵，常深夜倚枕，繼燭私誦」〔註13〕。人們只羨慕這些大家成就不世之名，卻看不到他們曾經揮灑過多少辛勤的汗水。我自知駑鈍，且遠談不上勤奮，在父親眼裏更是慵懶，但而今數百萬字的著作，無一不是利用晚間或者節假日的時間一字一句敲打出來的。即便每一年的春節、中秋，也不曾停輟。寂靜的夜，無聲的月，是我最好的讀書伴侶。

次在一個「定」字，所謂「溫不增華，寒不改葉」是也。父親迄今四十餘年的治學生涯，始終堅持「熱中取冷」、「鬧中取靜」的學術旨趣。所選取的課題，從無應時、跟風之舉，且每多慧眼，披沙揀金的功夫常令同行稱讚。如研習古代小說，致力於「古代小說與倫理」、「世情小說與理學思潮的關係」等冷僻的領域，出版有《古代小說與倫理》（遼寧教育出版社1992年版）、《古

〔註10〕 李白著、王琦注：《李太白全集》下冊，中華書局，2011年，第1337頁。
〔註11〕 聞一多：《聞多》，《聞一多全集》第2卷《文藝評論·散文雜文》，湖北人民出版社，1993年，第295頁。
〔註12〕 汪曾祺：《聞一多先生上課》，《憶昔》，江蘇人民出版社，2014年，第299—300頁。
〔註13〕 錢穆：《〈莊子纂箋〉序》，錢賓四先生全集編輯委員會編：《錢賓四先生全集》第54冊《總目》，臺灣聯經出版事業公司，1998年，第43頁。

代小說與傳統倫理》(山西人民出版社 2005 年版)、《理學思潮與世情小說》(文物出版社 2010 年版) 等著作；研究古代戲曲，以文獻爲根基，選擇一「頭」一「尾」作爲主攻方向。一「頭」，指的是溯源，即戲曲生成的研究，代表作有《中國早期戲曲生成史論》(北京大學出版社 2015 年版) 及業已完稿的《兩漢伎藝傳承史論》；一「尾」，則是我們共同策劃、攻關的《清代散見戲曲史料彙編》、《民國時期戲曲研究學譜》這兩項大工程。

　　《清代散見戲曲史料彙編》醞釀已久，計劃出版「詩詞卷」、「方志卷」、「筆記卷」、「小說卷」、「詩話卷」、「尺牘卷」、「日記卷」、「文告卷」等多種，總字數將在 1000 萬字以上，全部完成至少也需十五年。目前已出版「詩詞卷・初編」(全三冊)〔註 14〕、「詩詞卷・二編」(上、下冊)〔註 15〕、「方志卷・初編」(全三冊)〔註 16〕、「筆記卷・初編」(上、下冊)〔註 17〕，合計四編十冊約 300 萬字。今後每年還將推出一編。

　　而我用力最勤的，除了本書所收考證文章外，乃是「民國時期戲曲研究學譜」系列。目前民國時期的戲曲研究史，尚不能繪出完整的學術史地圖，重要原因就是我們對文獻史料挖掘、整理、把握均顯現出嚴重不足。「核心圈」學者 (如王國維、吳梅等少數巨擘) 廣爲人知，「主流圈」學人 (如錢南揚、任中敏、馮沅君、周貽白、趙景深、王季思、董每戡等先生) 專業學者也耳熟能詳，而「泛主流圈」和「輻射圈」的學者則很少有人關注，尚未能對其學術貢獻作出公允的評價。如民俗學家鍾敬文、作家許地山、詩人朱湘、翻譯家傅東華、歷史學家翦伯贊、著名編輯徐調孚等人的研究，涉及中外戲劇比較、戲曲與宗教、戲曲與八股文、戲曲的母題與流變等諸多學術領域，有些論題至今仍十分「前衛」。而馮叔鸞、徐筱汀、邵茗生、佟晶心、徐嘉瑞等人，雖曾在戲曲的不同研究方向上開風氣之先，亦大多已湮沒於歷史之風塵。缺少對這一批學者及其成果的觀照，就難以完整描述戲曲研究在民國時期的各項進展。不提他們的學術貢獻，是缺項的研究史，當然是不公平的。

〔註 14〕趙興勤、趙韡編：《清代散見戲曲史料彙編 (詩詞卷・初編)》，臺灣花木蘭文化出版社，2014 年 3 月。

〔註 15〕趙興勤、趙韡編：《清代散見戲曲史料彙編 (詩詞卷・二編)》，臺灣花木蘭文化出版社，2015 年 3 月。

〔註 16〕趙興勤、趙韡編：《清代散見戲曲史料彙編 (方志卷・初編)》，臺灣花木蘭文化出版社，2016 年 3 月。

〔註 17〕趙興勤、蔣宸：《清代散見戲曲史料彙編 (筆記卷・初編)》，臺灣花木蘭文化出版社，2017 年 3 月。

對這些不為一般人所留意而確實在戲曲研究上取得一定成績的學人展開研究，就是「民國時期戲曲研究學譜」努力之方向。

在父親的悉心指導下，我用了五六年的時間，圍繞這一領域，在《戲曲研究》、《社會科學論壇》、《東南大學學報》、《中國礦業大學學報》、《中國社會科學報》、臺灣「中央」大學《戲曲研究通訊》、澳門《澳門文獻信息學刊》等兩岸三地學術刊物發表論文 20 餘篇。其中不少文章在《中國礦業大學學報》、《社會科學論壇》的專欄刊出。尤其是前一刊物，即使面對我的近 6 萬字的長文，也能不吝版面，全文刊載，因此特別感謝高淮生教授、李金齊教授的鼎力支持。沒有淮生先生的屢次催稿，也不會有《徐筱汀戲曲研究的主要特色與學術貢獻》、《佟晶心戲曲研究的學術取徑與創新意義》、《馮叔鸞「戲學」的豐富內蘊及文化旨歸》、《徐調孚戲曲活動述論》、《錢南揚戲曲研究的學術進路與治學精神》諸文章之面世。目前，這一研究的系列論文已在學界引起很好的反響，如著名學者傅謹教授在致家父的電郵中稱：「有關民國戲曲批評的系列論文，這是項開拓性的工作，你做得極有成就，令人佩服！」

還要向父親學習的，是他對於師道的尊崇。錢南揚先生是學術巨匠吳梅的嫡傳弟子、享譽海內外的南戲研究名家，說「一代宗師」亦不為過。家父上個世紀七十年代曾於南京大學隨其讀書，年輕時卻極少向外人提及這重因緣。我曾私下問及他，為何對老師避而不談，他說當時自感學力尚淺，沒有多少成績，所以不願意拉大旗作虎皮，攀上高枝，自擡身份，借老師的名頭來為自己貼金。然而卻將錢老的信件用塑料紙細細包裹，鎖在抽屜裏，經歷了十數次搬家仍保存完好，目前很可能已成為錢南揚書信存世之珍品。而錢老當年曾送我手帕、玩具、吃食之事，他更每每向我敘及，對老師的感恩之情溢於言表。

如今，錢先生已過世多年，年輕一輩學子連他的名字都已感到陌生。父親在給研究生上課時，深為這種現狀而感到憂心。2015 年春，本已文債纏身、應接不暇的他，突然發願要為錢老整理佚文、編訂學術年譜。由於當時手上的任務過於繁重，我曾建議他晚幾年稍暇時再來做。當時他剛與同在錢老門下讀書的上海師範大學朱恒夫教授見過面，回憶往昔侍奉老師左右的日子，熱血沸騰，執意要把這件事當作第一要務來完成，並敦促我日以繼夜整理初稿，由他細加編訂、刪改，所以才有了我們爺倆共同完成並發表於《中華藝術論叢》第 15 輯的「錢南揚先生逸文專輯」。是集收錄了我們編撰的《錢南

揚先生逸文輯錄》、《錢南揚學譜簡編》、《錢南揚著述年表》、《錢南揚著作輯目》、《錢南揚研究重要成果輯目》等多篇文章。2016 年，以這些論文爲前期成果，我們以《錢南揚學術年譜》爲題，申報 2016 年國家社科基金後期資助項目，得以順利立項，五位匿名評審專家均充分肯定了該成果的學術價值，認爲是書「有著很高的創新性，也有著較高的學術價值和理論價值」、「書稿在學術選題、研究方法、史實考訂和文獻呈現上都有很多創新之處」、「立意和格局都很高」、「塡補了這一領域的空白」、「洵爲有深度有厚度的著作」，且「學風嚴謹、考訂精當、引證規範」、「論述都比較厚重」。

錢南揚先生曾教導：「做學問，『拓荒補闕』才有意義。」父親秉承師訓，「亂雲飛渡仍從容」，不管外面的世界如何風起雲湧，他始終按照自己的學術研究之路堅定地走。一步一個腳印，扎扎實實，幾乎所有的寫作計劃都會得到落實，且均曾引起不少學術界同仁的熱切關注。所以，他的每一部著作的「後記」，既是對過去的總結，又是對未來的規劃，讀之即可明瞭其學術之旅的重要線索。

最後，要特別感謝著名學者、南京大學資深教授吳新雷先生慨然賜序。先生堪稱國內崑曲研究第一人，且能自度曲，傳承了吳梅一脈的風流雅致。他與白先勇先生交誼深厚，一以深厚內功獨步於崑曲研究界，一因青春版崑曲向世界推廣而風騷無兩。無論治學還是爲人，吳先生均係學界楷模。雖已年登耄耋，卻聲若洪鐘，步履矯健，嘗以「飛毛腿」自謂，且關心後輩，全無大牌教授的架子。序中對我這樣一個晚輩，頗多溢美之詞。我羞赧無地，唯有牢記「陟遐必自邇，升高必自卑」這一箴言，踏踏實實，努力進取，多一份不忘初心的堅守，以作回報。還要感謝的是同窗摯友蔣宸博士。沒有我倆間的互相砥礪、切磋琢磨，就沒有共同的成長和進步。我曾塡小詞一首發表，以作爲我們十年友誼的見證，今迻錄於此：

賣花聲

別友

　　嗟遇楚山璞，與古爲徒。相逢意氣翦窗燭。一葉扁舟漁父渡，滄浪濯足。

　　花影映酕釃，雨意躊躇。渭城西去柝聲孤。臆語殘叢經作蠹，薄醉蘼蕪。

雖辭窮意拙，難入方家法眼，然因箇中眞情所繫，亦敝帚自珍。

一段文字，就是一段心路歷程。讀者諟正，著者勉旃。

趙韡

二〇一六年十一月二十二日，初雪

古彭城鳳凰山東麓棟堂